Wolfgang Buchmüller (Hg.)

Von der Freude, sich Gott zu nähern

Beiträge zur cisterciensischen Spiritualität

Be&Be

Wolfgang Buchmüller (Hg.)

Von der Freude, sich Gott zu nähern

Beiträge zur cisterciensischen Spiritualität

Be&Be-Verlag: Heiligenkreuz 2010

ISBN 978-3-902694-11-9

Bibliografische Information der Deutschen Nationalbibliothek:
Die Deutsche Nationalbibliothek verzeichnet diese Publikation in der deutschen Nationalbibliografie; detaillierte bibliografische Daten sind im Internet über http://dnb.d-nb.de abrufbar.

Be&Be

Direkter Vertrieb:
Klosterladen Stift Heiligenkreuz
A-2532 Heiligenkreuz im Wienerwald
Tel. +43-2258-8703-143
E-Mail: klosterladen@stift-heiligenkreuz.at

Gestaltung: AugstenGrafik, www.augsten.at
Druck: www.EuroPB.eu

Inhaltsverzeichnis

Abkürzungsverzeichnis 8

Vorwort 11

„Iucunda devotio" – Heitere Hingabe
Predigt zur Spiritualität des heiligen Bernhard
von Maximilian Heim 18

Die Rolle der Spiritualität in der Theologie, insbesondere nach dem heiligen Bernhard
von Wolfgang Buchmüller
Der Begriff Spiritualität 22
Der Standort der Spiritualität inmitten der Theologie 23
Das Wesen der Spiritualität 24
Spirituelle Theologie in der Sicht der Zisterzienserväter 27

Die Bedeutung der Einheitsschau von Bibel, Dogma und Gebet in der monastischen Theologie für die Gegenwart
von Karl Wallner
Gedanken sind nicht wertfrei 33
Der Ort des Glaubens ist die Praxis 36
Das Bernhardsbuch von Pater Bernhard Vošicky 43

Zisterziensische Theologie im Römerbriefkommentar Wilhelms von Saint-Thierry
von Klaus Berger 48
Textproben 59

Paulus und Bernhard
Ein Beitrag zum Paulusjahr
von Bernhard Vošicky 65

Die Hoheliedauslegung Bernhards von Clairvaux
im Gespräch mit neueren Entwicklungen
in der Bibelwissenschaft
von Ludger Schwienhorst-Schönberger
I. Das Hohelied und sein Verständnis 77
Das geistig-allegorische Verständnis 77
Das historisch-wörtliche Verständnis 81
Wie ist die Bibel zu verstehen? 84
Neuere Tendenzen in der Auslegung des Hohenliedes 90
Ergebnis 94
II. Selbsterkenntnis und Gotteserkenntnis –
Bernhards Auslegung von Hld 1,7: „Si te ignoras, egredere." 94
Ohne Selbsterkenntnis keine Gotteserkenntnis 95
Die unsteten und frechen Sinne des Leibes 97
Zwei Arten der Unwissenheit 100
Gotteserkenntnis 102

Die Lectio divina als Beziehung zum Wort des Lebens
von Abt Mauro Giuseppe Lepori
Freund oder Feind unserer Seele? 108
Die Türe dem Mensch gewordenen Wort Gottes öffnen 110
Der ganze Mensch betrachtet 112
Sich in die Meditation Christi einführen lassen 115
Eine unendliche Betrachtung 120

Die Bibel im Alltag der frühen Zisterzienser
von Abt Andreas Range 122

Die Memoria-Theologie Aelreds von Rievaulx und ihre Betrachtungsmethode, mit einem Ausblick auf Bonaventura und Ignatius
von Wolfgang Buchmüller ... 132
Der therapeutische Aspekt der Menschwerdung ... 137
Die Rolle der göttlichen Appropriationen bei der Gottesschau ... 141
Die Applikation der Affektenlehre für die Betrachtung ... 144
Der Aufbau der Meditationen ... 146
Frage nach der Originalität ... 149
Beziehungen zu Bonaventura und Ignatius? ... 151

„quia in eo omnia nobis salutaria et necessaria habemus" Die Rechtfertigung des Menschen ganz aus Gnade bei Mechthild von Hackeborn
von Rupert Fetsch ... 157
1. Vervollkommnung und Ergänzung durch Christus (*„omnium meritorum suppletionem"*) ... 164
2. Vergebung der Sünden durch Christus (*„omnium peccatorum remissionem"*) ... 174

Aspekte der göttlichen Einwohnung in den Schriften Mechthilds von Hackeborn und Gertruds der Grossen
von Agnes-Regina Willi
Einführung ... 186
Alttestamentliche Perspektive ... 188
Neutestamentliche Perspektive ... 190
Mechthild von Hackeborn: Liber specialis gratiae ... 194
Gertrud die Grosse: das Thema der göttlichen Einwohnung im II. Buch des göttlichen Gesandten ... 199
Schlussbemerkung ... 206

Wort und Sakrament:Ort der Gotteserfahrung bei den Helftaer Frauen Mechthild von Hackeborn und Gertrud der Großen
von Marianne Schlosser
Vorbemerkungen ... 209
Gertrud und Mechthild ... 210
Kloster Helfta als geistlicher Raum ... 211
Specificum ... 214
Das Wort Gottes in der geistlichen Erfahrung ... 216
Biographische Zeugnisse ... 216
Beispiele für die kontemplative Erfahrung in Verbindung mit dem Wort Gottes ... 220
„Aller Gnade Wohlgeschmack" – Erfahrung der Gegenwart Christi im Sakrament ... 226
Ermutigung zum Empfang, Vorbereitung ... 228
Vereinigung mit Christus: „Du in MIR und ICH in dir" ... 233
Nicht-Erfahrung und Glaube ... 237
Schlussbemerkung ... 239

Die Autoren ... 242

Abkürzungsverzeichnis

Werkabkürzungen

Aelred von Rievaulx

Iesu puer.	De Iesu puero duodenni
Inst. incl.	De institutione inclusarum
Sermo	Sermo de dilectione Dei
Serm. ined.	Semones inediti
Spec. Car.	Speculum caritatis

Augustinus

Conf.	Confessiones
De Civ. Dei	De Civitate Dei
Doct. Christ.	De doctrina christiana

Benedikt von Nursia

Reg. Ben.	Regula Benedicti

Bernhard von Clairvaux

Cant	Sermones super Cantica Canticorum
Dil	Liber de diligendo Deo
Ep.	Epistoles
Gra.	Liber de gratia et libero arbitrio
Pl.	In conversione S. Pauli
PP.	Sermo in festo Apostolorum Petri et Pauli
Tpl.	Liber ad milites Templi – De Laude novae militiae

Bonaventura

Lign. vit.	Lignum vitae

Gregor von Nyssa

hom in Cant.	Homilia in canticum

Hieronymus	
In Is	Commentarium in Esaiam
Ignatius von Loyola	
Exerz.	Exerzitien
Isaak von Stella	
De anima	Epistola de anima
Sermo	Sermones
Ludolf von Sac hsen	
Vita	Vita Christi
Origenes	
princ.	De principiis
Eccl. Off.	Ecclesiastica Officia. Gebräuchebuch der Zisterzienser aus dem 12. Jahrhundert

Bibliographische Abkürzungen

PL	Patrologia cursus completus. Accurante J.-P. Migne. Series Latina
SC	Sources Chrétiennes, Paris: Edition Cerf.
CCM	Corpus Christianorum Conitnuatio Mediaevalis, Turnhout: Brepols.
Brem	*Einmütig in der Liebe. Die frühesten Quellentexte von Cîteaux, lateinisch/deutsch,* Quellen und Studien zur Zisterzienserliteratur 1, Brem H. / Altermatt A. M. (Hrsg.), Langwaden-Turnhout 1998.
Winkler	Bernhard von Clairvaux, *Sämtliche Werke, lateinisch/deutsch,* Band I-X, Winkler G. B. (Hrsg.), Innsbruck 1990-1999.

Vorwort

Dieser Sammelband über „Cisterciensische Spiritualität" verdankt sich verschiedenen glücklichen Umständen, die an seinem Zustandekommen beteiligt waren:

Zu nennen wäre der Papstbesuch am 09. September 2007 in Heiligenkreuz, ein Kairos in der über 875-jährigen Geschichte der sich immer wieder erneuernden und verjüngenden Cisterciensεrabtei. Benedikt XVI. ließ sich dabei von dem monastischen Ambiente zu einer wahrhaft magistralen Rede über die Theologie des Gebetes und der Liturgie inspirieren, die es laut Bischof Luthe verdienen würde, in „goldene Lettern gegossen zu werden."[1] Im Verlauf dieser Ansprache bezeichnete der gegenwärtig regierende Papst das Kloster „als geistliche Oase", die „der heutigen Welt das Allerwichtigste, ja das letztlich Entscheidende" zeigt, „um dessentwillen es sich zu leben lohnt: Gott und seine Liebe." Zugleich bezeichnete Benedikt XVI. das Kloster als einen „Ort der geistlichen Kraft",[2] den es zu nutzen gilt. Wie hätte man diese hohen Worte nicht als einen Auftrag und eine Verpflichtung verstehen können?

Ein weiterer Anstoß kam von der Superiorenkonferenz der Ordengemeinschaften selbst. Vor dem Hintergrund des Megatrends „Spiritualität" wünschte man sich eine positive Darstellung der geistigen Quellen, die das Ordensleben innerlich befruchten und angesichts der Herausforderung einer ebenfalls vorhandenen areligiösen Mentalität eines modernen Materialismus lebbar

1 H. Luthe, „Predigt zum Ersten Jahrestag des Papstbesuches beim dankgottesdienst am 9. September 2008", in: M.H. Heim (Hg.), *Tu es pastor ovium. Eine Nachlese zum Besuch von Benedikt XVI. am 9. September 2007 im Stift Heiligenkreuz*, Heiligenkreuz im Wienerwald 2009, 112.

2 Papst Benedikt xvi, „Ansprache in der Abteikirche Heiligenkreuz am 9. September 2007", in: M.H. Heim (Hg.), *Tu es pastor ovium*, 97.

machen. Die Aufgabe, Wege zu einer reellen Gotteserfahrung auf der Basis der biblischen Offenbarung aufzuzeigen stand damit im Raum.

Schlussendlich kam noch der Wunsch der Leitung der Phil.-Theol. Hochschule Benedikt XVI. – Stift Heiligenkreuz hinzu, der es ein Anliegen ist, Heiligenkreuz als Studienort mit einem Akzent auf dem spirituellen Angebot zu profilieren. Dies führte schließlich zur Konzeption einer Studientagung zur „cisterciensischen Spiritualität" am 30./31. Oktober 2008 mit dem Titel: „Von der Freude, Gott zu begegnen". Dabei war von Anfang eine partielle Zusammenarbeit mit dem entsprechenden Lehrstuhl an der Universität Wien angedacht.

Der vorliegende Sammelband veröffentlicht die verschiedenen Beiträge der Tagung vollständig, ergänzt durch zwei wissenschaftliche Aufsätze von weiteren Mitgliedern der Hochschule, die sich in die behandelte Thematik synergetisch einfügen.

Der Sammelband vereinigt gemäß dem Anliegen, eine möglichst ganzheitliche Darstellung des Spektrums der cisterciensischen Spiritualität im Kontext der Gegenwart zu bieten, Beiträge von Menschen mit unterschiedlichem Hintergrund. Gedacht war an solche, die als Zeugen gelebter cisterciensischer Spiritualität gelten können sowie an solche, die an der Vermittlung der wissenschaftlichen Grundlagen zur Rezeption der „monastischen Theologie" beteiligt sind.

Der Band ist in verschiedene thematische Abschnitte gegliedert: die eröffnende Homilie „Iucunda devotio-heitere Hingabe" von P. Maximilian Heim avisiert eine Annäherung an die serene Persönlichkeit Bernhards von Clairvaux, die von ihrer geistigen Einwurzelung im Christusmysterium her aufgeschlossen wird.

Die sich anschließenden Beiträge von P. Wolfgang Buchmüller: „Der Standort der Spiritualität in der Theologie, insbesondere nach dem heiligen Bernhard" und P. Karl Wallner: „Die

Bedeutung der Einheitsschau von Bibel, Dogma und Gebet in der monastischen Theologie für die Gegenwart“ verstehen sich als eine thematische Einführung in die Thematik der Tagung. P. Wolfgang Buchmüller skizziert verschiedene Ansätze einer Theologie der Spiritualität in Hinblick auf die Weisheitslehre der Zisterzienserväter. P. Karl Wallner stellt in pointierter Form Perspektiven einer „cisterciensischen Theologie“ in den Raum, die auch für die Zukunft Relevanz beanspruchen könnte.

Ein weiterer Block ist der „cisterciensischen“ Umgangsweise mit dem Wort Gottes gewidmet. Klaus Bergers Aufsatz „Cisterciensische Theologie im Römerbriefkommentar Wilhelms von Saint-Thierry“ legt die erschütternde existentielle Betroffenheit des Mönches Wilhelm offen, die durchaus Parallelen mit dem folgenreichen Ringen des Mönches Luther aufweist. Dabei korreliert bei Wilhelm aber die Sehnsucht des Menschen mit der Sehnsucht Gottes nach ebendiesem Menschen, die geschenkhafte Rechtfertigung aus Gnade führt zu einer Neuschöpfung im Heiligen Geist.

P. Bernhard Vosickys Essay „Paulus und Bernhard. Ein Beitrag zum Paulusjahr“ leitet über zu dem faszinierenden Zugang Bernhards von Clairvaux’ zur Heiligen Schrift, indem er die Lebendigkeit der assoziativ-existentiellen Zugangsweise der Allegorese am Beispiel des Paulusbildes in den Predigten Bernhards darstellt.

Ludger Schwienhorst-Schönbergers Darstellung „Die Hoheliedauslegung Bernhards von Clairvaux im Gespräch mit neueren Entwicklungen in der Bibelwissenschaft“ wagt sich an die Fragestellung, ob das anscheinend tot geglaubte geistig-allegorische Schriftverständnis, wie es Bernhard bei seinen Predigten über das Hohelied meisterhaft zur Anwendung gebracht hatte, nicht angesichts der Krise des historisch-wörtlichen Verständnisses neue psychologisch interessante Zugangsweisen zu den Schifttexten bieten könnte.

Der nächste Block ist verschiedenen Aspekten der Lectio divina gewidmet. Der Vortrag von Dom Mauro Lepori: „Die Lectio divina als Beziehung zum Wort des Lebens", der bewusst am späten Abend nach der Komplet umrahmt von Gregorianik in der Stiftskirche angesetzt war, sollte einen meditativen Akzent einbringen. Entgegen manchen diffusen Strömungen der Religiosität der Moderne, heißt die Lectio divina zu praktizieren, wahrhaft Freund seiner Seele zu sein, auch indem man sich auf eine Begegnung mit dem Mensch gewordenen Wort Gottes einlässt und gerade dabei alle Komponenten der menschlichen Person mit einbezieht.

Abt Andreas Ranges Beitrag „Die Bibel im Alltag der frühen Zisterzienser" beleuchtet das Thema der Lectio divina von seiner historischen Dimension her, indem er auf die erstaunliche Praxis fortwährender Bibellektüre in Gemeinschaft, der sog. *„historia"* eingeht, die sich in individuellem Rahmen fortsetzt und so ein Bild einer aus der Auseinandersetzung mit der Bibel bestimmten Lebensform entwirft.

Dass diese zur Entwicklung von neuen Meditationsformen beitrug, die letztlich von epochaler Bedeutung für die Kirche des westlichen Abendlandes werden sollten, stellt P. Wolfgang Buchmüllers Aufsatz: „Die Memoria-Theologie Aelreds von Rievaulx und ihre Betrachtungsmethode, mit einem Ausblick auf Bonaventura und Ignatius" dar. Dabei kann hier auf einen erstaunlichen Konnex zwischen theologischen Grundlagen und spiritueller Praxis hingewiesen werden.

Der letzte Abschnitt des Bandes ist zugleich der umfangreichste. Bei einer Tagung im deutschen Sprachbereich erscheint es angemessen, dass die Spiritualität der cisterciensischen Frauenmystik, die mit dem Ort Helfta verbunden ist und dort aus eine erstaunliche Wirksamkeit beinahe über den ganzen Globus entfaltet hat, entsprechend zur Sprache kommt.

Der Aufsatz von P. Rupert Fetsch „'Quia in eo omnia nobis salutaria et necessaria habemus' – Die Rechtfertigung des Menschen ganz aus Gnade bei Mechthild von Hackeborn" will einen theologischen Zugang zu einem der Höhepunkte mittelalterlicher visionärer Literatur ermöglichen. Entgegen eines andersgearteten frömmigkeitsgeschichtlichen Umfelds betont die Mystikerin die Rechtfertigung des Menschen aus der Erlösungstat Christi, die für alles genüge tut, für alles bezahlt und alles vervollkommnet – ein wohltuender Heilsoptimismus, der aber um den Preis des Lebens weiß.

Auf die biblischen Grundlagen der zisterziensischen Frauenmystik verweist der Beitrag von Sr. Agnes-Regina Willi: „Aspekte der göttlichen Einwohnung in den Schriften Mechthilds von Hackeborn und Gertruds der Grossen". Hier wird der Zusammenhang von alttestamentlicher Bundestheologie, der Communio zwischen Gott und Mensch, dem neutestamentlichen „Bleiben" in Gott und der poetischen Redeweise der Mystikerinnen von dem gegenseitigen Einwohnen thematisiert.

Der profilierte Beitrag von Marianne Schlosser „Wort und Sakrament als Quelle der geistlichen Erfahrung bei den Frauen von Helfta" bietet eine profunde Einführung in dieses Kapitel der von der Frauenmystik betonten Gottesfreundschaft, die nach dem Zeugnis der Mystikerinnen eine ganzheitliche ist. Die Einwohnung im Wort Gottes wirkt sich auf eine Gotteserfahrung mit den geistlichen Sinnen aus, die Erfahrung der Gegenwart Christi im Sakrament führt wie von selbst zur Kontemplation göttlicher Nähe, die die Wahrheit der unsichtbaren Zeichen der göttlichen Mysterien bestätigt.

An der Stelle der Danksagungen sei dem Rektor der Phil.-Theol. Hochschule Benedikt XVI. Heiligenkreuz, P. Karl Wallner für sein geniales Management gedankt, das das reibungslose Ablaufen der Tagung ermöglicht hat, sowie dem Vorbereitungsteam P. Samuel Rindt und Frater Athanasius Thurn. Schwester Agnes-Regina Willi gebührt Dank und Anerkennung für ihren selbstlosen Einsatz beim Lektorat der Artikel.

Zuletzt sei dem Wissenschaftsministerium mit dem Bundesminister Dr. Johannes Hahn und der Superiorenkonferenz der männlichen Ordensgemeinschaften Österreichs mit ihrem Generalsekretär P. Erhard Rauch für ihr großzügiges Sponsoring gedankt und insbesondere Abt Gregor Henckel-Donnersmark, dem Rektor Magnificus der Hochschule Heiligenkreuz ein Wort des Dankes gewidmet, auf dessen Initiative die Tagung „Von der Freude, sich Gott zu nähern“ zustande kam.

„Iucunda devotio" – Heitere Hingabe Predigt zur Spiritualität des heiligen Bernhard

von Prof. P. Dr. Maximilian Heim O.Cist.,
Hochschule Heiligenkreuz

Hochwürdigste Herren Äbte, lieber P. Prior,
liebe Mitbrüder, Schwestern und Brüder in Christus

Am 20. August 1153, im 63. Lebensjahr, also vor 855 Jahren, starb Bernhard von Clairvaux auf seinem armseligen, mit Asche bestreuten Strohlager. Seine innere Haltung bezeugt ein Brief[1], den er wenige Tage vor seinem Tod an seinen Freund, Abt Arnold von Bonneval, diktierte und eigenhändig unterschrieb.

Im ersten Teil berichtete Bernhard von seinen Leiden und Beschwerden, den häufigen und heftigen Magenschmerzen, den geschwollenen Beinen, der Schlaflosigkeit. Im zweiten Teil fasste er seine geistige Haltung in den Worten zusammen: In meinem schwachen Fleisch wohnt ein bereiter Geist. Bernhard ging dem Tod in dieser Bereitschaft entgegen, in Liebe und Sehnsucht. Er bat seinen Freund, er möge darum beten, dass der Herr seinen Tod nicht mehr aufschiebe, sondern ihn im Tode bewahre. Dieser letzte Brief atmet Friede, Ruhe, Glaubensgewissheit. Bernhard wusste sich in der Liebe Christi geborgen und erwartete das kostbare Geschenk der immerwährenden Vereinigung mit Gott.

Bernhard galt schon zu Lebzeiten als Heiliger. Um einen übertriebenen Kult um seinen Leichnam zu verhindern, begruben ihn die Mönche von Clairvaux am Morgen des dritten

1 Vgl. Bernhard von Clairvaux, *Ep.* 310 (Winkler III, 500f).

Tages nach seinem Ableben heimlich vor dem Marienaltar ihrer Kirche, neben dem Grab und in den Kleidern seines Freundes Malachius, des irischen Erzbischofs von Armagh, der in Clairvaux gestorben war.

Wer war Bernhard von Clairvaux? Ein unermüdlicher Reformer, ein begeisternder Prediger, ein gesuchter Berater von Päpsten und Königen, ein Friedensvermittler und Wundertäter. Man nennt ihn mit Recht das ungekrönte Haupt Europas. Und dennoch ist er, der sich in einem Brief an den Prior von Portes als *„Chimäre seines Jahrhunderts“*[2] bezeichnete, ein innerlicher Mensch, ein begnadeter Mystiker[3]. Einer, der wie der hl. Apostel Paulus am Ende des Epheserbriefes[4] mahnt, die „Rüstung Gottes“ trug, damit er den geistigen Kampf bestehen konnte: gegürtet mit der Wahrheit, gepanzert mit Gerechtigkeit, bereit, für das Evangelium vom Frieden zu kämpfen mit dem Schwert des Geistes: das ist das Wort Gottes.

Der vertrauteste Zeuge des Lebens des hl. Bernhard, sein Sekretär Gaufried von Auxerre, charakterisierte diese Ausstrahlung Bernhards mit den Worten: *„Sein Antlitz war heiter, seine Haltung bescheiden, sein Wort umsichtig überlegt.“*[5] Es ist die *iucunda devotio* – die heitere Hingabe -, ein Ausdruck, den Bernhard selbst gerne gebrauchte[6], denn er wollte seine Mönche und mit ihnen alle Christen zu dieser Heiterkeit des Herzens führen.

---

2 Bernhard von Clairvaux, *Ep.* 251 (Winkler III, 330–335, hier 335).

3 Vgl. dazu eine frühe Ansprache des verstorbenen Kardinals Alfred Bengsch aus seiner Seminarzeit „Das Kreuz, Schlüssel zum Leben – Der heilige Bernhard von Clairvaux, in: A. Kard. Bengsch, *In der Schule des Glaubens. Ansprachen und Betrachtungen*, München 1980, 114–121.

4 Vgl. Eph 6,10–20.

5 Gaufried von Auxerre, Drittes Buch, in: *Das Leben des heiligen Bernhard (Vita prima)*, hg. P. Sinz, Düsseldorf 1962, 158–190, hier 160.

6 Z.B. Bernhard von Clairvaux, *124. Predigt*, (Winkler IX, 824–829, hier 826f).

Woher kam ihm, dem ständig Kranken und weit über seine Kräfte Geforderten, die ansteckende Freude, die sich allen, die mit ihm zu tun hatten, mitteilte? Seine Freude hatte ihren Quellgrund in Jesus Christus selbst.

Er konnte mit Paulus sagen:

„Das ist meine höchste Weisheit: Jesus kennen, und zwar als Gekreuzigten."[7] Der Gekreuzigte ist die Offenbarung der übergroßen Liebe Gottes zu uns Sündern. *„Wo gibt es für die Kranken eine sichere und zuverlässige Ruhestätte außer in den Wunden des Erlösers? Dort wohne ich sicher. Ich aber eigne mir vertrauensvoll aus dem Herzen des Herrn an, was mir fehlt; denn es fließt über von Erbarmen, und offene Spalten sind da, durch die dieses Erbarmen ausströmen kann. Durch die offenen Wunden des Leibes steht das Allerheiligste der Liebe offen: die barmherzige Liebe unseres Gottes. Und das aufstrahlende Licht aus der Höhe besucht uns"* (Lk 1,78).[8]

Auf einem farbigen Altenberger Glasfenster ist Bernhard von Clairvaux auf dem Totenlager dargestellt. Durch ein Fenster erblickt er wie in einer beginnenden Rückschau sich selbst als betenden Jüngling, ergriffen vom göttlichen Licht. Dieses aufstrahlende Licht aus der Höhe erwartete Bernhard, als er auf seinem Sterbelager durch das Fenster der Ewigkeit blickte. Die hl. Hildegard von Bingen hatte ihn einst den „Adler, der in die Sonne blickt"[9] genannt. Nun wandte Bernhard seinen Blick von dieser Sonne nicht mehr ab, als er bei aufsteigender Sonne dem unvergänglichen Licht folgte. Es ist Christus, den er in Ewigkeit

---

7 Vgl. Bernhard von Clairvaux, *Cant* 43, (Winkler VI, 96–103, hier 100f). Vgl. 1 Kor 2,2.

8 Freie Übersetzung nach: Bernhard von Clairvaux, *Cant* 61, (Winkler VI, 310–321).

9 Hildegard von Bingen, *Briefwechsel*, nach den ältesten Handschriften übersetzt und nach den Quellen erläutert von A. Führkötter, Salzburg ^{2}1990, 25–27, hier 26.

lobt mit dem Ruf des Evangeliums: „*Benedictus, qui venit in nomine Domini.*" „Gepriesen sei, der da kommt im Namen des Herrn." (Mt 21,9; 23,39; Lk 13,35) Amen.

Die Rolle der Spiritualität in der Theologie, insbesondere nach dem heiligen Bernhard

von Prof. P. Dr. Wolfgang Buchmüller O.Cist.,
Hochschule Heiligenkreuz

Der Begriff Spiritualität

Der Begriff Spiritualität ist von einem Schimpfwort, mit dem der Aufklärer Voltaire seine pietistischen Gegner desavouierte, zu einem Allerweltswort geworden, das für einen Megatrend steht, für die Suche der Postmoderne nach Sinn und existentieller Wahrheit. Dieser geistige Strom ist so breit geworden, dass er sogar diejenigen mitreißt, die dem Phänomen der Suche nach Spiritualität an sich feindselig gegenüberstehen müssten. Es wird keineswegs als Verirrung empfunden, wenn die kommunistische Partei Österreich sich bei ihrem Parteiprogramm um eine spezifische Spiritualität bemüht und dabei sogar Anleihen bei der christlichen Fokularbewegung wagt, vergessend dass sie philosophisch gesehen als Materialisten jede Existenz von Geist und somit von Spiritualität leugnen müssten. Damit ist zugleich angedeutet, wie weit gefächert sich das Spektrum der Spiritualität gibt. Das Handbuch der Spiritualität von Kees Waaijmann aus dem Jahre 2000 stellt allein 54 verschiedene Spiritualitäten quer durch alle Weltreligionen vor, um die verschiedenen Gestalten, Aspekte und Strömungen anzudeuten, die geeignet sind als spirituelle Exempel zu dienen.[1] Dies lässt in uns die Frage nach dem Standort einer christlichen Spiritualität innerhalb des Hauses der Theologie aufkommen.

Der Standort der Spiritualität inmitten der Theologie

Auch wenn der Begriff „Theologie" unseres Wissens nach zum ersten Mal als terminus technicus von dem lateinischen Philosophen Quintus Mucius Scaevola (ca. 140-82 v.Chr.) verwendet wird, um die Göttermythen- und Riten sowie die philosophische Gotteslehre unter einem Dach zusammenzufassen,[2] geht Josef Ratzinger (Benedikt XVI.) in seinem Werk „Wesen und Auftrag der Theologie" davon aus, dass Theologie in unserem Sinne, nämlich als eine wissenschaftliche Durchdringung von vorgegebenen Wahrheiten des Glaubens, ein christliches Phänomen bedeutet. Da das Christentum eine Offenbarungsreligion darstellt, ist eine profunde innere Durchdringung und Aneignung des Glaubens von existentieller Wichtigkeit (credo ut intelligam) und gerade hier ist der Ort einer spirituellen Theologie anzusiedeln.[3]

Da die Koordinaten des Glaubens einen uns geschenkten Neuanfang des Denkens wiedergeben, den wir nicht selbst setzen oder übergehen dürfen, ist damit zugleich ausgesagt, dass die uns geschenkte Wahrheit daraufhin angelegt ist, unser Sein zu erhellen. Die Wahrheit an sich hilft dem Menschen, sich in wahrer Weise selbst zu entfalten, sich auf das Transzendente hin angelegt selbst zu übersteigen. So gibt es keine Theologie ohne Glauben und keinen Glauben ohne eine Bekehrung des eigenen Denkens und des eigenen Seins. So schreibt Ratzinger:

---

1 Kees Waaijmann, *Handbuch der Spiritualität*, Bd. 1 Formen. Mainz 2004 (Kampen – Gent 2000), 9.

2 nach dem Zeugnis von Augustinus, *De Civ. Dei* 4,27; 6,5f. 12; 7,5f.

3 Joseph Ratzinger, *Wesen und Auftrag der Theologie*, Freiburg 1993, 48f.

„Es leuchtet [...] ein, dass die Chance zu schöpferischer Theologie umso größer ist, je mehr der Glaube wirklich zur Erfahrung wurde; je mehr die Bekehrung in einem schmerzhaften Prozess der Verwandlung innere Evidenz erhielt [...] Deswegen kann sich an den Bekehrten immer wieder der Weg zum Glauben orientieren; deswegen helfen sie uns am meisten darin, die Vernunft der Hoffnung zu erkennen und zu bezeugen, die in uns ist. Der Zusammenhang von Theologie und Heiligkeit ist daher nicht irgendein sentimentales oder pietistisches Gerede, sondern folgt aus der Logik der Sache und bestätigt sich durch die ganze Geschichte hindurch. Athanasius ist nicht denkbar ohne die Christuserfahrung des Mönchvaters Antonius; Augustinus nicht ohne die Passion seines Weges zur christlichen Radikalität;...; Thomas von Aquin nicht ohne den Durchbruch zum Evangelium und zur Evangelisation bei Dominikus..."[4] Wir möchten anfügen: Bernhard und die monastische Theologie sind nicht denkbar ohne die Askese von Cîteaux und die klösterliche Übung der lectio divina, die die Heilige Schrift im Gebet meditiert. Gerade die geschichtliche Situiertheit von Glaubenserfahrungen und ihr Beitrag zu einer lebendigen Dogmatik lässt uns nach dem Wesen der Spiritualität fragen, die von Hans Urs von Balthasar als „subjektive Seite der Dogmatik" bezeichnet wurde.

Das Wesen der Spiritualität

Als der Kirchenvater Hieronymus die Wortschöpfung „spiritualitas" wagte, dürfte diese für ihn nicht viel mehr als eine Substantivierung des griechischen *pneumatikos*, etwa „vom Geist geleitetes

4 Joseph Ratzinger, *Wesen und Auftrag der Theologie*, 49f.

Leben“ bedeutet haben: „Age, ut in spiritualitate proficias – Achte darauf, dass du in der Spiritualität Fortschritte erzielst“, heißt es in einem seiner Lehrbriefe.[5]

Nachdem es seit den sechziger Jahren zu einer inflationären Ausweitung dieses relativ unverbrauchten Begriffes sogar auf außerchristliche Bereiche gekommen ist, ist es nur natürlich, dass die Valenz dieses Terminus auch zugenommen hat. Man unterscheidet innerhalb der christlichen Spiritualität heute nach Bernhard McGinn[6] drei verschiedene Bedeutungsebenen: 1. einen theologischen Zugang, 2. einen anthropologischen Zugang und 3. einen historisch-existentiellen Zugang.

Der erste, der *theologische* Ansatz, geht von einer Art komplementären gegenseitigen Ergänzung zwischen einer nüchtern-sachlich argumentierenden Dogmatik und der erfahrungsbezogenen Spiritualität aus. Louis Bouyer argumentiert in diesem Sinne; „dass sich christliche Spiritualität (oder jede andere Spiritualität) vom Dogma dadurch unterscheidet, dass sie statt Glaubensgehalte abstrakt als solche zu erforschen oder zu beschreiben versucht, vielmehr die Reaktionen erforscht, die diese Gehalte im religiösen Bewusstsein hervorrufen“.[7]

Die *anthropologische* Perspektive hat die Tiefendimensionen menschlicher Existenz im Auge, die aber auch eine Fähigkeit zur Selbsttranszendenz mit einschließen. Hier könnte man beispielsweise die Definition von Michael Dawson anführen, dass „Spiritualität die relationalen und personalen Dimensionen der menschlichen Beziehung zum Göttlichen betrifft“.[8]

---

5 PL 30,115A.

6 Bernard MCGinn, Buchstabe und Geist, in: *Geist und Leben* 80,5. Würzburg 2007, 337–356, hier: 342–350.

7 Vgl. Louis Bouyer, *The Spirituality of the New Testament and the Fathers*, New-York – Tournai 1961, VIIIf.

8 Vgl. Michal Dawson, Vorwort zu M. Downey, *The New Dictionary of Catholic Spirituality*, Collegeville/Minn 1993, 425.

Schließlich ist es sinnvoll auf den *historisch-kontextuellen* Ansatz einzugehen, der erst den ganzen geschichtlichen Reichtum christlicher Spiritualität aufzuschließen vermag. Hier könnte man eventuell die Begriffsklärung des anglikanischen Erzbischofs von Canterbury Rowan Williams zu Hilfe nehmen: „Wenn Spiritualität eine kohärente Bedeutung gegeben werden kann, dann liegt sie vielleicht in folgender Aufgabe: dass jeder Gläubige sich selbst mit dem Wesen des Glaubens auseinandersetzt, wie es in den klassischen Dokumenten des christlichen Glaubens manifest wird".[9]

Der kollektive Erfahrungsschatz der Menschheit wird in Werken zugänglich, die sich als spirituell reich erwiesen haben und daher das Prädikat „klassisch" verliehen bekommen haben.

Die Rede von der Klassizität eines Textes hat zudem den Vorteil, dass damit die Frage nach einer überzeitlichen Bedeutung einer geistigen Hinterlassenschaft ins Spiel gebracht wird, ein Werk muss sich messen lassen anhand des Urteils der Generationen, denen zwar der unmittelbare Zugang zu einer Epoche fehlt, nicht aber der individuell persönliche, der eine existentielle Betroffenheit auslösen mag oder auch nicht.

In unübertroffener Weise drückt dies der Hermeneut Hans-Georg Gadamer in seinem Buch „Wahrheit und Methode" aus: „Was klassisch ist, das ist herausgehoben aus der Differenz der wechselnden Zeit und ihres sich wandelnden Geschmacks – es ist auf unmittelbare Weise zugänglich...eine Art zeitloser Gegenwart, die für jede Gegenwart Gleichzeitigkeit bedeutet. Klassisch ist, was sich bewahrt, weil es sich selber bedeutet; und sich selber deutet...Was klassisch ist, ist nicht erst der Überwindung des

9 Vgl. Rowan Williams, *Christian Spirituality*, Atlanta 1979,1.

historischen Abstands bedürftig...Das Verstehen ist selber nicht so sehr als eine Handlung der Subjektivität zu denken, sondern als ein Einrücken in eine Überlieferung".[10]

Spirituelle Theologie in der Sicht der Zisterzienserväter

Nachdem wir versucht haben, einen allgemein gültigen Umriss der Spirituellen Theologie zu erstellen, der von unserer heutigen postmodernen Situation ausgeht, aber zugleich offen für eine Beschäftigung mit dem Reichtum spirituellen Erbes des Christentums ist, erscheint es angebracht, diesen Begriff mit dem Denken der Zisterzienserväter zu konfrontieren. Dieses Unterfangen ist nicht ganz einfach, als die Werke der sog. „monastischen Theologie" – insbesondere die ihres größten Protagonisten Bernhards von Clairvaux nur sehr schwer in einen systematisierenden Rahmen zu pressen sind.

Im Gegensatz zu dem landläufigen Vorurteil, dass den Zisterziensvätern als Vertretern einer monastischen Schule Theologie als Wissenschaft fremd gewesen wäre, finden wir beispielsweise bei Isaak von Stella die Auffassung, dass Theologie – soweit sie auf Theologie aufbaue – im aristotelischen Sinne eine spekulative Wissenschaft sei und als solche in ihrer Methodik verwandt mit Mathematik und Physik.[11] Bezeichnend ist aber, dass er die Theologie als eine Wissenschaft des intellectus, der inneren Einsicht über die Wissenschaften der Ratio setzt, weil die innere Einsicht sich auch auf Objekte des Glaubens richtet, die als solche der Ordnung der Übernatur angehören und die engen Grenzen des

10 Hans-Georg Gadamer, *Wahrheit und Methode, Grundzüge einer philosophischen Hermeneutik* (Gesammelte Werke 1) Tübingen 1986, 293–295.

11 Isaak von Stella, *De Anima* 19,9 (SC 207,28).

Messbaren sprengen.[12] Über ihr steht allerdings noch die kontemplative Schau, die intelligentia, die das reine und unkörperliche Sein, das Sein Gottes selbst, zum Gegenstand hat.[13]

Auch Bernhard kennt die Theologie als Wissenschaft, auch er ist bewandert in den methodischen Schritten der Dialektik, er beherrscht die logischen Kunstgriffe von begrifflicher Distinktion und Definition, von Fragestellung, Diskussion und Schlussfolgerung.[14] Für ihn ist aber zuerst entscheidend aus welcher Motivation Theologie als Rede von Gott betrieben wird. Unterschiedlich sind die Arten von Menschen, die sich um Wissen bemühen:

„Es gibt solche, die nur wissen wollen, um zu wissen – das ist schädliche Neugierde. Andere wollen wissen, damit man von ihnen weiß: schädliche Eitelkeit...Ebenso gibt es Menschen, die nach Wissen streben, um es für Geld oder für Ehre zu verkaufen: schädliche Habgier. Aber es gibt auch Menschen, die wissen wollen, um auf zu erbauen: das ist Liebe. Dann gibt es noch solche, die wissen wollen, damit sie selbst erbaut werden, das ist Klugheit."[15]

In diesem Sinne will Bernhard eine Theologie entwickeln, die nicht als intellektuelles Spiel betrieben wird, sondern als eine Rede von Gott, die geistlich aufbaut, stärkt und bewegt. In ihrem Skopus stehen die großen menschlichen, religiösen und theologischen Themen, nicht die dialektischen Wortgefechte: „[Der Vater] wird nur dann vollkommen erkannt, wenn er auch vollkommen geliebt

12 Isaak von Stella, *De Anima* 16 (PL 194, 1884): „ Supereminet autem adhuc ea disciplina, quam theologiam vocant, eo quod de divinis ratiocinetur; ad quam simili proportione juvari ratio valet, sed pervenire nequaquam valet."

13 Isaak von Stella, *De Anima* 18 (PL 194, 1885), *Sermo 4,8* (SC 130,134):): „Intelligentia, quae utcumque, et quantum naturae creatae, super quam solus est Creator, fas est, immediate cernit ipsum solum summe et pure incorporeum, quod nec corpore ut sit, nec loco ut alicubi, nec tempore, ut aliquando, eget."

14 Ulrich Köpf, Bernhard von Clairvaux: Monastische Theologie, in: Ders. *Theologen des Mittelalters*. Darmstadt 2002, 79–95, 80.

15 Bernhard von Clairvaux, *Cant* 36,3 (Winkler V 566).

wird".[16] Glaube und Glaubenserfahrung bedingen einander, die spirituelle Theologie verlebendigt und bestätigt die spekulative Theologie. Aus dem Glaubensgeheimnis erwächst der Spiritualität neue Nahrung, die Erfahrung wird zur Glaubenserfahrung: „[Wenn wir über dieses Mysterium meditieren], so geschieht, was jeder einzelne von uns täglich erfährt: Durch Jesus wird unserem Herzen Erkenntnis, unserem Mund hilfreiche Rede, und unseren Händen hilfreiches Handeln geschenkt."[17]

Im Rahmen seiner monastischen Theologie entwickelt Bernhard einen spezifischen Erfahrungsbegriff. Dabei setzt er sich bewusst von dem aristotelischen Begriff einer auf der Wahrnehmung der äußeren Sinne basierenden und durch rationale Abstraktion gewonnenen Erfahrung ab.[18] Religiöse Erfahrung entsteht für Bernhard im Inneren der Personmitte. Ihr Ort lässt sich daher besser metaphorisch durch Chiffren aus der Sphäre der inneren Sinne beschreiben. Grundsätzlich können wir mit allen unseren inneren Sinnen das Wirken des Geistes erfahren, mit dem inneren Gehör, dem inneren Tast- und Geruchssinn und mit dem Auge des Herzens, vor allem mit dem Geschmacksinn der Seele, dem die religiöse Erfahrung des gustare oder sapere (schmecken oder kosten) geschenkt wird. Die innere Seligkeit (dulcedo) ist verbunden mit dem Affekt des Gewahrwerdens der Nähe des Göttlichen: In Epistola 228 schreibt Bernhard: „Ich will mich hinsetzen und schweigen, so könnte ich erfahren, was der heilige Prophet über die Fülle innerlicher Nähe äußert"[19].

Religiöse Erfahrung bedingt menschliche Weisheit: „a sapore sapientia" – von dem inneren Verkosten, von der Erfahrung stammt die Weisheit, formuliert der Zisterzienservater und Weg-

16 Bernhard von Clairvaux, *Cant* 8,9 (Winkler V 130).

17 Ebda, *Cant* 16,2 (Winkler V 228)

18 Vgl. Ulrich Köpf, *Bernhard von Clairvaux*, 83f.

19 Bernhard von Clairvaux, *Ep.* 228, (Winkler III 238): „Sedebo et silebo, si forte experiar quod de plenitudine intimae suavitatis sanctus Propheta eructuat."

genosse Bernhards, Wilhelm von Saint-Thierry.[20] Der theologische Ansatz der zisterziensischen Schule ist ein weisheitlicher. Interessant sind hier auch wiederum die Akzentuierungen, die Bernhard und seine Gefährten vornehmen: Sokrates hatte mit Berufung auf die Seherin Diotima darauf bestanden, dass die wahre Weisheit den Göttern vorbehalten ist und dass der Mensch sich ihr höchstens asymptotisch nähern könne. Mittel hierfür ist die Liebe zur Weisheit (Philosophie), die in der Schau des Wahren an dem Wissen um die göttlichen Dinge teilhat.[21]

Augustinus macht diesen platonischen Weisheitsbegriff für die christliche Theologie nutzbar, indem er die göttlichen und ewigen Dinge zum alleinigen Erkenntnisobjekt der Weisheit erklärt und sie zugleich abgrenzt von den menschlichen und zeitlichen Dingen als Objekt einer menschlichen Scientia, einer naturwissenschaftlich denkenden Wissenschaft. Bernhard behält diese Differenz zwischen Wissen und Weisheit bei, wobei er aber der Weisheit eine christologische Dimension verleiht. Die Weisheit ist letztlich der göttliche Logos, der Christus, selbst.

Weit davon entfernt, ein Vertreter eines irrationalen Fideismus zu sein, strebt er ein fruchtbares Zusammenwirken von Vernunft und geistlichem Bemühen bei dem Nachdenken über die Offenbarung an. Das Ziel ist dabei wie bei Sokrates und Platon die Schau der göttlichen Wahrheit in der Kontemplation. Dorthin soll sowohl das Licht der Vernunft als auch die spirituelle Streben in gemeinsamer Anstrengung führen, dennoch gilt: „Instructio doctos reddit, affectio sapientes"[22] – die Unterweisung macht gelehrt, (das Berührtwerden von der Gnade) weise.

---

20 Vgl. A. Speer, Art. Weisheit, in: *Lexikon des Mittelalters* VIII, 2135–2137, 2136.
21 Vgl. Platon, *Symposion* 204 a;b.
22 Bernhard von Clairvaux, *Cant* 23,14 (Winkler V, 342-343).

Ein annäherndes Erreichen des menschlichen Suchens ist aber nur dadurch möglich, dass die göttliche Weisheit dem Menschen selbst entgegenkommt: „Forma autem sapientia est" – Christus selbst ist die Form der Weisheit, die gekommen ist, um den Menschen in seiner Blindheit zu erleuchten und ihn zu seiner früheren Gottebenbildlichkeit zurückzuführen: Die göttliche Weisheit erschien im Fleische. „Sie durchstöberte das Haus, nämlich das Haus der Laster, suchte ihre verlorene Drachme, das heißt: ihr Bild [im Menschen]. Dieses war der ursprünglichen Schönheit beraubt, schmutzig von der Sünde bedeckt, gleichsam im Staube verborgen. Sie aber reinigte die gefundene Drachme, hob sie aus dem Land der Unähnlichkeit empor und erneuerte sie zur früheren Schönheit, machte sie in der Herrlichkeit der Heiligen sich ähnlich, wird sie einmal sich selbst in allem gleichgestalten... Es kam also die Form selbst..."[23]

So durch die Gnade in Christus innerlich wiederhergestellt, tritt der Mensch erneut in die ursprüngliche Gottunmittelbarkeit ein. So kann es geschehen – wie Bernhard sagt -, dass er vielleicht einen Augenblick lang sich selbst und seine Eigeninteressen vergisst und nur noch ganz für Gott leben will. Allein das selbstvergessene Tun und Wollen des Willens Gottes ist für ihn der Ort der Theopoesis, der anfanghaften Vergöttlichung des Menschen, an deren Möglichkeit er wie die Theologie des Ostens festhalten will: „O reine und geläuterte Absicht des Willens umso geläuterter und reiner als in ihr nichts Eigenes beigemischt bleibt, um so süßer und zarter, als das, was empfunden wird, ganz göttlich ist. Dies erfahren heißt, vergöttlicht werden".[24]

23 Bernhard von Clairvaux, *Gra* X, 32-33 (Winkler I, 219-221).

24 Bernhard von Clairvaux, *Dil* X,28 (Winkler I, 123).

Theologie öffnet sich hier wie von selbst der Mystik, aber einer Mystik, die von ihrem Wesen her christozentrisch ist. Genährt von der Fülle der Offenbarung führt sie zu hin einer lebendigen Praxis des Glaubens.

Wenn wir abschließend ein Statement zur spiritualitätsgeschichtlichen Verortung der zisterziensischen Schule wagen wollen: Es ist auffallend, wie viel Raum gerade in den jüngsten auch nicht-katholischen Publikationen den Zisterziensern eingeräumt wird. Ein großer Kenner der abendländischen Mystik wie Kurt Ruh schreibt in seinem vierbändigen Abriss der christlichen Spiritualität: „Es ist (dies) der Zenit der abendländischen Mystik, in der diese zu ihrer eigentlichen Form gelangt".[25] Es ist so, als hätten sich die christlichen Wurzeln Europas im Mittelalter am Reichhaltigsten entfaltet und als wäre das sog. „bernhardinische", das 12. Jahrhundert eines der besonderen Höhepunkte der Geistigkeit geblieben.

25 Kurt Ruh, *Geschichte der abendländischen Mystik,* Bd. 1 Die Grundlegung durch die Kirchenväter und die Mönchstheologie des 12. Jahrhunderts. München 2001², 250; siehe auch: Bernard McGinn, *Die Mystik im Abendland*, Bd. 2 Entfaltung. Freiburg 1996, 238: „Die im Westen seit dem vierten Jahrhundert ausgebildete monastische Mystik fand ihren klassischen Ausdruck bei den Autoren des 12. Jahrhunderts. Deren Leistungen bilden den Grundtenor der gesamten späteren abendländischen Mystik".

Die Bedeutung der Einheitsschau von Bibel, Dogma und Gebet in der monastischen Theologie für die Gegenwart

von Prof. P. Dr. Karl Wallner O.Cist.,
Hochschule Heiligenkreuz

Gedanken sind nicht wertfrei

Wir sind auf diesem Seminar der zisterziensischen Spiritualität auf der Spur. Ein großer Teil der Referate wird sich mit historischen Themen beschäftigen. Schon die Miniatur auf Folder und Plakat, eine spätmittelalterliche Bernhardsinitiale aus dem Kloster Anchin bei Lille, die nicht unbedingt den puristischen Idealen entsprechen, gibt uns doch den zeitlichen Kontext an: Ad fontes! Wir gehen zurück zu den Ursprüngen, weil wir wohl da am Sichersten das finden, was der Titel besagt: „zisterziensische Spiritualität". Ich bin aber sicher, dass in dieser Tagung nicht die Obduktion eines Kadavers betrieben werden wird, sondern eine lebendige Begegnung mit den Quellen, aus denen wir Kraft für unsere Zukunft schöpfen.

Aus wie vielen verschiedenen Blickwinkeln der Zisterzienserorden betrachtet werden kann, hat im Vorjahr die erste EUCist – Tagung (Institut für zisterziensische Spiritualität, Liturgie und Geschichte) unter Leitung von P. DDr. Alkuin Schachenmayr gezeigt, wo Historiker, Kunstwissenschaftler, Archivare, Architekten usw. einen bunten Querschnitt durch das Spektrum der Forschung zu unserem Orden gaben[1].

Pater Alberich Altermatt, einer der besten Kenner unseres Ordens, hat sicher recht, wenn er unermüdlich darauf hinweist, dass der Orden von Cîteaux vorrangig ein spirituelles Phänomen war. Der Orden mit seinen Gebräuchen entsteht als die Konkretisierung und Institutionalisierung einer religiösen geistigen Bewegung. So ist es immer, dass Geist sich verdichtet und auszeitigt. Ich bringe dazu zwei Beispiele. Wer hätte mehr den Literaturnobelpreis verdient als der Evangelist Lukas. Mit seiner Schilderung der Geburt Christi hat er – eigentlich mit ein paar kurzen Strichen – unsere Phantasie bebildert. Die Wahrheit der Inkarnation wird hier so anschaulich, dass sie sich sogar in Form von lichtersternfunkelnden Einkaufsstraßen der christlichen und auch der nichtchristlichen Metropolen in die Geschichte hinein auszeitigt. Und wer hätte mehr Prügel verdient als Hegel, der das Mysterium der Trinität, die kappadokische Entfaltung von Zeugen und Gezeugtwerden, von Hervorgehen aus dem Einen durch das Andere zum dialektischen Gesetz von These, Antithese und Synthese, logisiert hat. Er hat die Logik der zwecklosen Hingabe, die in den trinitarischen Beziehungen waltet, zur Logik eines Entwicklungsmechanismus heruntergestuft. Wie leicht war es, den Dreischritt des absoluten Geistes, der im endlichen Geist zu sich kommt, zu einem materiellen Gesetz, zu einem Gesetz der gesellschaftlichen Entwicklung umzufunktionieren. Karl Marx wird den Dreischritt, der bei Hegel noch als Bewegung des Geistes geschaut wird, „materialisieren“: Die „These“ ist die miese soziale Situation, die „Antithese“ ist die notwendige Revolution

1 Alkuin Schachenmayr (Hg.), *Aktuelle Wege der Cistercienserforschung. Forschungsberichte der Arbeitstagung des Europainstitutes für cisterciensische Geschichte, Spiritualität, Kunst und Liturgie an der Päpstlichen Phil.-Theol. Hochschule Benedikt XVI. Heiligenkreuz, vom 28./29. November 2007,* Heiligenkreuz 2008.

des Proletariates aus der das Paradies auf Erden als „Synthese" hervorgeht. Durch den Feuerbach des Atheismus hindurch war aus dem „harmlosen" Hegel, dem unverständlich genialen Schwaben, dem Schreibtischtäter, der Große Inspirator einer politischen Ideologie geworden. Wenn schon nicht der Vater, so doch der Großvater der Katastrophe. Den Stock für Hegel, denn Gedanken sind nicht wertfrei. Hinter siebzig Jahren Staatskommunismus, hinter dem mühsamen Aufschwingen der Menschen im Osten, hinter dem Frei-Werden der Köpfe und Herzen auch in den neuen Deutschen Bundesländern, steht mittelbar dieser Mann! Gedanken sind nicht wertfrei. Am Gefährlichsten ist es, wenn sich falscher Geist auszeitigt. Dämonien, die von Intellektuellen entwickelt wurden, gibt es in der Weltgeschichte genug. Darum hat die katholische Theologie, ausgehend von 1 Kor 8,1 – *„Wissen bläht auf, Liebe baut auf"* – sowie einigen Stellen von Augustinus und Petrus Lombardus den Leitsatz formuliert: *„Scientia sine caritate inflat, caritas sine scientia aberrat, scientia cum caritate aedificat.* Wissen ohne Liebe bläht auf, Liebe ohne Wissen verirrt sich, Wissen zusammen mit Liebe baut auf". Es ist bezeichnend, dass man das Bedürfnis hatte, dieses „Mission Statement" des Theologietreibens ausgerechnet dem Vater der Zisterzienser, dem heiligen Bernhard von Clairvaux, in den Mund zu legen.

Wenn wir heute über die Spiritualität eines alten Ordens nachdenken – freilich auch eines Ordens, der nach 900 Jahren immer „noch" da ist, wo es Klöster gibt, für die das „noch" noch dazu überhaupt nicht gilt -, dann geht es nicht um eine belanglose Zeitbeschäftigung für Mönche oder deren Gäste, die sonst nichts zu tun haben. Es geht konkret um unsere Geschichte, und damit – wieder mittelbar – um die Geschichte dieser Welt, die jeder von uns zum Guten oder zum Schlechten beeinflussen kann.

Der Ort des Glaubens ist die Praxis

Was war die Stärke der monastischen Theologie am Beginn unseres Ordens? Wohl am meisten das, dass sie überhaupt keine „Theologie der Zisterzienser" sein wollte. Die Genitiv-Theologie ist eine sehr junge Erfindung: Theologie der Befreiung, Theologie der Ökumene, Theologie des Schmerzes Gottes, Theologie der Zärtlichkeit, Theologie des Leibes usw. besagt sehr Unterschiedliches, aber nie das Ganze. Was ist das Ganze, das die Theologie diskursiv einholen will, bedenken will, bereden will, vermitteln will? Das Ganze ist das Leben des Menschen mit Gott.

Und das wollten unsere Väter. Ihnen ging es nicht um etwas, das ja doch nur zwischengeschobene Reflexion ist: Theologie, Spiritualität, Askese... Unseren Vätern ging es um Gott, um eine Unmittelbarkeit zu Gott. Wir befinden uns in einem religiös brodelnden Jahrhundert, wo hintereinander viele große und durch Jahrhunderte hin tragende Orden entstehen: Zisterzienser, Prämonstratenser, Karthäuser, aus dem Scheitern der Zisterzienser gegen die Katarer gehen 100 Jahre später in Südfrankreich die Dominikaner hervor. Franz von Assisi wird die affektive Frömmigkeit der Zisterzienser in der Armutsbewegung aufgreifen und seine Jünger werden sie zur Volksfrömmigkeit hin popularisieren. Hinter alledem steht im 12. Jahrhundert Bernhard von Clairvaux. Welche Gnade, dass er eine Chimäre war, ein Mischwesen aus Mönch und Politiker, aus Mystiker und Prediger... Zwei Drittel seines Lebens abwesend vom Kloster ist doch genau er es, der das Ideal von Cîteaux begründet. Ohne ihn wäre auch hier, wo wir jetzt stehen, nur eine sumpfige Wiese im Zusammenfluss von drei Wienerwaldbächen. (Aber das Wort Wienerwald würde es dann auch nicht geben, das steht ja erstmals in einer Urkunde 1342 dieses Klosters).

Bernhard muss eine unglaubliche Ausstrahlung gehabt haben. Mit Recht gab man ihm den Beinamen „Schrecken der Frauen und Mütter", denn wo er predigte, da entstand eine Begeisterung für die Nachfolge Jesu, die Burschen und Männer, selbst verheiratete Männer!, regelrecht ins Kloster mitriss, so schildert es die Vita Prima[2]. Von jeder Predigtreise brachte Bernhard dutzende Männer ins Kloster mit! So begeistern konnte er nur, weil er zeitlebens ein Begeisterter war, heute würden wir sagen: ein Charismatiker mit Bodenhaftung. Kardinal Schönborn hat es am 20. August 1997 in einer Predigt in Paris beim Weltjugendtag so ausgedrückt: Bernhard hat Gott nicht einfach nur geliebt, sondern er war sein Leben lang mit jugendlicher Euphorie in Gott verliebt. Klaus Berger spricht von einem einzigen solus, das die Zisterzienser entdecken und zur Grundmelodie ihrer observantia, also ihres Lebensstiles machen: solus amor.[3]

Das Geheimnis des Anfangs unseres Ordens ist die Verliebtheit dieser Männer – alle kommen sie nicht als Kinder ins Kloster, sondern als Erwachsene, meist als Schon-Verheiratete. Die Vita Prima erzählt uns übrigens wenig über die Berufung Bernhards, die erst relativ spät erfolgt. Jean Leclercq meint, dass Gottfried von Auxerre, dem man die Aufgabe der Hagiographie Bernhards übertragen hatte, über die Zeit von 1090 bis 1112 „so gut wie gar nichts" wusste[4]. Eines ist aber sicher: Bernhard ist 21/22 Jahre alt, als es eine Lebenswende gibt, und zwar eine radikale und heißblütige wie selten eine andere. Wir lesen von Ritterfehden, von Burgbelagerungen und von einem plötzlichen Sich-Absondern Bernhards. Wilhelm von Saint-Thierry redigiert das, was Gottfried

---

2 Wilhelm von s. Thierry, Erstes Buch 3,15, in: *Das Leben des heiligen Bernhard (Vita prima)*, hrsg. P. Sinz, Düsseldorf 1962, 49.

3 Klaus Berger, Einführung, in: *Wilhelm von Saint-Thierry, Meditationen und Gebete. Lateinisch – deutsch*, hrsg., übersetzt und kommentiert von Klaus Berger und Christiane Nord, Frankfurt/M.–Leipzig 2001,7–21, hier: 7.

4 J. Leclercq, *Bernhard von Clairvaux. Ein Mann prägt seine Zeit,* München–Zürich–Wien 1990, 10.

von Auxerre recherchiert hat zum 1. Buch der Vita Prima. Dort erzählt er, dass Bernhard, während man zum Kampfe ausritt, zu einer Kirche abbog, dort mit erhobenen Armen betete und in Tränen ausbrach[5]. Was da wohl passiert war? Bernhard selbst beschreibt später in einer Predigt nicht die äußeren Umstände, aber die innere Erfahrung: Wie er zuvor hart und innerlich kalt war, und wie er nicht zu lieben verstand! Und dass dann in ihm etwas aufgebrochen ist, beim Gebet. Auf einmal verwandelt sich die Kälte gegenüber Gott in heißblütige Verliebtheit, in Ekstase des Hingerissenseins![6] Gott schlug senkrecht von oben ein und hat einen Menschen entzündet.

Keiner unserer Väter ist ins Kloster gegangen, um dort seine „Spiritualität“ zu entfalten, oder gar um „Theologie“ zu betreiben. Da gibt es nur das große göttliche Du. Und es gibt selbstverständlich den Rahmen, in dem man dem großen Du, in das man verliebt ist, begegnet. Der unsichtbare Gott wird in den sichtbaren Ordnungen, wie die Benediktsregel sie vorgegeben hat, geliebt. Der praktische Rahmen für das Verlieben ist klar, die Benediktsregel soll mit einer gewissen puritas verwirklicht werden. Vor allem aber ist das Ziel klar. Aber wo ist die Quelle, aus der man die Nähe Gottes schöpft? Auch das ist evident: Das „per ducatum Evangelii“ – unter der Führung des Evangeliums – steht bereits im 21. Vers des Prologes. Und im fünftletzten Vers der Benediktsregel heißt es: „Ist denn nicht jede Seite oder jedes von Gott beglaubigte Wort des Alten und Neuen Testamentes eine verlässliche Wegweisung für das menschliche Leben?“[7]

Wenn man jemanden liebt, im Fall unserer Väter ist es Gott, dann will man von ihm hören und man will mit ihm sprechen. Wir müssen uns immer, wenn wir über die zisterziensische Spiri-

---

5 Wilhelm von s. Thierry, Erstes Buch 3,9, in: *Das Leben des heiligen Bernhard*, 43

6 Vgl. Bernhard von Clairvaux, *Cant* 14, IV,6, (Winkler V, 207).

7 *Reg. Ben.* 73,3.

tualität sprechen, die Praxis vor Augen halten, wie man konkret im Kloster lebte. Unsere Väter haben permanent mit Gott gesprochen. Wenn sie über Gott sprechen, so ist das ganz etwas anderes, als wenn beispielsweise ein Adolf von Harnack zwischen zwei Universitätssitzungen, zwischen dem Korrekturlesen des zweiten Teilbandes seiner Dogmengeschichte und dem schnellen Diktat eines Artikels über seinen Markion eine Vorlesung hält, wo er Gott thematisiert. Mich wundert es nicht, dass ein Harnack gar nie zum Wesen des Christentums als Begegnung mit dem Göttlichen im Endlichen durchdringen konnte, weil er doch selbst vom Lebensstil her kein Beter und kein Hörender auf Gott hin sein konnte. Wo man nur mehr über Gott denkt und redet, darf es nicht verwundern, dass er in seiner Wirklichkeit völlig verblasst. Bei Harnack bleibt vom Wesen des Christentums nur mehr eine schöne Anmutung der Seele.

Ein Aelred von Rievaulx, ein Isaak von Stella, ein Adam von Perseigne, ein Wilhelm von Saint Thierry – und wie unsere Ordensväter alle heißen (auf der Homepage von Maria Stern Gwiggen ist natürlich auch von Ordensmüttern die Rede) leben aus dem Wiederkäuen des Wortes Gottes. Ich weiß nicht, ob es Ihnen so geht, aber für mich ist das Wichtigste beim Chorgebet dieser Gedanke, zu dem ich mich oft hinzwingen muss, dass ich jetzt mit Gott spreche. Ich glaube der Ausdruck „sich in die Gegenwart Gottes versetzen" stammt erst von Ignatius, von den Jesuiten, also aus dem 16. Jahrhundert, wo in der Bürgerlichen Gesellschaft sehr strategische psychologische Konzentrationsübungen notwendig sind – das sind die ignatianischen Exerzitien -, um in diese Verbindung mit Gott zu treten. Für unsere Väter scheint das noch nicht notwendig gewesen zu sein, der Vorneuzeitlich-Fromme lebte offensichtlich selbstverständlicher „im Angesicht Gottes" als unsereins.

Jedenfalls: Das Wort Gottes ist Nahrung, die beim Wiederkäuen im Mund und im Herzen süß wird; weil es der Geliebte ist, der hier spricht. Als Jugendseelsorger fällt mir hier noch das Bild von den jungen Leuten ein, die schrecklich hohe Handy-Rechnungen haben, wenn sie verliebt sind. Die langage d'amour ist dabei nicht vom Inhalt bestimmt, es geht nicht um das Austauschen von rationalen Informationen, sondern einfach um ein Hinhören auf die geliebte Stimme und das Sich-Vergegenwärtigen beim unsichtbaren Anderen durch das Hineinplappern in das kleine Gerät am Ohr. Ich glaube, dass zwischen dem Verliebtsein heutiger Jugendlicher ineinander und dem Verliebtsein unserer Ordensväter (- und mütter) in Gott ein gewaltiger Unterschied ist. Dennoch ist der Vergleich legitim, denn es war ja nicht zufällig, dass unsere Väter das Hohelied gleichsam als „die" Beschreibung ihrer Gottesbeziehung verstanden und deshalb so exzessiv ausgedeutet haben.

Die Heilige Schrift ist das Fluidum dieses geistlichen Austausches mit Gott: als Gebetete im Chorgebet, als Gekaute im Tagesablauf, als Betrachtete in der Lectio Divina, als Durchdachte und Ausgelegte in der Predigt. Bernhards Predigten muten nicht zufällig an wie eine Aneinanderkettung von Bibelzitaten und assoziativen Weiterführungen dazu an. Das Wort Gottes ist kein Gegenstand, der von außen aus der Distanz betrachtet wird; es ist die Weise, in der man mit Gott kommuniziert: indem man es hört, indem man es in den Alltag hinein wiederkäut, indem man sich in eben den Ausdrucksformen dieses Wortes wieder an Gott zurückwendet. Das Psalmodieren ist ja das Zurücksprechen des Wortes Gottes an den, der es geben hat. Mit Gottes Wort sprechen wir Gott an. Das ist übrigens einer der Gründe, warum ich glaube, dass der Gregorianische Choral, der ja die demütige Vertonung und das demütige, geradlinige (Cantus planus) Hörbarmachen des Wortes Gottes ist, das zugleich von Gott absteigt und zugleich aus unseren Stimmen und Herzen zu Gott aufsteigt, etwas Sakramentalisches ist. Ein Sacramentum im Sinn des hl. Bernhard, und damit etwas ganzheitlich Heiliges.

Ich könnte jetzt schon überleiten zu der Präsentation des Buches von Pater Bernhard „Bernhard über Bernhard", aber ich muss noch zusammenfassen:

Wenn Bernhard so vehement gegen Abælard gekämpft hat, so war das vielleicht nicht sosehr die Argwohn gegen die neue Methode des „*Sic et non*", des Fragens und Argumentierens. Ich denke, hier hatte Abt Bernhard einen guten Instinkt, der ihm sagte, dass hier Veräußerlichung drohte, dass hier aus dem Fluidum der Gottesbeziehung und des verliebten Im-Dialog-Lebens ausgestiegen werde, um das Göttliche gleichsam zu objektivieren. An die Stelle des sehnsüchtigen „Er küsse mich mit den Küssen seines Mundes" des Hohenliedes, das die Väter so inbrünstig kommentiert haben, tritt plötzlich das voyeuristische Beobachten des Geliebten, der dann schon bald ein Nicht-Mehr-So-Geliebter ist. Theologie hat immer die Gefahr der Verobjektivierung in dem schlechten Sinn, dass aus dem Du Gottes ein Es wird, dass wir nicht mehr (nur) mit Gott sprechen, sondern nur mehr über Gott. Insofern ist ja Theologie stets nicht nur gnadenhaftes Begegnen der Logik Gottes, sondern immer auch eine Folge der Erbsünde.

Papst Benedikt XVI. hat sich auf der gerade zu Ende gegangenen Bischofssynode über das „Wort Gottes" nur zweimal zu Wort gemeldet, obwohl er fast die ganze Zeit anwesend war. Als die Bischöfe immer wieder – und fast nur mehr – einforderten, dass wir die Heilige Schrift „geistlich" lesen müssen, war es der Papst, der das Positive in der Exegese, auch in ihrer historisch-kritischen Form, gewürdigt hat! Abaelard wurde nicht durch Bernhard überwunden, sondern erst durch Thomas von Aquin. Das Gläubige und Fromme wurde in die neue Methode des rationalisierenden Fragens eingeholt und integriert. Daher müssen wir sagen: Nicht das Zurück in eine naiv-voraufgeklärte Denkform, die „nur" fromm ist, ist das Ziel. Jesus fordert ja auch, wie Hegel treffend kommentiert hat, nicht, dass wir „wie Kinder sein sollen", sondern dass wir „wie Kinder werden sollen". Das heißt aber auch: Wir können heute nicht mehr nur so die Schrift lesen, nicht mehr nur so aus der Allegorie leben, wie das unsere Väter im 11. und 12. Jahrhundert konnten. Als Menschen des 21. Jahrhunderts haben wir einen anderen Denkhorizont und andere Fragestellungen. Oder aus der Perspektive eines Hochschulverantwortlichen gesprochen, der dauernd mit der Änderung von Studienplänen befasst ist: Nur anhand der Texte unserer Väter, die hunderte Jahre vor den ersten Universitätsgründungen gepredigt wurden, könnte man heute kein Theologiestudium konzipieren.

Aber was bleibt dann von damals für heute? Ich denke vor allem ein Appell zur Ganzheitlichkeit zwischen Denken und Glauben. Ich möchte hier nicht wiederholen, was Papst Benedikt XVI. am 9. September 2007 über die „Theologie" des „Theologiestudierens" gesagt hat. Seine Anmahnung zur „knienden Theologie" ist heute ja offensichtlich Provokation genug. Kurz: Wir brauchen, ob Mönche oder Laien, eine innere Lebensverbindung zwischen allem: Lesen des Wortes Gottes, Kirchlichkeit in der Überzeugung, dass der Geist Gottes sich im Dogma vermittelt, Einsatz aller geistigen Kräfte – also auch und gerade der Vernunft – im Studium und dann vor allem die Praxis des Gebetes und der mitbrüderlichen Liebe. Gott hat uns nicht eine Gedankenakrobatik aufgetragen, sondern er hat uns in seine Gegenwart berufen, in seine liebende Nähe. Ich glaube, dass wir in der Kirche sehr weit und offen sein können in unserem Denken, wenn wir nur immer wieder auf die Knie gehen. Alles Übel beginnt dort, wo wir nicht aus dem täglichen Dialog, aus dem täglichen Gnadenfluss der Sakramente leben. Denn Ganzheitlichkeit gibt es nicht in der Theorie, sondern nur dort, wo sie zum Lebensstil, zur „observantia" geworden ist. Und damit bin ich bei „Bernhard über Bernhard".

Das Bernhardsbuch von Pater Bernhard Vošicky[8]

Bei uns im Stift Heiligenkreuz ist die Beschäftigung mit den Lehren unserer heiligen Väter nicht bloß eine Art Archäologie an historisch interessanten Texten des Heiligen, sondern etwas durchaus Lebendiges. Besonders die spirituelle Gedankenwelt Bernhards von Clairvaux ist uns zu wertvoll, als dass sie es verdiente, heute bloß auf vergilbendes Papier dicker Folianten gebannt zu bleiben. Die Lebendigkeit einer benediktinischen Spiritualität, die Inspiration einer allegorischen Schriftdeutung und schließlich auch die impulsive geistliche Kraft der Menschenführung, die unseren heiligen Ordensvater auszeichneten, werden heute am Beginn des 21. Jahrhunderts im Stift Heiligenkreuz durch einen Mitbruder verkörpert: Pater Bernhard Vošicky OCist.

Es ist ganz gewiss eine höhere Fügung, dass dieser unser Mitbruder auch den Ordensnamen unseres heiligen Ordensvaters trägt, denn man kann sich des Eindrucks nicht erwehren, dass hier zwei Denkstile, zwei Charaktere und zwei Verkündigungstalente kongenial ineinander fließen, ohne sich von der Distanz von 850 Jahren beeindrucken zu lassen... Pater Bernhard Vošicky ist neben seiner Tätigkeit als Professor für Liturgiewissenschaft an der Päpstlichen Hochschule Benedikt XVI. Heiligenkreuz ein umlagerter Beichtvater und ein unermüdlicher Seelsorger weit über Heiligenkreuz hinaus. Schon seit langer Zeit bestand

8 Bernhard Vošicky, *Bernhard über Bernhard. Geistliche Lehren des heiligen Bernhard von Clairvaux,* Heiligenkreuz 2008.

daher der Wunsch, zumindest einige seiner zahlreichen Vorträge und Katechesen auch in Form eines Buches der Öffentlichkeit zugänglich zu machen.

Es handelt sich um ein sehr eigentümliches Buch – in fünf Kapitel. Unter dem doppeldeutigen Titel „Bernhard über Bernhard" legen wir hier zunächst in den ersten vier Kapiteln geistliche Vorträge vor. Es handelt sich freilich um überarbeitete Impulse, in denen er mit Hilfe der Allegoresen seines heiligen Namenspatrons die Themen „Gebet", „Herz-Jesu", „Eucharistie" sowie „Maria und Josef" ausgedeutet hat. Die Vorträge galten zumeist den Mitgliedern der von ihm betreuten Gebetsgemeinschaft „Freunde des Heiligen Kreuzes". Das fünfte und umfangreichste Kapitel dieses Buches ist freilich etwas ganz Besonderes, das hier kurz erläutert und begründet werden muss. Unter dem Titel „In Liebe heilen. Die Begriffe ‚sacramentum' und ‚mysterium' in den Werken Bernhards von Clairvaux" war 1987 Dissertation von Pater Bernhard im Heiligenkreuzer Verlag veröffentlicht worden[9]. Die Defensio hatte schon 1983 stattgefunden. Wegen der Popularität des Autors war dieses Buch in kürzester Zeit vergriffen, sodass immer wieder Pläne zu einer Neuauflage gewälzt wurden, die jedoch nicht umgesetzt werden konnten.

Nun hat die Bernhardsforschung in den letzten 25 Jahren riesige Schritte vorwärts getan. Im Deutschen Raum ist es der besondere Verdienst von Prof. Pater Gerhard Winkler, der es geschafft hat, das Gesamtwerk Bernhards lateinisch mit deutscher Übersetzung zu veröffentlichen. Wer zum Beispiel eine wissenschaftliche Einführung zu Bernhard sucht, der findet das Beste in Winklers 2001 publiziertem, gut lesbaren Buch: „Bernhard von Clairvaux: Die eine und umfassende Kirche – Einheit in

9 Bernhard Vošicky, *In Liebe heilen. Die Begriffe „sacramentum" und „mysterium" in den Werken Bernhards von Clairvaux,* Heiligenkreuz 1987.

der Vielfalt"[10]. Und in der Zwischenzeit gab es auch eine ganze Reihe von „Realhistorikern" wie z. B. im deutschen Sprachraum Peter Dinzelbacher, der Bernhard mit nüchternem „historisch-kritischem" Blick erdete – oder hier müsste man richtiger sagen: beerdigte[11]. Die Ausgangslage war jedenfalls die: Hier eine Fülle von theologischen und wissenschaftlichen Hinführungen zu Bernhard, eine aktueller als die andere, sodass eine Neuauflage des Buches von 1983 nicht sinnvoll schien. Dort eine Fülle von Menschen, die von Pater Bernhard geistlich geführt werden wollen.

Zugleich wäre es einfach schade gewesen, die Studie über den Sakramentsbegriff Bernhards dem Vergessen anheim fallen zu lassen, denn anhand des Begriffes sacramentum entwickelt unser Mitbruder dort durchaus eine Art Überblick über die wichtigsten theologischen und spirituellen Gedankengänge unseres heiligen Ordensvaters: Sacramentum heißt bei Bernhard schlechthin alles, wo das Sinnenhafte zum Träger göttlicher Vermittlung wird. Bernhard hat noch keine Lust zu einer Siebener-Systematik der Sakramente, wie wir es fast zeitgleich 1147 erstmals bei Hugo von Sankt Viktor finden. Sacramentum ist für ihn: Christus selbst, das fleischgewordene Wort, das Wort der Heiligen Schrift, folglich auch die Lectio Divina; sacramentum ist der Noviziatsunterricht, das Liturgische Jahr, vor allem mit den hohen Zeiten von Advent, Weihnachten, Quadragesima und Ostern, die Liturgischen Feste sind sacramentum, besonders die Mysterien der Kirchweihe; besonders die Fußwaschung ist bei ihm sacramentum nach dem Willen Christi, die Glaubenserkenntnis selbst ist Sakrament, ebenso wie die Christusnachfolge, und natürlich ist die Kirche selbst – äußere Schale mit geistlichem Kern – Sakrament. Hier

---

10 Gerhard Winkler, *Bernhard von Clairvaux: Die eine und umfassende Kirche – Einheit in der Vielfalt,* Innsbruck 2001.

11 Peter Dinzelbacher, *Bernhard von Clairvaux. Leben und Werk des berühmten Zisterziensers,* Darmstadt 1998.

ging es also um einen Querschnitt durch den ganzen Bernhard. Jedenfalls wollten wir diese Liturgiewissenschaftliche Studie mit aufnehmen, weil Pater Bernhard die geistlichen Lehren Bernhards so zu präsentieren vermag, dass auch die Frömmigkeit von Menschen des 21. Jahrhunderts befruchtet wird. So entschieden wir uns – mit Einverständnis des Autors -, die wissenschaftliche Studie so umzuarbeiten, dass das reiche Quellenmaterial der Bernhardzitate in den Fußnoten erhalten blieb. Ansonsten wurde die lange Arbeit aber stark gekürzt, stilistisch überarbeitet und als fünftes Kapitel in dieses Buch aufgenommen.

Ein ganzes Team hat zu dieser Veröffentlichung beigetragen: zuerst Frater Tobias Westerthaler, ohne dessen Erstkorrektur und Erstformatierung das Buch nicht geworden wäre. Dann Pater Pio Suchentrunk, der mit stoischer Gelassenheit das Projekt am Anfang technisch gefördert hat. Schließlich hat sich Mag. Jürgen Lercher mit Eifer dieses Projektes angenommen. In den Fußnoten erschien es mir nicht sinnvoll, die teils überholte Sekundärliteratur aus den 80er-Jahren beizubehalten; stattdessen hat Mag. Lercher ein – freilich fragmentarisches – Literaturverzeichnis der mittlerweile unüberschaubaren Bernhardliteratur als Anhang zu diesem Buch erstellt[12]. Für die genaue Endkorrektur verdient vor allem Frater Mag. Athanasius Thurn OCist Dank und Anerkennung; ohne seine Kompetenz und Akribie hätte dieses Buch nicht publiziert hätte werden können.

Mein herzlicher Dank gilt dem Autor selbst, dass er es uns zugetraut hat, sein Werk aufzufrischen. Um jede Kürzung und Umformulierung hat es mir leid getan, weil sie immer auch einen kleinen Abschied vom vertrauten Klang des persönlich so aufbauenden bernhardinischen Wortes bedeutete. Das oberste Ziel war, Pater Bernhards Interpretation des heiligen Bernhard so wiederzugeben, dass auch normale Gläubige etwas damit anfangen

12 Vgl. Bernhard Vošicky, *Bernhard über Bernhard*, 283–336.

können. Der Leser wird beurteilen müssen, ob dies gelungen ist. Wir hoffen, dass der geneigte Leser irgendwie das Gefühl bekommt, dass die Grenze zwischen Bernhard von Clairvaux und Pater Bernhard Vošicky zerfließt. Sollte das der Fall sein, dann würde uns dies sehr freuen, denn dann wäre es uns gelungen, genau jenes Talent unseres Mitbruders Pater Bernhard zur Geltung zu bringen, das uns allen in Heiligenkreuz so wertvoll ist: sein Charisma, im gleichen Atemrhythmus wie der heilige Bernhard von Clairvaux zu denken, zu lehren und zu verkündigen. Hier ist die Einheitsschau von Dogma und Spiritualität, Biblischer Betrachtung und Verkündigung, Schöpfen aus den Quellen und Aufbereiten für die Zukunft tatsächlich eins.

Zisterziensische Theologie im Römerbriefkommentar Wilhelms von Saint-Thierry[1]

von Prof. Dr. Klaus Berger

Den seligen Wilhelm von Saint Thierry (1075-1149), den Freund des hl. Bernhard, kannte Luther nicht. Aber Wilhelm hat den größten Römerbriefkommentar des Mittelalters geschrieben. Meine Frau und ich übersetzen diesen Kommentar seit zwei Jahren zum ersten Mal ins Deutsche. Man kann nur sagen: Hätte Luther ihn gekannt, so hätte er einen guten Freund gehabt. Was ist das Besondere an diesem Kommentar?

Wilhelm ist ein Mönch wie Luther. Der Mentalität nach ist ein Mönch jemand, der alle anderen Fluchtmöglichkeiten in der Frage nach dem Sinn des Lebens verstopft hat und dem daher nur die eine Richtung bleibt, nur die eine Öffnung in der Richtung der zentralen Frage nach Gott. Wir fliehen immer vor Gott und mogeln uns um die entscheidende Frage herum. Ein Mönch stellt sich der entscheidenden Frage. Und er vertraut darauf, mit Gottes Hilfe dieser Frage nicht auszuweichen.

Alle Wahrheit über den Menschen und Gott fällt dem Mönch, wenn er ehrlich bleibt, jeden Tag neu auf die Füße. Schon als wir Wilhelms „Gebete und Meditationen" übersetzten, fiel uns dieser schonungslos konfrontative Stil Wilhelms auf.

Sein Römerbrief ist zum allerwenigsten Philologie. Er ist Meditation und Gebet. Immer wieder nimmt Wilhelm neue Anläufe, um Paulus nahe zu kommen. So antwortet Wilhelm

1 Guillelmi a Sancto Theodorico, *Opera Omnia Pars I. Expositio super Epistolam ad Romanos,* cura et studio Pauli Verdeyer SI, CCM LXXXVI, Brepols 1989.

auf Röm 5 in einem Dialog, in dem er Gott sagen läßt: Du hast einen Bürgen für dich, als du noch fern warst von Gott, meinen sterbenden Sohn. Gerechtfertigt aber wirst du als Unterpfand meinen heiligen Geist erhalten. Und Wilhelm bittet daraufhin: Schenk, Herr, schenk Vater der Lichter, was du befiehlst.

Erst als ich die Nöte des Mönches Wilhelm kennen lernte, habe ich auch, so meine ich, etwas von Luthers Nöten begreifen können. Wir verteilen immer nur die Antwort Luthers, ohne die Fragen zu kennen. Wir nehmen seine Probleme am Schreibtisch zur Kenntnis, aber nicht auf Knien. Wir servieren Antworten in Fülle, wo die Menschen vielleicht ganz andere Fragen hatten. Kurzum, unser Zugang ist Theorie, bei Wilhelm und Luther ist sie Praxis. Bei uns wird daraus eine Frage der Lehre, hier ist es ein Problem des Lebens. Wir schreiben darüber Bücher und beraten in gut gemästeten Kommissionen mit Kaffeepause alle anderthalb Stunden. Wilhelm, Bernhard und Luther kämpfen mit dem Dunkel in der menschlichen Seele oder mit dem Teufel auf der Bettkante.

Diese Schonungslosigkeit kennen wir auch von Luther. Wilhelm sagt das so: „‚Verkauft unter die Sünde'. Wer hat dich, Paulus, verkauft? Ach Mensch, wird Paulus sagen, ich bin ein Mensch. Der Mensch hat sich selbst verkauft, um unter der Sünde Sklave zu sein. Ich habe mich selbst verkauft, weil ich dem Verführer zugestimmt habe. Verkaufen konnte ich mich, loskaufen kann ich mich nicht. Ich habe mich verkauft, als ich der Sünde zustimmte und den Tod akzeptierte."

In dieser verzweifelten Not ist die Antwort bei Wilhelm wie bei Luther: Solus Christus, sola fide, sola gratia. Eigentlich nur ein Mönch kann so alles auf eine Karte setzen, eigentlich nur ein Mönch kann so wahrhaftig mit sich umgehen. Denn sonst würde ihm die Luft zum Atmen vergehen. Weil es für einen Mönch nur auf das eine ankommt, weil er alles auf eine Karte setzen muß, weil es Licht nur durch das eine Zellenfenster gibt, ist hier und kaum irgendwo anders eine Antwort zu erwarten auf die Frage, was es denn eigentlich sei mit dem Verhältnis zwischen Gott und Mensch in der Frage nach Gott, dem Geheimnis aller Geheimnisse.

Das meiste bleibt Dunkel, bleibt Ungewißheit und Wagnis. Aber eben auch das zu wissen, lohnt sich. Und zu ahnen – drei oder viermal im Leben, wie Luther sagt -, daß es nur ein Licht gibt, nämlich Jesus Christus, alles andere sei Anfechtung, Kampf, Dunkel.

Es mag erkennbar werden, daß es hier um eine gewaltige Sache geht, um ein gewaltiges Drama und nicht um Protokollfragen zwischen den Konfessionen. Was heißt denn hier Profil, wo Gott so unfaßbar groß ist und unsere Differenzen so lächerlich klein? So klein, daß sie in der neueren Exegese des Neuen Testaments unter den Fachleuten gar keine Rolle mehr spielen. Daß Wilhelm im 12. Jahrhundert katholisch war und Luther im 16. Jh. protestantisch, tut für dieses Drama und die Antwort darin überhaupt nichts zur Sache. Es ändert nichts darin, daß wir Sünder sind und auf die Gnade Gottes sichtbar angewiesen. Es ist jedenfalls ein radikal christliches Profil, und das ist angesichts der gegebenen Sache das einzige, das zur Verfügung steht. Es ist wahr, daß ich Luther erst zu begreifen anfing, als ich die Zisterzienser näher kennen lernte und daher Witterung aufnehmen konnte, woher bei Luther der Wind weht.

Für mich ist ganz klar: Nur ein radikales Christentum kann man überhaupt anzubieten wagen. Und radikal ist es gewiß, wenn man mit Wilhelm und Luther sagt: Allein die Gnade, allein der Glaube, allein Jesus Christus. Indem ich an dieser monastischen Option festhalte, bin ich gewiß ein „vorkonziliarer Eiferer“, aber ich fühle mich in guter Gesellschaft mit Paulus, Augustinus, Wilhelm und Luther. So etwas von vorkonziliar gibt es nicht noch einmal wie „diese Typen“.

Können und sollen wir mit unserem Tun die Welt retten?, fragt Wilhelm. Und er antwortet: Nein, aber wir können so wach sein, wenn die Sonne aufgeht.

Aber wir müssen noch einen Schritt weiter gehen. Kann man der Jugend Christentum nahe bringen? Die Zisterzienser waren eine Jugendbewegung des 12. Jahrhunderts. In kürzester Zeit waren 1200 Klöster gegründet. Denn es ging um das Thema Nr.1: die Liebe. Ungeteilte seelische, geistige, körperliche Sehnsucht und Liebe – und das alles im Kloster? Ja.

Aber damit sind wir wieder bei der Sache. Wenn der normale Mensch das Wort Rechtfertigungslehre hört, schwindet ihm schon Sekunden nach dem Hören auch der letzte Mut.

Und nicht gerade selten beschleicht mich der Verdacht, daß Glaube, der doch allein selig macht, der kein Werk sein soll, leicht zum kompliziertesten und anstrengendsten Werk werden kann. Dann nämlich, wenn Menschen anfangen, Punkte abzufragen, um die Rechtgläubigkeit zu kontrollieren. Ach lieber Gott, mach die bösen Leute gut und die frommen Leute nett.

Fragt man Menschen von der Straße oder den Pastor / Pfarrer von nebenan, so ist die Antwort, dieses Thema sei ebenso uninteressant wie kontrovers und schwierig, kurzum unerbaulich und heute unwichtig. Ich finde, man müßte einen Preis für den aussetzen, der den Nährwert dieser „Lehre" erklären kann. Vielleicht wäre der heilige Bernhard ein Aspirant für diesen Preis. Folgt man seinem Ansatz, dann muß man nicht von juristischen Konstruktionen ausgehen, wie etwa von der Frage, ob die Gerechtigkeit dem Sünder bloß angerechnet wird, oder ob er wirklich „gerecht" gemacht wurde. Man muß auch nicht darauf achten, daß der positive Anteil des Menschen an seiner Rettung möglichst klein zu halten sei, weil nur das wirklich fromm sei, wenn man Gott alles tun läßt. Sondern man darf von der Sehnsucht des Menschen ausgehen. Es ist die Sehnsucht, die nur Gott stillen kann.

Gleichzeitig hat aber auch Gott Sehnsucht nach dem Menschen, und er bietet ihm deshalb Vergebung, Liebe und Freundschaft an. Die Sehnsucht des Menschen bedeutet für ihn Eingeständnis, daß ihm das allein selig Machende mangelt. Es kann nur von Gott kommen und ist dem Wesen nach Liebe. Diese Lösung hat gegenüber den herkömmlichen, dogmatischen den Vorteil, daß jeder Gedanke an irgendeine Leistung des Menschen, sei es durch Werke, sei es durch Glauben (für viele Menschen oft ein besonders schwieriges Werk!) als abwegig erscheint. Sehnsucht ist kein Werk, sondern lebhaft beklagter Mangel, beklagt in bestimmter Richtung, deren Ziel vielen freilich nicht von Anfang an klar ist. Selbst noch ein Theologe wie Karl Rahner, der mit Paulus nicht viel im Sinn hatte, konnte sagen, für ihn bestehe Glaube wesentlich im Aushalten der Verborgenheit Gottes. Von Mutter Theresa wissen wir, daß diese Erfahrung der Abwesenheit Gottes eben sehr viel mit Sehnsucht zu tun hat. Rechtfertigung aus Glauben heißt für mich: Meine unstillbare Sehnsucht kann allein Gott im Gekreuzigten erfüllen.

Sehnsucht aber bringt Liebe und Freundschaft hervor. Daß diese ihre eigenen Regeln haben, weiß jeder, und Paulus verlangt auch deren Einhaltung von den Christen. Aber Stolz auf gute Werke oder das Bestreben, sich durch Werke als gerecht zu qualifizieren, sich dabei auch noch am alttestamentlichen Gesetz zu messen, das alles waren eben auch nicht die Probleme des Apostels. Er war nicht gegen Werke und nicht gegen das Gesetz, sondern der Glaube hatte für ihn eine neue Mitte bekommen, an der alles zu messen war und um die kein Weg herumführte. Und auch diese Mitte ist nur biographisch zu verstehen: Es ist die Begegnung mit dem auferstandenen Herrn.

Und so fügt sich unsere Beobachtung zu einem Entwurf in Kreuzform. In der senkrechten Linie steht ganz oben die Heiligkeit Gottes, die zugleich verschenkt wird als Gnade. Und unten steht der Mensch in der Finsternis der Schuld. Denken Sie an die zisterziensische Architektur, die eben dieses großartig darstellt, oben das Licht, sehr viel mehr Licht als in den kleinen bunten Fenstern der Romanik, und am unteren Ende der Schlucht die Finsternis als Raum des Kreatürlichen. Seit der frühen Gotik erlaubten es die oberen Fenster, mehr Licht hereinzulassen. Daher geht es bei Bernhard und Wilhelm immer wieder um das Licht.

Aber dieses Kreuz hat einen Querbalken. Auf dessen einer Seite steht die Sehnsucht Gottes, auf dessen anderer die Sehnsucht des Menschen.

In Licht und Dunkel sind Gott und Mensch unvergleichbar. Aber in der Sehnsucht sind sie möglicherweise einander etwas ähnlich. Denn die Sehnsucht ist die Vorbereitung auf die Liebe. Die Sehnsucht gibt die Richtung an, das nicht zufrieden Sein allein mit sich selbst ohne den anderen. Diese Sehnsucht meint Bernhard, wenn er sagt: Wenn ihr nicht Sehnsucht habt, werdet ihr nicht vollkommen lieben. Beides ist in der Radikalität unüberbietbar: Die Zuwendung des Lichts zur Finsternis und die bedingungslose Liebe als Lebenszeichen Gottes, der eben ein Herz hat. Stärker als der Tod ist die Liebe, lautet die neutestamentliche Auskunft.

Auf das Thema „Sehnsucht ohne Grenzen“ kann man jeden jungen Menschen ansprechen. Denn gerade die zahlreichen Kontakte und auch deren mangelnde Stabilität weisen eindeutig auf die Sehnsucht nach verläßlicher Treue.

Was Rechtfertigung meint, kann man heute nicht mit dem umständlichen juristischen Wort wiedergeben, sondern mit dem viel persönlicheren Wort Sehnsucht. Und das heißt: Herr, ohne dich kann ich nichts tun, ohne dich ist alles nur leer. Du allein bist die Erfüllung. Du liebst mich um Jesu willen.

Was das praktisch bedeutet: Nur dort von Profil zu reden, wo es nicht dummes Geschwätz ist. Nicht auf Kosten anderer, sondern in der Tiefe unseres Herzens. Ehe wir uns an der Psycho – Soße mit leichtem buddhistischem Touch versuchen, das Schwarzbrot unserer alten Choräle singen oder beten. Oder anders: Für mich gibt es eine Rangordnung: Erstens Anbetung und Gottesdienst, zweitens Nächstenliebe (Diakonie oder Caritas), drittens Theologie. Der Witz an dieser Rangordnung ist: Im Christentum hat die Wahrheit Vorrang vor der Liebe. Und das will sagen: Liebe wird definiert durch den Gott Abrahams, Isaaks, Jakobs und Jesu Christi – und nicht durch Erich Miehlke.

Wenn hier jemand oder etwas Profil hat, dann die Sehnsucht Gottes nach dem Menschen und die Sehnsucht des Menschen nach Gott. Unsere reformierten Freunde würden das Resultat der Sehnsucht einen Bund nennen. Das ist nicht falsch, aber wieder zu amtlich, zu juristisch; es meint immerhin die Gegenseitigkeit. Profil kann nicht Sache eines einzelnen sein, weder eines einzelnen Menschen noch einer Konfession. Das wiese immer nur auf Identitätsängste hin. Das gilt insbesondere für eine Christenheit, die um Gottes willen eins sein soll. Denn jede Spaltung ist Verrat an Gottes eigenstem Willen.

Und weil es um eine Gemeinschaft geht, deshalb besteht das überragende Alleinstellungsmerkmal ganz schlicht gesagt in Freude. Sie ist die psychische Innenseite Gottes, sie entsteht immer dort, wo etwas gefunden wird.

Aber es geht um mehr: Mit sich identisch sein, das ist eine Frage der Stärke. Das einzige Feld in dem wir Stärke zeigen können, besteht dann, wenn wir uns radikal Gott anvertrauen.

Das wäre dann christliche Identität, und sie unterschiede sich von nicht-christlichen auf dem Markt der Möglichkeiten dadurch, daß Jesus der Welt Gott gebracht hat. Eben diesen Gott, der sein Profil gegenüber allen Götzen darin hat, daß er von Anfang an mit seinem Volk zusammengedacht wird, bei diesem Volk sein will, bei Israel und bei dem neuen Gottesvolk aus Juden und Heiden.

Im Folgenden einige theologische Merkmale von Wilhelms Römerbriefkommentar:

1) Wilhelm beruft sich ausdrücklich auf Augustinus und bestreitet, Originelles hinzugefügt zu haben. Die Abhängigkeit von Augustinus führt – Luther vergleichbar – zur Priorität der Gnade.

2) Im Unterschied zu Abaelard legt Wilhelm das Gewicht keineswegs auf theologische Spezialfragen. Stattdessen finden sich bei Wilhelm eingestreute Gebete und meditative Wiederholungen.

3) Die Rolle des Heiligen Geistes betont Wilhelm auch gegenüber Paulus. So etwa zu Röm 5,18: „Alle kreatürlich gezeugten Menschen stammen von Adam ab, und alle durch den heiligen Geist neu erzeugten Menschen verdanken das Christus." Die Betonung des hl. Geistes in der Theologie hätte Martin Luther von Wilhelm lernen können. Die Rolle des hl. Geistes in der Systematik Wilhelms entspricht der des Gebets in der Praxis. – Gott liebt in uns durch den heiligen Geist, er liebt dabei sich selbst, und nur diese Form der Selbstliebe ist gestattet; er liebt sich aus uns. Er betet in uns durch den heiligen Geist (Röm 8,26-28).

> „So lautet das Gebet, das du, o Herr, für uns an den Vater gerichtet hast: „Ich will, daß sie so, wie ich und du eins sind, auch in uns eins sind." Denn das willst du, und du wünschst dir mit aller Macht, uns durch deinen Geist, durch deine Liebe, in dir zu lieben und dich aus uns und in uns zu lieben. Denn diese kostbare Kraft, mit der wir dich lieben, haben wir nicht aus uns selbst, sondern vom heiligen Geist, den du uns gibst.

Schenke uns also deinen heiligen Geist, und wenn du so in uns wohnst, o Gott, liebe dich selbst aus uns. Bewege uns und lass uns in Liebe zu dir entbrennen, indem du uns erleuchtest und begeisterst. Und weil wir in unseren Sünden nicht mehr wissen, wie es ist, die wahren Güter zu besitzen, soll deine liebevolle Zuwendung unsere vielen Sünden zudecken. Wenn du dafür sorgst, du sanfter und freundlicher Herr, dann sind wir nicht mehr Sklaven, sondern deine Kinder, die genau so freundlich und sanft über dich nachdenken und reden sollen. Und während sie so reden und nachdenken, beginnt ihr Herz nach dir zu brennen Noch heißer brennt es, wenn sie dich mit durch Liebe erleuchteten Augen betrachten und zu dir sprechen, und lichterloh brennt es, wenn du freundlich zu dem Herzen sprichst, das dich liebt. Denn wenn du zu ihm sprichst, gießt du gleichsam Öl ins Feuer, so daß der, der liebt, noch mehr liebt und der, der brennt, noch mehr brennt. Wenn du zu diesem Herzen sprichst, tief drinnen in seinem Gewissen, versteht es aus der Erleuchtung durch deinen heiligen Geist, wie Hiob sagt, etwas von deinem inneren Flüstern: Warum ist Christus, als ihr noch schwach und elend wart, in der Zeit für euch Gottlose gestorben?[2] Ja, Herr, warum?“[3]

4) Dem Glauben entgegen ist nicht der Unglaube, sondern die Angst. Das deutet auf eine Psychologisierung wie in den Orationes meditativae. „Solange du keine Freude an Gott hast, handelst du noch als Sklave. Er (sc. Gott) soll dich erfreuen, dann bist du frei.“

2 Röm 5,6.

3 Vgl. Buch IV zu Röm 5,5, in: Guillelmi a Sancto Theodorico, *Opera Omnia Pars I. Expostitio super Epistolam ad Romanos* (übers. von Berger / Nord).

5) Aus Gnade kommt der Glaube, aus Glauben das gute Werk. Aber auch aus Glauben kommt die Gnade. Typisch ist die Sequenz Gnade- Glaube- Rechtfertigung.

6) Im Rahmen der augustinischen Tradition wird das Jonglieren zwischen Glaube, Gnade, Verdienst, Werk, Rechtfertigung, Gerechtsein, Gesetz, Freiheit des Willens, Geschenk und Begierde vorbereitet. – In theologischen Aporien hat das Gebet eine vermittelnde Rolle.

7) Typisch zisterziensisch ist dabei die Radikalität, sowohl in den Aussagen über die Verlorenheit („allein durch Erbsünde beherrscht") als auch in den Aussagen über den einzigen Weg zur Rettung („nur", „allein").

> Vgl. z. B. zu Röm 7,17: Wollen ist machtlos ohne die Hilfe der Gnade. Denn selbst das Wollen ist ein Werk der Gnade: *„Alles, was du hast, hast du empfangen"* (zu Röm 5,1). – „Das Gesetz ist nur insofern nützlich, als es die Sünde nachweist. Denn besiegt werden kann die Sünde nur durch die Gnade Gottes (sola gratia), indem die Sorge über seine Schuld den Sünder dazu bekehrt, die Gnade anzunehmen."

8) Alles auf die Gnade zu setzen bedeutet indes weder ein Kleiner Machen des Menschen (pessimistische Anthropologie) noch eine Bestreitung der Mitwirkung des Menschen (dogmatisch). Die Konsequenz liegt auf der praktisch-spirituellen Ebene, sie ist realistische Demut und eine Offenheit für das Wirken Gottes. Gemeint ist das im Sinne emphatischer Frömmigkeit und nicht im Sinne scholastischer Erbsenzählerei.

9) Das Wirken der Gnade wird als Heilung des kranken Willens verstanden („sana quod est saucium").

10) Der Mensch soll den Glauben fruchtbar werden lassen und lieben, nicht auf der Stelle treten. – An die Stelle des Gläubig-Werdens im Neuen Testament und in jeder Mission ist im Mönchtum die Profeß getreten. Hier werden die frühchristlichen Aussagen über das Gläubigwerden in eine gelebte Frömmigkeit umgesetzt.

11) Willhelm löst die Gesetzesfrage von ihrem jüdischen Hintergrund, den sie bei Paulus hat, auch vom Thema „alter" / „neuer Heilsweg". Die Fragen werden bereits anthropologisiert, und damit werden sie nicht speziell christologisch bestimmt.

Was hat Paulus den Zisterziensern zu sagen?

a) Bestimmte geistliche Erfahrungen (Sünde, Gnade, Liebe) sind die Voraussetzung für die liebevolle Annahme.

b) Maria ist die klassische Leitfigur. Sie ist „voll der Gnade" und Spenderin.

c) Der schonungslose psychische Realismus äußert sich auch in Kreuz- und Blutfrömmigkeit. Man kann sagen: In den zisterziensischen Formen der Spiritualität ist paulinische Theologie wirklich Frömmigkeit geworden. Gerade auch die neue Theodizee-Sensibilität von J.B. Metz könnte hier christologischen Tiefgang gewinnen.

d) Die monastische Antwort auf die Theodizee-Frage besteht in Demut.

Fazit: Das zisterziensische Mönchtum ist die Form, in der die paulinischen Schriften Frömmigkeit werden.

Textproben

Die folgenden Texte aus dem Kommentar zum Römerbrief von Wilhem von St Thierry[4] mögen das Gesagte verdeutlichen:

(1) Zu Röm 5,3-5

Steh bei mir, sagt dir Gott, und ich adoptiere dich als Sohn. Alles, was mir gehört, gehört auch dir. Du wirst mein Reich sein und ich dein Gut.

Du hast einen Bürgen für dich, als du noch fern warst von Gott, meinen sterbenden Sohn.

Gerechtfertigt aber wirst du als Unterpfand meinen heiligen Geist erhalten. Schenk, Herr, schenk Vater der Lichter, was du befiehlst.

Schenk, was du verheißst, nämlich deinen Sklaven die Hoffnung auf die Herrlichkeit deiner Kinder.

Nicht nur das, sondern auch sich zu rühmen in Drangsalen, die ich für ich durchstehe.

Wecke in uns den Impuls der Geduld, damit wir als bewährt erwiesen werden und voranschreiten in der heiligen Hoffnung.

[III,21-22] Gerechtheit Gottes, sagt Paulus. Der Glaube bewirkt, was das Gesetz vorschreibt: Gerechtheit Gottes, nicht Gerechtheit von Menschen, nicht von Werken, nicht des eigenen Willens. Allerdings ist Gerechtheit Gottes nicht ohne unseren eigenen Willen möglich. Das Gesetz hatte unseren Willen als krank erwiesen,

---

4 Guillelmi a Sancto Theodorico, *Opera Omnia Pars I. Expostitio super Epistolam ad Romanos* (übers. von Berger / Nord).

aber durch die Gnade, die aus einem geheilten Glauben kommt, konnte er dann doch das Gesetz erfüllen. Dabei wird das Gesetz auch als nützlich erfahren: Weil es selbst nicht den Willen heilen kann, schickt es die, die Heilung nötig haben, zur Gnade und befreit sie von allen Zeichen und Spuren ihrer Krankheit. Es schickt sie aber nicht nur zur Gnade sondern auch zum lebendigmachenden heiligen Geist, wo alle Sünden vergeben werden und die Liebe zum guten Handeln geweckt wird.

(2)

[III,23-24] Denn alle haben gesündigt und haben keinen Funken von Gottes Herrlichkeit. Gott hat es nicht nötig, dass ihn irgendjemand verherrlichen müsste. Aber alle Menschen leiden an dem Mangel, dass Gott in ihnen nicht verherrlicht wird. Seine Herrlichkeit besteht darin, dass er ohne Gegenleistung durch seine Gnade gerecht spricht. Wo die Gnade ist, da ist auch die Herrlichkeit.

(3)

[III 27] Denn weil der Glaube die Rechtfertigung erwirkt und Gott jedem Einzelnen sein Maß an Glauben zumisst, setzt die Gnade Gottes keinerlei menschlichen Verdienst voraus. Aber allein dadurch, dass sie verdienen könnte, vollendet zu werden, verdient die Gnade auch, vermehrt zu werden. Denn auch über den Glauben heißt es: Alles, was man hat, hat man geschenkt bekommen (1 Kor 4,7) Daher sagt auch der Apostel selbst an einer anderen Stelle: Ich habe Erbarmen erlangt, so dass ich glauben kann (1 Kor 7,25). Er sagt nicht: weil ich glauben kann. Glaube ist ja nicht Sache der eigenen Verdiensts oder des eigenen Willens. Es ist ein freies Geschenk Gottes, und so nimmt von Gott alles Gute seinen Anfang. Die guten Werke tut der Mensch, aber der Glaube geschieht im Menschen, und ohne Glauben bringt der Mensch kein gutes Werk zustande. Denn alles, was nicht aus Glauben geschieht, ist Sünde. Nicht einmal das Gebet darf man sich als Verdienst anrechnen, selbst wenn es nur um Gott geht oder um das, wofür Gott zuständig ist. Wenn der Beter Hilfe bekommt, dann betet der Glaube, der dem Nichtglaubenden geschenkt wird. Wenn kein Glaube da ist, kann man nicht beten.

(4)

[III,28] Es ist jedoch keineswegs anzunehmen, dass der Apostel meinte, der Mensch könne überhaupt ohne Werke von Gott gerecht gesprochen werden, das heißt, dass es für einen Glaubenden, der Zeit zum Handeln habe, nicht darauf ankomme, gut zu handeln. Es kommt vielmehr sehr wohl darauf an, aber niemand soll glauben, er könne wegen der Verdienste von Taten aus der Zeit vor seiner Bekehrung die Rechtfertigung erlangen, die doch durch den Glauben geschieht. Wenn Paulus also sagt, der Mensch könne ohne Werke gerecht gesprochen werden, meint er, dass Werke nicht die Voraussetzung für die Rechtfertigung seien. Gerecht werde der Mensch durch Glauben und Gnade, er dürfe sich aber, wenn er Zeit zum Handeln hat, nicht darauf ausruhen. Wenn das geschehe, trete die Gerechtheit durch Glauben bei ihm auf der Stelle. Denn wenn jemand die Zeit zum Handeln habe, nütze ihm ein unfruchtbarer Glaube nichts. Daher sagt Paulus an einer anderen Stelle: Wenn ich allen Glauben hätte und Berge versetzen könnte, hätte aber keine Liebe, dann wäre ich nichts (1 Kor 13,2). Eine im Glauben gegründete Liebe ist immer Handeln, und in ihr lebt man ohne Zweifel gut, denn die Liebe ist die Erfüllung des Gesetzes.

(5)

[III,31] Untergraben wir also durch den Glauben das Gesetz? Das kommt nicht in Frage. Vielmehr untermauern wir das Gesetz. Durch das Gesetz kommt ja die Erkenntnis der Sünde. Durch den Glauben setzt sich die Gnade gegen die Sünde durch. Durch die Gnade wird die Seele vom Fehler der Sünde geheilt. Durch die Heilung der Seele kommt die Freiheit des Willens. Durch die Freiheit des Willens kommt die Liebe zur Gerechtheit. Durch die Liebe zur Gerechtheit wird das Gesetz erfüllt. So wird durch den Glauben das Gesetz nicht untergraben, sondern untermauert, weil der Glaube die Gnade bewirkt, durch die ihrerseits das Gesetz erfüllt wird.

(6)

[IV,5] Dagegen wird dem, der nicht auf Werke setzt, aber an den glaubt, der die Gottlosen als gerecht annimmt, sein Glaube als Gerechtheit gewertet. Dass dieser überhaupt glauben kann, ist das Werk der Gnade. Denn dieses Glauben wirkt Christus in uns, aber es geschieht nicht völlig ohne unsere Mitwirkung. Denn das, was ich tue, sagt Jesus (Joh 14,12), tut auch mein Jünger, weil ich es tue, damit er es tut und so aus dem Ungerechten ein Gerechter wird. Deshalb handelt die Liebe des Glaubenden [nachahmend], und dann lebt man zweifellos als Gerechter. Er sagt auch, auf welche Weise jemand Gott Glauben schenkt bzw. an Gott glaubt.

(7)

[VII 12] Hier aber sagt er: Das Gesetz ist heilig, das Gebot ist heilig, gerecht und gut. Also nimm das Gebot. Du sollst wissen: Es ist deine Waffe. Es ist nicht dazu da, dich zu Fall zu bringen, sondern daß dein Feind zu Fall gebracht wird, wenn du demütig bist wie der kleine David. Wenn du aber groß bist wie Goliath und stolz, wirst du durch deine eigenen Waffen zu Fall gebracht.

Goliath steht da in Panzer und Lanze, Pharao mit Kriegswagen und Pferden, du aber (stehst) im Namen des Herrn. Das Gesetz also schadet entweder denen, die keine Gnade haben (aus der Gnade herausgefallen sind) oder es nützt denen, die voller Gnade sind. Das Gesetz ist immer gut, so wie die Sonne immer gut ist, ganz gleich, ob sie schmerzenden Augen wehtut oder gesunde Augen streichelt. Daher also gilt: Was die Gesundheit für die Augen zum Sehen der Sonne ist, das ist die Gnade für die Herzen bei der Erfüllung des Gesetzes. Und gesunde Augen sterben nicht, wenn die Sonne sie erfreut, sondern sie werden hell, kranke Augen aber werden durch die harten Stiche der Strahlen getroffen und in tiefe Finsternis getrieben. So wird das Herz, gesund durch die Liebe des heiligen Geistes, nicht „tot für die Gerechtigkeit" heißen, das gilt nur für die, die schuldig und voll Übertretung sind, was das Gesetz durch den Buchstaben gemacht hat und solange die Gnade fehlt.

(8)

[VII,24f] O Herr! Deine Gnade befreit uns. Der Prophet hat gesagt: Du bist meine Hoffnung (Ps 70,5), und das hat er nicht ohne Grund gesagt, denn du bist auch seine Geduld. Uns aber treiben der Leib des Todes, die Gefangenschaft der Seele unter dem Gesetz der Sünde, die Welt, die im Machtbereich des Teufels liegt und all das Böse dieses Lebens zu dir, dem höchsten Gut, wo kein Böses ist. Und auch du versprichst uns dich selbst , aber wann wir dich haben werden, das sagst du uns nicht. Du erschaffst das Böse, das uns von hier wegdrängt, du machst die Zeit des Hoffens lang und quälst damit die Unglücklichen. Und wenn wir bei dem allem sagen „Ach, ich unglücklicher Mensch, wer befreit mich bloß vom Leib dieses Todes?“, dann antwortet uns deine Gnade: Ich. Wenn wir fragen, wann das sein wird, wirft man uns Ungeduld vor; wenn wir uns darüber hinaus etwas vorstellen wollen, dann sind wir mutlos, weil wir deinen Plan nicht kennen. Daher werden die, die im Gebiet deiner Gnade wohnen, durch deine Zeichen verwirrt. Denn sie freuen sich über alle Maßen darauf, durch das, was aus deiner Gnade kommt, dort zu sein, wo es keinen Morgen und keinen Abend mehr gibt und sie nichts anderes mehr fürchten müssen, als daß sie in ihrem Bemühen um weitere Fortschritte nachlassen, wo es für sie doch nur die Vollkommenheit gibt, in der du alles in allem sein wirst. Herr, gib ihnen Frieden und für die Zwischenzeit Geduld.

Paulus und Bernhard
Ein Beitrag zum Paulusjahr

von Prof. P. Dr. Bernhard Vošicky O.Cist.,
Hochschule Heiligenkreuz

Das Kongressthema „Von der Freude, sich Gott zu nähern“ gibt mir Gelegenheit zu einem Vortrag, in dem ich ganz den hl. Bernhard zu Wort kommen lassen möchte. Was sagt der heilige Bernhard über Paulus im Paulusjahr? Sie wissen, dass unser Heiliger Vater das Paulusjahr ausgerufen hat – 2000ster Geburtstag des Völkerapostels. Der hl. Bernhard schreibt so genannte „Sermones“ (Predigten), genauer gesagt schreibt er sie nicht, sondern hält sie. Er tut das im Kapitelsaal des Klosters, weil dies der Ort für die Ansprachen des Abtes ist, die er an seine Mönche richtet. Und ein so genanntes „Sermofest“ ist auch das Fest der Bekehrung des hl. Paulus. Auch zur Zeit Bernhards ist das schon der 25. Januar. Im kommenden Jahr 2009 wird es an einem Sonntag sein und als solches gefeiert werden. Im Sermo zum Fest der Bekehrung des hl. Paulus[1] stellt Bernhard die wichtige Frage: „Wie können wir nach dem Beispiel des hl. Paulus umkehren? Und wie sollen wir umkehren?“

Paulus bekehrte zu seinen Lebzeiten viele Menschen zu Gott, und, so sagt es der hl. Bernhard, er tut dies heute noch durch sein Beispiel, sein Wort und seine Lehre. Die Sünder können durch Paulus Hoffnung auf Verzeihung schöpfen und die Sünder werden durch Paulus zur Buße ermuntert. Der Bereuende hat in Paulus das Bild einer vollkommenen Bekehrung vor Augen. Denn Paulus wütete zunächst mit Drohung und Mord gegen die Jünger des

---

1 Vgl. Bernhard von Clairvaux, *Pl* (Winkler IX, 108-111).

Herrn (vgl. Apg 9,1). Plötzlich wurde er jedoch zum auserwählten Werkzeug Gottes (*vas electionis*). Bernhard sagt: Es gibt die Bekehrung in *einem* Augenblick. Und das ist hoffnungsvoll. Wir dürfen das auch für viele Menschen erwarten, die heute noch nicht bekehrt sind. Es gibt die Bekehrung in *einem* Augenblick – *repente mutatus est*! Der grausamste Verfolger wurde zum gläubigsten und treuesten Verkünder – *persecutor crudelissimus, predicator fidelissimus*. Hier haben Sie ein für Bernhard typisches Wortspiel in der lateinischen Sprache. Der hl. Bernhard ist ein Meister der lateinischen Sprache. Der Bernhard-Experte Leclercq sagt, Bernhard sei der Mozart der lateinischen Sprache. Auch Christine Mohrmann stellte das in einigen ihrer Publikationen fest.

Erst vor kurzem las ich wieder einmal eine Ansprache von Papst Pius XII., der vor 50 Jahren verstorben ist. Im Zusammenhang mit Fatima sagte er dort: Wir dürfen von der Muttergottes die „Gnade der Bekehrung in einem Augenblick" erbitten. Und das ist bei Paulus der Fall. Bernhard bestätigt es. In der Bekehrung des Paulus werden die Größe des Erbarmens (*magnitudo misericordiae*) und das Wirken der Gnade Gottes sichtbar (*efficatio gratiae*). Das Licht, das Paulus vor Damaskus plötzlich vom Himmel her umstrahlt (Apg 9,3), dieses Licht, sagt Bernhard, ist die wahrhaft unbegreifliche Gnade der göttlichen Liebe: „*O vere inestimabilis divinae dignitatio pietatis*". Dieses Wortspiel Bernhards erinnert an ein anderes: *Mira dignatio Dei quaerentis magna dignitas hominis sic quaesiti*. Immer wieder zeigt sich die wunderbare Herablassung Gottes, der den Menschen sucht, zeigt sich die Sehnsucht Gottes nach den Menschen und die große Würde des Menschen, der so gesucht wird.

Zum Licht kommt im Berufungserlebnis des Paulus auch die Stimme (Apg 9,4): „*Saulus, Saulus, warum verfolgst Du mich*?" Bernhard macht auf diesen Umstand besonders aufmerksam: Licht und Stimme – *lux et vox*, wie Bernhard sagt, sind von Bedeutung. Durch diese zwei Fenster, durch das Fenster der Augen und durch das Fenster der Ohren dringt die Gnade der Liebe ins Herz des Paulus.

Aber nun kehrt natürlich der hl. Bernhard, der ja zu Mönche spricht, das ganze in einen Gewissensspiegel für den Klerus um. Eine scharfe Kleruskritik fügt er gerade dort hinzu, wo er über die Bekehrung des Paulus spricht. Das wird heute als „Mönchsparänese" bezeichnet, also als Mahnpredigt, Bußpredigt oder Schelte. Und er sagt: Früher hieß es: Wie das Volk, so ist der Priester. Heute muss man sagen: Das Volk ist nicht so schlecht wie die Priester. Und dann sagt er: Paulus verfolgte zu seiner Zeit Christus und seine Kirche und heute wird der mystische Leib Christi verfolgt durch die eigenen Leute, durch den Klerus, und zwar erstens durch das Ärgernis der Verleumdung (der *detractio*), das Gift der brüderlichen Verleumdung, der herabziehenden Rede. Zweitens durch das Ärgernis der Nachlässigkeit, der *negligentia*. Drittens durch das Ärgernis der Oberflächlichkeit, oberflächliche Neugier, der *curiositas*. Viertens durch das Ärgernis durch des Einzelgängertums, der Eigenbrötelei, der singularitas. Dann durch das Ärgernis der Unduldsamkeit, der Ungeduld, der *impatientia*. Und schließlich durch das Ärgernis der Kritiksucht, des Murrens, der *murmuratio*. Durch diese Ärgernisse, die den Kleinsten gegeben werden, verfolgt der Klerus Christus und seine Kirche heute! So betont es Bernhard. Das ist eine deutliche Scheltrede. Der üble Lebenswandel des Klerus ist der klägliche Niedergang der Kirche.

Wenn wir nicht Verfolger des Herrn Jesus wie seinerzeit Saulus / Paulus sein wollen, wenn wir nicht Christus und seine Kirche verfolgen wollen, dann gilt es konträre Tugenden zu verwirklichen. Diese sind bei Bernhard die Tugenden des Herrn, der sagt: „Lernet von mir, ich bin sanftmütig und demütig von Herzen." Die Güte (*benignitas*), die Sanftmut oder Milde, (*mansuetudo*). Bernhard rät zudem: Ertragen wir einander in aller Geduld (*patientia*). Auch unser verstorbener Heiligenkreuzer Abt Karl Braunstorfer, dessen Seligsprechungsprozess am 15. November eingeleitet wird, riet uns immer wieder: „Alles und alle in Demut und Geduld ertragen." Und Bernhard hätte dem hinzugefügt: Ermuntern wir einander zum Besseren und zum Vollkommeneren.

Paulus verfolgte einen, den er *nicht* gekannt hatte und erlangte deshalb von Gott Barmherzigkeit. Unwissend verfolgte er Christus in den Christen. Er tat es im Unglauben. Aber üble Kleriker und üble Mönche handeln wissentlich, sie wissen, was sie tun. Und das ist Lästerung gegen den Heiligen Geist. Paulus lästerte nicht gegen den Heiligen Geist, weil er eben aus Unwissenheit handelte.

Wie oft hören wir, dass aus dem Saulus ein Paulus geworden sei, ein Sprichwort, das praktisch in aller Munde ist, auch jetzt im Paulusjahr. Bernhard sagt in einer anderen Ansprache: *Conversus est hodie Paulus, immo Saulus conversus est, versus in Paulum*[2]. Bernhard von Clairvaux betont, aus dem Saulus sei ein *parvulus* geworden. Das ist ein Wortspiel, das er ganz besonders hier ins Treffen führt. Aus dem großen Pharisäer, der in die Schule des großen Gamaliel I. von Jerusalem gegangen war, wurde ein *parvulus*, ein Kleiner, ein Demütiger, ein Sanftmütiger (*mansuetus*). Einer, der bereit ist, Schmähungen und Beschimpfungen zu ertragen, einer, der bereit ist, ein Kleiner zu sein, ein Demütiger im Ertragen von ungerechten Verbalinjurien, im Ertragen von Sach- und Leibesschäden. Paulus und *parvulus* wird hier im Wort gleichgesetzt. Bernhard betont damit, dass Paulus ein Kleiner, ein Kind wurde. *„Wenn ihr nicht umkehrt und wie dieses Kind werdet – sicut parvulus -, könnt ihr nicht in das Himmelreich kommen."* (Mt18,3) Und zu diesem Kleinsein, meint Bernhard, gehören Sanftmut und Demut. *„Lernt von mir"*, sagt das Kind Jesus, *„denn ich bin sanftmütig und*

2 Vgl. Bernhard von Clairvaux, *Pl* (Winkler IX, 108).

demütig von Herzen." Jesus selbst ist dieser *parvulus*, dieses kleine Kind, das von Herzen sanftmütig und demütig ist. Sanftmut und Demut sind Zwillingsschwestern (*gemina*) im Kleinsein. Sanftmut (*mansuetudo*) ist das innere Kleinsein, Demut (*humilitas*) ist das äußere. Paulus hat sich bekehrt, das heißt, der Große ist klein geworden. Das heißt, er wurde von Herzen sanftmütig und demütig wie der kleine Jesus. Wie das große Wort, das auf Krippengröße verkürzt wurde – *verbum abbreviatum*.

Wie sieht es nun mit der Sanftmut der Mönche aus? Bernhard lebt im Kloster, und wenn wir auch heute in den Vorträgen schon gehört haben, dass er oft auswärts war, kannte er doch die klösterliche Familie, ihre Mitglieder, ihre Schwierigkeiten. Es fällt oft schwer, im Kloster sanftmütig zu bleiben. Bernhard nennt drei „Mauerbrecher", die gegen die Sanftmut ankämpfen:

1) die Beleidigung, die Kränkung oder Empfindlichkeit, beleidigende Worte,

2) irdische Verluste

3) körperliche Verletzungen. Es dürfte also nicht so sein, dass *paradisus claustralis*, das klösterliche Paradies, immer nur ohne Schlangen war. Bernhard nennt das Kloster auch *aula coeli*, Vorhof des Himmels, also noch nicht der Himmel selbst.

In allen drei Fällen muss man jegliche Geduld aufbringen und jegliche Sanftmut beweisen. Einen Kleinen kann nichts erschüttern, sagt der hl. Bernhard. Weder harte Worte noch der Verlust irdischer Dinge noch körperliche Verletzungen. Paulus sei dafür der Beweis, denn ihn, den Kleinen, den *parvulus*, konnte nichts erschüttern. Der große Saulus wird von den Worten Christi noch buchstäblich „umgehauen", zu Boden geworfen: „*Saulus, Saulus, warum verfolgst du mich*?" (Apg 9,4) Auf vielen Bildern wird es so dargestellt, als sei er von einem Pferd gestürzt. In der Apostelgeschichte ist von einem Pferd keine Rede, aber so lässt sich besser illustrieren, dass Saulus vom „hohen Ross" herunter musste. Seine Bekehrung allerdings macht ihn klein und damit unerschütterlich gegen alle Verluste. Denn noch im selben Moment verliert Paulus das Augenlicht. Irdischer Verlust trifft ihn. Da könnte man leicht ungeduldig werden. Drei Tage lang war Paulus blind (Apg 9,8). Auch das erschüttert ihn nicht, weil er eben „klein" ist. Und dann die körperlichen Verletzungen, die im zweiten Korintherbrief aufgezählt sind: Hunger, Durst, Kälte, Blöße (2 Kor 11,27), um nur einige zu nennen. Sie könnten dann noch die Steinigungen nehmen, die er erfahren hat und dann die Prügelstrafe der „40 weniger einen", die er erfahren hat, dann das Treiben im Meer, die Schiffbrüche.

Zum Fest der hl. Apostel Petrus und Paulus verfasste bzw. hielt Bernhard drei Homilien, die uns erhalten sind[3]. Dort nennt er die beiden, Petrus und Paulus, „Anführer der Blutzeugen" – *martyrum duces*. Er nennt sie auch „Apostelfürsten" – *apostolorum principes*. Er nennt sie „zwei große Leuchten" – *luminaria*, bzw. „ein leuchtendes Augenpaar" – *quasi geminum lumen oculorum*. Er nennt sie „Lehrer" und „Mittler". Aber er bezeichnet Petrus und Paulus auch als „Sünder". Und das macht uns die beiden so sympathisch, meint er. Das macht sie uns so vorbildlich[4]. Ich erinnere mich auch an die kleine Therese von Lisieux, die ihre Novizenmeistern gefragt hat: „Können Sie mir nicht etwas von den Schwächen der Heiligen erzählen?" Und wir können von den Schwächen der Heiligen erzählen. Bernhard sagt: Gott hat mir diese Menschen Petrus und Paulus gegeben, da sie auch Menschen und Sünder sind. Ja, sehr große Sünder, die an sich selbst und bei sich selbst lernen konnten, wie man mit anderen Mitleid haben soll.

3 Vgl. Bernhard von Clairvaux, *PP* (Winkler VIII, 447-453; 453-465; 465-473).
4 Vgl. Bernhard von Clairvaux, *PP* 1 (Winkler VIII, 447).

Paulus wütete mit einzigartiger und unvergleichlicher Heftigkeit gegen den Leib der jungen Kirche und wurde durch die Stimme des Gottessohnes selbst zum Glauben geführt. Er hatte mit einem fanatischen Herzen gekämpft. Aber für das viele Böse, das er getan hatte, wurde dann durch Gottes verwandelnde Gnade sein Herz mit ebenso vielem Gutem erfüllt – *pro tantis malis, tantis bonis repletus est*. Und das finde ich sehr beachtlich. Wenn wir all das bedenken, was wir heute schon über Gnade und Gerechtigkeit gehört haben, sehen wir an der Gestalt des hl. Paulus, wie aufgezeigt wird, dass, je größer das Unheil und das Böse im Menschen ist, umso größer dann auch die Gnade Gottes ist, umso überschäumender, alles umgreifender, übergroß ist dann die Gnade Gottes. Bernhard sieht Paulus als einen, der seine Weisheit und die Tiefe seiner heiligen Gedanken nicht aus dem ersten Himmel, auch nicht aus dem zweiten Himmel, sondern aus dem dritten Himmel reichlich herab holte, mächtiger als alle Fürsten und Gewalten. Eine sehr schöne Stelle, denn der hl. Bernhard macht hier darauf aufmerksam, dass jeder der großen Heiligen seinen besonderen Zugang zu Gott hat.

Da erwähnt er den Apostel Johannes – schauen Sie auf das schöne Heiligkreuztalbild, das wir vorne aufgestellt haben: Der Apostel Johannes, der Lieblingsjünger des Herrn – ein typisches Zisterzienser-Meditationsbild – darf an der Brust des Herrn am Herzen des geliebten Meisters ruhen. Eigentlich, sagt Bernhard, Johannes *in pectore*, also in der Brust, im Herzen. Wenn Sie das Bild genau betrachten, sehen Sie, dass er da wirklich ganz drinnen ist: Ich in ihm und er in mir. Es ist eine gegenseitige Durchdringung. Und dann sagt Bernhard: Beim Abschiedsmahl Jesu mit seinen Jüngern durfte Johannes an der Seite des Herrn liegen und dort am Herzen Jesu schöpfen und empfangen, was der eingeborene

Gottessohn aus dem Herzen des Vaters schöpfte und empfangen hatte. *„Niemand hat Gott je gesehen, aber er, der am Herzen des Vaters ruhte, er hat Kunde gebracht.“* (Johannesprolog – Joh 1, 18)

Und jetzt verstehen Sie den dritten Himmel, denn der Apostel Paulus hat seinen Ort im *dritten Himmel* (2 Kor 12,2). Er hat sich also sofort hinaufgeschwungen in die höchsten Höhen zum Herzen des Vaters. Als Diener Christi wurde er bis in den dritten Himmel entrückt. Und Gott allein weiß, ob es mit oder ohne den Leib geschah. In dieser Entrückung empfing er unsagbare Worte, die ein Mensch nicht aussprechen kann, einzigartige Offenbarungen (2 Kor 12,3f.). So ist sein verkündetes Evangelium, das Evangelium des Paulus, nicht von Menschen noch durch Menschen vermittelt, sondern direkt von Christus geoffenbart. Das Christusmysterium wurde ihm vom Herrn selbst enthüllt (Gal 1,11). Bernhard betont das ganz stark: Aus dem Herzen des Vaters, an dem Jesus Christus, der Gottessohn, ruhen darf, empfing er die Geheimnisse, die Mysterien, die *sacramenta*. Hier sind wir bei dem Wort, das P. Karl schon in der Vorstellung meines Buches erwähnt hat: 23mal zitiert Bernhard in seinen Werken den Ausdruck aus 1Tim 3,16 – *sacramentum pietatis*, 9mal jenen aus Eph 5,32 – *sacramentum hoc magnum est*, das dort in Bezug auf die Ehe und auf die Beziehung zwischen Gott und seiner Kirche gesagt ist.

Hier ist ein Wort zum Verhältnis des hl. Bernhard zur Bibel angebracht: In den 86 Ansprachen zum Hohelied finden sich in der neuen kritischen Ausgabe (mit Angabe der Schriftstellen) 5526 Bibelzitate, so dass man sagt, der hl. Bernhard lebe in der Bibel, er sei geradezu eine „wandelnde Bibelkonkordanz“. Das bedeutet einen Durchschnitt von einem Zitat für je zwei Zeilen. Besonders gern schöpft jedoch Bernhard aus den paulinischen Briefen, wobei er die Authentizität des Hebräerbriefes nie bestreitet, sondern ihn auch dem hl. Paulus zuschreibt. Der jetzige

Papst Benedikt XVI. bezeichnet als mutmaßlichen Autor des Hebräerbriefes den hl. Barnabas, also den Schüler des Paulus. In den 86 Ansprachen zum Hohelied wird 97mal der Römerbrief, 111mal der erste Korintherbrief, 66mal der zweite Korintherbrief, 31mal der Galaterbrief und 20mal der Hebräerbrief zitiert.

Bernhard lebt aus seiner Beziehung zum Wort Gottes und auch zur Gestalt und Theologie des hl. Paulus. Bernhard sieht Paulus als einen, der seine Weisheit und die Tiefe seiner Gedanken direkt vom Herzen des Vaters, an dem Jesus ruhte und ruhen darf, reichlich herab holte, womit er mächtiger als alle Fürsten und Gewalten war. Paulus lehrt uns nicht die Kunst, wie man Zelte webt (vgl. Apg 18,3), sagt Bernhard, nicht die Kunst, wie man Platon liest, nicht, wie man die Spitzfindigkeiten des Aristoteles diskutiert, wie man immer lernt und doch nie zur Erkenntnis der Wahrheit gelangt, sondern Paulus lehrt uns zu leben. Er lehrt uns die Kunst zu leben. Er ist der „Lebenskünstler". Also gutes Leben gilt für mich: das Böse erdulden und das Gute tun und darin auszuharren bis zum Tod. Das lehrt uns Paulus.

Humorvoll, wie der hl. Bernhard ist, spielt er gerne auch mit Sprichwörtern in seinen Reden. In seiner Paulus-Predigt erwähnt er dieses volkstümliche Sprichwort: „Wer gut isst, der lebt gut" – *qui bene se pascit bene vivit*. Und Bernhard sagt: Nein, man lebt nur gut, wenn man gut ist, wenn man Gutes tut – *nisi se bene vivit nisi qui bonum facit*. Und das lebt uns eigentlich Paulus vor.

Nun stellt sich noch eine Frage für Mönche, denn die Sermones sind ja immer zuerst an Mönche gerichtet, dann aber auch an andere Menschen: Wie lebt man gut und richtig im Kloster? Wie lebt man gut in einer Gemeinschaft? Erstens, wenn man *ein geordnetes Leben* für sich selbst führt, zweitens, wenn man *ein gemeinschaftliches Leben für den Nächsten* führt und drittens, wenn man *ein demütiges Leben für Gott* führt. Und er sagt dann so schön: Entscheidend ist, dass wir geliebt werden und lieben, dass wir freundlich, gefällig und geduldig sind, dass wir die charakterlichen und die leiblichen Schwächen der Brüder ertragen, ohne Eitelkeit und ohne aufblähenden Stolz.

Das also lehrt uns Saulus / Paulus. Geordnetes Leben für sich selbst – „*Nicht ich lebe, Christus lebt in mir...*" (Gal 2,20), ein gemeinschaftliches Leben für den Nächsten – „*...ertragt einander in Liebe.*" (Eph 4,2) und ein demütiges Leben für Gott – „*Und was hast du, das du nicht empfangen hättest.*" (1 Kor 4,7) Alles, was ich habe, alles, was ich bin, kommt von Gott. „*Durch die Gnade Gottes bin ich, was ich bin.*"(1 Kor 15,10)

Der hl. Bernhard lernt von Paulus etwas Erstaunliches: ruhig sitzen und schweigen. Warum das? Nur wenn du ruhig sitzt und schweigst, sagt Bernhard, dann hörst Du nicht mehr auf den Lärm teuflischer Einflüsterungen, nur dann achtest du nicht auf den Lärm fleischlicher Gelüste, nur dann gehst du nicht auf den Lärm dieser Welt ein. Das sind ja auch die großen Gefahren dieser heutigen Welt, bis in die kleinste Zelle des Klosters hinein, durch Internet und andere Modeerscheinungen. Glücklich die Seele, die diese Stimmen nicht anhört, auch wenn sie sie vielleicht hört. Noch seliger ist die Seele, zu der diese Stimmen überhaupt nicht sprechen, die Seele, an die dieser Lärm überhaupt nicht herantritt. So lehrt Paulus den hl. Bernhard die verborgene Weisheit Gottes (1Kor 2,6-8).

In der dritten Ansprache zum Fest der hl. Petrus und Paulus[5] sagt Bernhard, Paulus sei ein „*Mann des Erbarmens*" (Jesus Sirach 44,10). Warum nennt er ihn so? Paulus hat bei Gott Erbarmen gefunden. Er war ein Lästerer, ein Verfolger, ein Missetäter, hat vielen Böses angetan, wütete, um Christi Glieder auf Erden zu zerfleischen, wurde von Raserei getrieben, dann aber von der Gnade Gottes überrascht. Er wütete mit Drohung und Mord gegen die Jünger des Herrn (Apg 9,1), wurde aber schließlich selbst zum

5 Vgl. Bernhard von Clairvaux, *PP* III (Winkler VIII, 465-473).

Jünger des Herrn. Er wurde in einem einzigen Augenblick durch Gottes Hand, durch die Rechte des Allerhöchsten (Ps 76,11), in ein auserwähltes Werkzeug (*vas electionis*) verwandelt. Er sagte selbst in 1Tim 1,15: „*Christus Jesus ist gekommen, um die Sünder zu erretten. Von ihnen bin ich der erste.*"

Und nun sagt Bernhard von Clairvaux seinen Mönchen, den Mönchen seiner Zeit und auch uns in diesem Paulusjahr: Empfanget beim heiligen Paulus Zuversicht und Trost. Lasst euch von den vergangenen Sünden nicht allzu sehr quälen. Lasst euch von den vergangenen Sünden nur demütigen. Wie Paulus, der sagt: Ich bin der geringste – *parvulus* – unter den Aposteln. Ich bin nicht wert, Apostel genannt zu werden, weil ich die Kirche verfolgt habe (1 Kor 15,9). Wir Mönche sollen nun, sagt Bernhard, im Blick auf Paulus, uns demütig unter die Hand Gottes beugen, zuversichtlich sein, dass auch wir Erbarmen gefunden haben beim Allerhöchsten, dass auch wir Männer und Frauen des Erbarmens sein dürfen. Wir sollen vertrauen, dass auch wir rein gewaschen und geheiligt sind wie Paulus, denn wir haben alle gesündigt und wir brauchen alle die Barmherzigkeit Gottes (Röm 3,23).

Wir dürfen uns nicht über die vergangenen Altlasten, die vergangenen Sünden grämen, weder über den Sonder-, noch den Sperr-, noch Restmüll der Vergangenheit. Vielleicht haben wir vor dem Klosterleben, sagt Bernhard, in der Welt gesündigt, doch sicher nicht mehr als Paulus. Paulus tat Buße aus ganzem Herzen und ist nicht nur heil, sondern sogar heilig geworden. Ja, er wurde sogar Diener des Heils und Lehrer der Heiligkeit – *magister sanctitatis*.

Die Spuren des Apostels Paulus bleiben bis heute unter uns und in diese *vestigia*, in diese Spuren, sollen wir jetzt im Paulusjahr eintreten. Sein Glaube kann nicht vergehen, da er aus Gott ist, aus dem dritten Himmel, aus dem Paradies. Sein Glaube kann nicht vergehen, weil er in Gott seinen Ursprung hat, weil er ihn am Herzen Gottes selbst empfing. Die Belehrung des Paulus ist vorbildlich, es ist eine vollkommene Belehrung im Gehorsam des Glaubens. Denn Paulus fragt: *„Herr, was willst Du, dass ich tun soll?“* (Apg 9,6) Er fragt nur, was der Herr will, und das zu jeder Stunde. So ist er für jeden Mönch und jeden Christen das Vorbild des Gehorsams: Herr, was willst Du, dass ich tun soll? Herr, was willst Du mir mit diesem oder jenem Ereignis, mit diesen oder jenen Fügungen oder Zulassungen sagen? Er hat den Eigenwillen völlig preisgegeben und sieht nicht einmal sein Herz als sein eigen an. Er liebt es, der Geringste von allen zu sein. Nach den „Stufen der Demut“ von Benedikt muss der Mönch davon überzeugt sein, dass er der Letzte von allen ist. So liebt auch Paulus das Geringste und ist sich bewusst, der Geringste von allen zu sein und lässt sich gehorsam an der Hand Gottes führen, so wie er von Hananias geführt worden ist, die gerade Straße in Damaskus hinab, um getauft und der Apostel der Völker zu werden.

Die Hoheliedauslegung Bernhards von Clairvaux im Gespräch mit neueren Entwicklungen in der Bibelwissenschaft

von Prof. Dr. Ludger Schwienhorst-Schönberger,
Universität Wien

I. Das Hohelied und sein Verständnis

In der Auslegungsgeschichte des Hohenliedes stehen zwei unterschiedliche Wissenschaftskulturen einander gegenüber: ein geistig-allegorisches Verständnis auf der einen Seite, ein historisch-wörtliches auf der anderen Seite. Die moderne Bibelwissenschaft sagt uns mit guten Gründen, das Hohelied sei eine Sammlung von Liebesliedern. In ihnen gehe es um die erotisch gefärbte Liebe zwischen einem Mann und einer Frau.

Das geistig-allegorische Verständnis

Das wusste im Grunde auch die Tradition, und zwar sowohl die jüdische als auch die christliche. Doch energisch weist sie uns darauf hin, das wörtliche Verständnis auf ein geistiges Verständnis hin zu überschreiten: „Man darf keinesfalls beim Buchstaben verweilen", schreibt Gregor von Nyssa, „da uns in vielem die vordergründige Bedeutung des Gesagten schaden könnte für ein der Tugend entsprechendes Leben. Vielmehr muss man zur immateriellen und geistigen Betrachtung übergehen, so dass die eher leiblich-konkreten Gedanken verwandelt werden in

Vernunft und Verstand, nachdem die fleischlichere Bedeutung des Gesagten wie Staub entfernt worden ist" (*in cant.* Prolog, 6). Zwar *spricht* das Hohelied von der Liebe zwischen Mann und Frau, es *meint* damit aber etwas anderes. „Glaubst du vielleicht", so Gregor von Nyssa, „ich rede von jenem Salomo, dem Sohn der Batseba, der die tausend Rinder auf dem Berg darbrachte...? Nein, ein anderer ‚Salomo' wird durch diesen bezeichnet... sein Name ist Friede, er ist der wahre König Israels... Dieser (scil. Christus) gebrauchte jenen (scil. Salomo) als Werkzeug" (*in cant.* 1,16-17). Das Hohelied sagt also etwas anderes („*allegorein*") als es meint, so die Tradition, und damit sind wir beim *allegorischen Verständnis* des Hohenliedes angelangt. Weil das allegorische Verständnis das wörtliche Verständnis auf einen höheren, geistigen Gehalt hin übersteigt, nennen wir es auch das „geistige Verständnis", das Verständnis „dem geistigen Sinn nach" („*kata ta pneumatika*" – „*secundum spiritalem sensum*"), um mit Origenes zu sprechen (*princ.* IV,2,2).

Das allegorische Verständnis des Hohenliedes geht bis in die frühe patristische Tradition zurück. Es findet sich bereits im ersten uns bekannten christlichen Kommentar zum Hohenlied, dem des Hippolyt von Rom aus dem Jahre 235 n. Chr. Dieser steht bereits in einer entsprechenden jüdischen Tradition, die er aufgreift und christologisch umformt. Auch die *jüdische Tradition* versteht das Hohelied in einem allegorischen Sinn als ein Buch, das von der Liebe Gottes zu seinem Volk spricht. Deshalb wird es bis heute als Festrolle beim Pesach-Fest verlesen. Hippolyt greift diese Tradition auf und versteht das Hohelied als Zeugnis der Liebe zwischen Christus, dem Bräutigam, und seiner Kirche, der Braut.

Die geistige Deutung des Hohenliedes entfaltete sich in der christlichen Tradition in drei großen Strömen: dem ekklesiologischen, dem mystischen und dem mariologischen. Im Ansatz finden sich alle drei Deutungen bereits in der patristischen Tradition. Die *ekklesiologische* Deutung bei Hippolyt habe ich soeben erwähnt; sie ist die älteste uns bekannte allegorische Deutung. Die *mystische* Interpretation wird einige Jahre später von Origenes (ca. 185-253/254) begründet und entfaltet. Von der kollektiven Deutung der Braut auf die Kirche bei Hippolyt geht Origenes zur individuellen Deutung auf die einzelne Seele über. Der mystischen Interpretation zufolge geht es im Hohenlied um die Liebe zwischen Gott und der Seele, und zwar um eine Liebe, die bis zur mystischen Vereinigung beider im Brautgemach, dem Allerheiligsten, führt. Eine dritte, *mariologische* Interpretation findet sich in Ansätzen bereits bei Methodius von Olympus (gest. ca. 311 n. Chr.) und bei Ambrosius (ca. 333-397); zur vollen Entfaltung gelangte sie aber erst im 12. Jh. bei Rupert von Deutz (1075-1129). Dieser sieht in der Braut Maria und im Hohenlied das Geheimnis der Menschwerdung vorausverkündet.

Bernhard (1090-1153) steht in der Tradition der mystischen Interpretation des Hohenliedes, und damit in der vor allem von Origenes und Gregor von Nyssa begründeten und entfalteten Tradition. Jean Leclercq spricht für diese Zeit von einer regelrechten Origenes-Renaissance, an der auch Bernhard partizipierte. „Von allen alten griechischen Autoren und auf allen Gebieten ist Origenes am häufigsten gelesen worden."[1] Origenes war es auch, der in der Abfolge der drei Salomonischen Bücher Sprichwörter, Kohelet und Hoheslied drei Etappen des spirituellen Weges sah. Er ordnete sie den drei Teilen der antiken Philosophie zu: der Ethik, der Physik und der Theologie. An diese Tradition knüpft Bernhard in seiner ersten Predigt „super cantica canticorum" an. Das Buch der Sprichwörter, so Bernhard, soll die jungen Menschen zur Tugend erziehen. Das Buch des Predigers (Kohelet) wendet

1 Jean Leclercq, *Wissenschaft und Gottverlangen. Zur Mönchstheologie des Mittelalters* (Paris 1957), Düsseldorf 1963, 107.

sich an den in der Tugend bereits Fortgeschrittenen; es erschließt ihm die Vergänglichkeit der Welt („vanitas vanitatum, omnia vanitas") und hilft ihm, sich innerlich von ihr zu lösen. Erst wer in diesen Dingen vorangeschritten ist, kann sich in geziemender Weise dem Hohenlied zuwenden. In diesem Buch, so Bernhard, findet ein „heiliges Gespräch der Beschauung" statt, „das man nur reinen Sinnen und Ohren anvertrauen darf... Wie sich nämlich das Licht wirkungslos über blinde oder geschlossene Augen ergießt, so erfasst der irdisch gesinnte Mensch nicht, was vom Geist Gottes kommt" (*cant* 1,3: „Quomodo nempe lux incassum circumfundit oculos caecos vel clausos, ita animalis homo non percipit ea quae sunt Spiritus Dei"[2]). „Nur ein Herz, das schon Fortschritte gemacht hat und unterwiesen worden ist..., ist würdig für die Hochzeit mit dem himmlischen Bräutigam" (*cant* 1,12[3]).

Die hier nur sehr knapp skizzierte Auslegung des Hohenliedes versteht sich als eine Auslegung des biblischen Textes. Sie kann sich in Kommentaren oder – wie bei Bernhard – in Predigten niederschlagen. Zwar spielt durchgehend – vor allem bei Bernhard – die persönliche Erfahrung eine wichtige Rolle, gleichwohl versteht sich diese Form geistiger Schriftauslegung als eine Auslegung des biblischen Textes. Sie ist ihrem Selbstverständnis nach Exegese, Auslegung der Schrift.

Und damit kommen wir zu dem im Folgenden zu bedenkenden Problem. Denn diese Form allegorischer Interpretation ist in der *Neuzeit* weitgehend zusammengebrochen – nicht nur bezüglich des Hohenliedes, sondern bezüglich der Schrift, insbesondere des Alten Testaments, überhaupt. Die zeitgenössische Exegese des Hohenliedes sagt uns, die allegorische Interpretation des Hohenliedes sei falsch. Hören wir zunächst einige Stimmen, die den *Zusammenbruch der traditionellen Deutung* bezeugen.

---

2 in: G. B. Winkler V, 56.

3 in: G. B. Winkler V, 65.

Das historisch-wörtliche Verständnis

Der Germanist Friedrich Ohly schreibt in seinen Studien zum Hohenlied: „Wenn irgend einem Buch des Alten Testaments so drohte der Einbruch des geschichtlichen Denkens in die Theologie des vergangenen Jahrhunderts [scil. des 19. Jh.s] der religiösen Wirkung des Hohenlieds zum Verhängnis zu werden, indem es in dem gleichen Maße, als es ihn zur geschichtlichen Urkunde werden ließ, diesen Text seines Offenbarungscharakters beraubte... Das Christentum der Zeit nach Goethe hat keine große religiöse Begegnung mit dem Hohenlied mehr erlebt und sein Verhältnis zu ihm in steigendem Maße als philologisch-historisches wenn nicht ästhetisches Problem, oder als eine Frage unveräußerlicher Tradition betrachtet, der jedoch keine lebendigen Impulse mehr verdankt wurden."[4]

Einen umfangreichen Kommentar zum Hohenlied hat der inzwischen emeritierte katholische Alttestamentler Othmar Keel aus Freiburg in der Schweiz verfasst. Ausführlich geht er in der Einleitung seines Kommentars auf die allegorische Auslegungstradition ein. Sein Urteil lässt an Klarheit nichts zu wünschen übrig. Die Allegorisierung des Hohenliedes, so Othmar Keel, ist „nichts als eine elegant gestaltete Verachtung des Textes, der wie ein Packesel mit allen möglichen Dingen beladen wird, dem selber aber keine Stimme und keine Bedeutung mehr zukommt".[5] „Zu welch willkürlichen, unbefriedigenden und häufig himmelschreiend grotesken Resultaten das ‚tiefere' Verständnis der Allegoristen führte, ist in jeder Geschichte der Auslegung des Hhld. nachzulesen. Zwei willkürlich herausgegriffene Beispiele mögen

4 Friedrich Ohly, *Hohelied-Studien*, Wiesbaden 1958, 5. Vgl. auch Thomas Staubli, Von der Heimführung des Hoheliedes aus der babylonischen Gefangenschaft der Allegorese: *BiLi* 70 (1997) 91-99: „Das Hld ist zwar von der historischen Exegese aus dem babylonischen Exil der Allegorese befreit, dann aber in der Wüste stehengelassen worden" (96).

5 Othmar Keel, *Das Hohelied* (ZB AT 18), Zürich 1986, 21992, 40.

es illustrieren: Hhld. 1,13 (‚Ein Myrrhenbeutelchen ist mir mein Geliebter, das zwischen meinen Brüsten ruht') wird zum Schema ‚1 zwischen 2' abstrahiert und findet nebst unzähligen anderen z. B. die Deutung: dies meint die Anwesenheit JHWHs (Schechina) zwischen den zwei Cherubim über der Lade (Raschi, Ibn Esra), oder: dies meint Christus zwischen dem Alten und Neuen Testament (Philo Carpasius, Cyrill von Alexandrien). Wenn je zwei Allegoristen zur gleichen Deutung eines Verses kommen, dann nur, weil sie einander abgeschrieben haben... So interessant diese als Zeugnisse für die Geschichte der Frömmigkeit und der Theologie sind, so haben sie doch, ihrer Natur als reine Eintragungen entsprechend, nicht das geringste zu einem besseren Verständnis des Hhld. beigetragen.

Die natürliche Auslegung ist aber, den rabiaten Druckversuchen einer klerikalen Mentalität zum Trotz, immer wieder durchgebrochen. Im Neuen Testament finden wir keine Spur einer allegorischen Deutung des Hhld. War Jesu Gottesbeziehung weniger innig als die der Allegoristen?"[6]

Das Urteil von Othmar Keel kann für die 80-er und 90-er Jahre des vergangenen Jahrhunderts weitgehend als Konsens der Exegese angesehen werden. Ihn setzt beispielsweise auch der evangelische Alttestamentler Hans-Peter Müller voraus, wenn er schreibt:[7] „Anstelle der in Judentum und Christentum jahrhundertelang herrschenden allegorischen Deutung hat sich, nicht zuletzt dank des reformatorischen Schriftverständnisses, die buchstäbliche oder natürliche Deutung der Einzeltexte als Liebesgedichte so weit durchgesetzt, daß es ihrer Rechtfertigung nicht mehr bedarf." Müller spricht vom „Scheitern einer weithin phantastischen allegorischen Auslegung" und geht auf sie gar nicht mehr ein.

---

6 Ebd. 16f.

7 Hans-Peter Müller, *Das Hohelied* (ATD 16/2), Göttingen 1992, 8.

Etwas weniger eindeutig ist das Bild dort, wo man sich noch stärker der Tradition verpflichtet weiß. Im Hohelied-Kommentar der Neuen Echter Bibel aus dem Jahre 1980 werden Tradition und Moderne auf zwei Personen verteilt: Der Autor des Kommentars, Günther Krinetzki, plädiert entschieden für ein so genanntes natürliches Verständnis des Hohenliedes, der Herausgeber der Reihe, Josef Schreiner, sah sich genötigt, im Nachwort auf den Ort desselben in der Liturgie hinzuweisen und somit die Tür zu einem allegorischen Verständnis offen zu halten.[8]

Vorsichtig und zurückhaltend äußert sich der katholische amerikanische Alttestamentler Roland E. Murphy in seinem Kommentar aus dem Jahre 1990. Er stellt die wohl nicht nur rhetorisch gemeinte Frage, ob traditionelles und modernes Verständnis des Hohenliedes nicht gleichzeitig aufrechterhalten werden könnten. Es sei wohl nicht mehr angemessen, so Murphy, das traditionelle jüdische und christliche Verständnis desselben allein mit dem Hinweis auf offenkundige Willkür und exegetische Fehler bei einigen seiner Ausleger gänzlich abzuweisen. Als moderne Exegeten

8 Günther Krinetzki, *Hoheslied*, Würzburg 1980 mit „Anhang: Das Hohelied in der Liturgie" (29–31) von Josef Schreiner. Thomas Staubli, Heimführung, 96 (s. Anm. 4) kommentiert den Vorgang folgendermaßen: „In singulärer Weise sah sich der Herausgeber der Echter Bibel, Josef Schreiner, genötigt, Krinetzkis Hld-Kommentar in dieser katholischen Kommentarreihe zur Einheitsübersetzung mit einem Anhang über das Hld in der Liturgie zu versehen. Im Tone päpstlicher Verlautbarung hält er daran fest, daß die frühjüdische und altchristliche, nämlich die allegorische, Auslegung in der Liturgie ‚in einem übertragenen, akkommodierten Sinn ihre Bedeutung' behalte. Damit erklärt er die neueren exegetischen Arbeiten als bedeutungslos für die kirchliche Verkündigung." Walter Bühlmann, *Das Hohelied* (NSK-AT 15), Stuttgart 1997, 16f folgt in seiner Auslegung weitgehend derjenigen von Othmar Keel, weist aber in der Einleitung ausdrücklich darauf hin, dass „mit der historisch menschlichen Auslegung des Hohenliedes... seine allegorische Deutung nicht überholt" sei: „Sie spielt auch weiterhin in der christlichen Spiritualität eine bedeutende Rolle." Zustimmend zitiert er die oben genannte Position von Josef Schreiner aus dem Anhang zum Hld-Kommentar der Echter Bibel. Vgl. auch Herbert Haag, Das heutige Verständnis des Hohenliedes in der katholischen Exegese, in: André Caquot (Hg.), *Mélanges bibliques et orientaux en l'honneur de M. Delcor*, AOAT 215, Neukirchen-Vluyn 1985, 209-219.

sollten wir offen sein für die Möglichkeit, dass unsere Vorgänger trotz ihrer Eigenheiten etwas von der theologischen Realität in den Blick bekommen hätten, die bei einem wörtlichen Verständnis des Hohenliedes nicht voll ausgeschöpft werde.[9] Roland E. Murphy bricht seine Überlegungen an dieser Stelle mit dem Hinweis ab, dass hier weiterführende Reflexionen zur Bibelinterpretation im Besonderen und zur Hermeneutik im Allgemeinen anzustellen wären. Er verweist in diesem Zusammenhang auf Hans-Georg Gadamer und Paul Ricoeur.[10] An anderer Stelle seines Kommentars gibt er einen weiter führenden Hinweis: „Wenn man bedenkt,... dass die meisten christlichen Ausleger des Hohenliedes bis zur Zeit der Reformation Kleriker oder Mönche waren, wird verständlich, dass eine mystische Interpretation in Blüte stand."[11]

Wie ist die Bibel zu verstehen?

Die historisch-kritische Exegese, der wir grundlegende Einsichten zur Entstehung und zum Verständnis der Heiligen Schrift verdanken, geht in aller Regel davon aus, dass ein Text eine Bedeutung aufweist, die in einem mehr oder weniger kontrollierbaren Verfahren annäherungsweise zu erfassen sei. Es geht ihr um die *eine, ursprüngliche Bedeutung des Textes*, die oft mit der von einem Autor intendierten gleichgesetzt wird.[12] Doch diese zweifache

9 Roland E. Murphy, *The Song of Songs*, Hermeneia, Minneapolis 1990, 103.

10 Ebd. Anm. 396.

11 Ebd. 12.

12 Als ein Beispiel für diese Auffassung sei auf die lange Jahre einflussreiche Methodenlehre „*Exegese des Alten Testaments. Einführung in die Methodik*" von Georg Fohrer / Hans Werner Hoffmann / Friedrich Huber / Ludwig Markert / Gunther Wanke, Heidelberg 1973, 31979 verwiesen, in der es heißt: „Der Versuch und das Ziel jeder Exegese, einen Text auf Eindeutigkeit hin einzuengen, findet damit seinen Abschluss, wobei freilich das ‚Ideal', ihn genauso zu verstehen, wie ihn der damalige Hörer oder Leser verstand, sowie die mit ihm verbundene Intention genau zu erfassen, im allgemeinen nur in je unterschiedlichem Grad der Annäherung erreicht werden kann."

Voraussetzung scheint im Rahmen der neueren literaturwissenschaftlichen Diskussion so nicht mehr haltbar zu sein. Literarische und vor allem poetische Texte enthalten keine randscharf abgrenzbaren Bedeutungen, sondern ein nach vorn hin offenes Bedeutungspotenzial.[13] Dieses kann je nach Kontextualisierung in unterschiedliche Richtungen hin entfaltet werden. Die Tatsache, dass ein Bibeltext nur innerhalb der Heiligen Schrift für die jeweilige Rezeptionsgemeinschaft von normativer Relevanz ist, hat Auswirkungen auf die Bedeutung des Textes selbst. Denn dadurch, dass ein Text in einem Kontext steht, ändert sich seine Bedeutung. „Wer das Hohelied", so schreibt Othmar Keel „in irgend einem anderen Zusammenhang als dem der Bibel anträfe, zögerte kaum, darin eine Sammlung von Liebesliedern zu sehen, was das Büchlein von Haus aus auch ist". Dem kann uneingeschränkt zugestimmt werden. Nur: Judentum und Christentum lesen das Hohelied nicht als Einzeltext, sondern als Teiltext eines Makrotextes, den wir als „Heilige Schrift" bezeichnen. In *diesem* Zusammenhang gewinnt der Text des Hohenliedes eine Bedeutung, den er als Einzeltext nicht entfalten konnte. Das geistige Verständnis des Hohenliedes ist also *Folge einer Neukontextualisierung*, welche die Spuren seiner „ursprünglichen" Bedeutung verwischt und gleichzeitig Spuren eines neuen Verständnisses legt.[14] Literarische Texte weisen also *mehr als eine Bedeutung* auf. Der Germanist Horst

13 Vgl. Ludger Schwienhorst-Schönberger, Einheit statt Eindeutigkeit. Paradigmenwechsel in der Bibelwissenschaft?, in: *Herder Korrespondenz* 57 (8/2003) 412-417. So inzwischen auch, zumindest bezüglich der Psalmen, Erich Zenger, Innerbiblische und nachbiblische Leseweisen des Psalmenpaares 42/43, in: Marianne Grohmann / Yair Zakovitch (Hg.), *Jewish and Christian Approaches to Psalms* (HBS 57), Freiburg 2009: „Da Psalmen Poesie sind und da sie bereits von ihren Verfassern als Wiedergebrauchstexte geschaffen wurden, erschöpft sich ihr Sinnpotenzial nicht in dem historisch erschließbaren Erstsinn. Sie haben vielmehr ein vielfältiges Bedeutungs- und Sinnpotenzial."

14 Vgl. dazu Ludger Schwienhorst-Schönberger, Das Hohelied und die Kontextualität des Verstehens, in: David J. A. Clines / Hermann Lichtenberg / Hans-Peter Müller (Hg.), *Weisheit in Israel. Beiträge des Symposions „Das Alte Testament und die Kultur*

Steinmetz schreibt: „An das Gespenst der richtigen Interpretation sollte jetzt auch von denen nicht mehr geglaubt werden, die keine Anhänger des Dekonstruktivismus sind. Dass es bislang noch von keinem einzigen Text die ‚richtige' Interpretatio gibt, konnte bisher vielleicht noch mit dem Argument verteidigt werden, die adäquate Interpretationsmethode sei noch nicht gefunden. Der Dekonstruktivismus hat eines zeigen können, nämlich, dass das Fehlen richtiger Interpretationen nicht durch inadäquate Interpretationstheorien, -methoden oder -modelle verursacht, sondern unvermeidliche Wirkung des Interpretierens selbst ist... Das Problem der Sinnfestlegung wie das der Auslegungsvielfalt ist ein Problem der Anwendung der Kontexte, die im Vollzug der Interpretation mit dem Text verbunden werden."[15]

Daraus ergeben sich für die Bibelwissenschaft weitreichende Folgen. Als literarische Texte sind die Texte der Heiligen Schrift mehrdeutig (polysem). Ihre letztlich normative Bedeutung gewinnen sie nicht als Einzeltexte, sondern als Teiltexte eines Makrotextes, den wir als Kanon bezeichnen. Der Kanon schreibt eine begrenzte Vielstimmigkeit (Polyphonie) fest und grenzt darüber hinaus die Mehrdeutigkeit (Polysemie) biblischer Texte ein. Damit wird die Kanonisierung als Sinnbegrenzung bereits zu einem ersten Akt der Interpretation.

Gleichzeitig werden durch unterschiedliche Kontextualisierungen neue Bedeutungen freigesetzt. Kanonisierung ist folglich nicht nur ein Akt der Sinnbegrenzung, sondern auch der Sinneröffnung. Doch bleibt „die Rede von ‚Kanon' ohne die Angabe der korrespondierenden Gemeinschaft... unvollständig."[16]

---

der Moderne" anlässlich des 100. Geburtstags Gerhard von Rads (1901-1971), Münster 2003, 81-91.

15 Horst Steinmetz, „Sinnfestlegung und Auslegungsvielfalt", in: Helmut Brackert / Jörn Stückrath (Hg.), *Literaturwissenschaft. Ein Grundkurs*, 41996, 475-490, hier: 479f.

16 Georg Steins, *Die „Bindung Isaaks" im Kanon (Gen 22). Grundlagen und Programm einer kanonisch-intertextuellen Lektüre* (HBS 20), Freiburg 1999, 33.

Der Kanon begründet die Identität einer Gruppe. Da aber der kanonische Text (die Bibel) vieldeutig und vielstimmig ist, die Identität der sich darauf gründenden Rezeptionsgemeinschaft also durch Rekurs auf nicht eindeutige Texte konstituiert wird, Identität aber ohne Distinktion nicht bestehen kann, ergibt sich die Notwendigkeit eines von der Rezeptionsgemeinschaft akzeptierten Verfahrens der Sinnbegrenzung.

Ist das aber noch Wissenschaft? „Das Wort ‚Wissenschaft' ist eben mehrdeutig", schreibt Henri de Lubac. „Es kann, wie bei den Alten, das Verstehen der Schrift in all ihren Dimensionen besagen oder sich im Sinn der Modernen auf die ‚positive Wissenschaft' beschränken. Die ‚wissenschaftlichen Exegeten' aber treiben definitionsgemäß ‚positive Wissenschaft'. Sie sind vor allem Spezialisten, deren Funktion in den letzten Jahrhunderten unentbehrlich wurde. Nur sollten sie wissen (und das ist es, was ihnen gelegentlich abgeht), dass ihre Spezialisierung ihnen eben dadurch Grenzen zieht, dass ihre ‚Wissenschaft' infolgedessen nicht die ganze ‚Bibelkunde' ist."[17]

Das Erstaunliche an der Diskussion ist, dass sich aus diesen manchmal als „postmodern" apostrophierten Literaturtheorien Affinitäten zur so genannten praemodernen Bibelwissenschaft ergeben. Mit Hilfe einer durch die postmoderne literaturtheoretische Diskussion angestoßenen Theorie können grundlegende Einsichten der patristischen und mittelalterlichen Schriftauslegung wiedergewonnen werden.[18] Das Prinzip kanonischer Schriftausle-

17 Henry de Lubac, *Typologie – Allegorie – Geistiger Sinn. Studien zur Geschichte der christlichen Schriftauslegung,* Freiburg 1999, 66, Anm. 165.

18 Michael Fiedrowicz, *Prinzipien der Schriftauslegung in der Alten Kirche,* Bern 1998, XX weist meines Erachtens zu Recht darauf hin, „dass das Interesse der frühchristlichen Exegese am geistigen Schriftsinn gerade auch von Entwürfen der modernen Hermeneutik her unerwartete Aktualität erhielt... Die Erkenntnis, dass das Verstehen eines Textes nicht nur seine Genese, sondern auch seine Rezeption umfasst, dass Interpretation Implizites freizulegen, verborgene Reichtümer einer Aussage ans Licht zu heben und Vergangenes in neuen Kontexten zu aktualisieren hat, lässt

gung und die Einsicht „von einer grundsätzlichen Kohärenz und Konsistenz der biblischen Aussage als dem Universalkontext“[19] findet sich, um nur ein Beispiel aufzugreifen, bei Augustinus, De doctrina christiana, dem grundlegenden Werk christlicher Bibelhermeneutik: „Es wird also derjenige ein sehr eifriger Erforscher der Hl. Schrift sein, der sie zuerst ganz gelesen hat und nun gut kennt, wenn er auch noch nicht alles völlig verstanden hat, aber sie doch schon gründlich gelesen hat. Freilich sollte man nur diejenigen Bücher der Hl. Schrift lesen, welche die kanonischen genannt werden“ (II, VIII,12.24). Nach Hieronymus (*in Is.* IX, 29,9/12) werden die „Schriften“ („scripturae“) als *ein* Buch bezeichnet („unus liber appellantur“). Dass die Konstitution des Rezipienten für die Sinnerfassung der Schrift von ausschlaggebender Bedeutung ist, hat Augustinus selbst erfahren und theoretisch mehrfach reflektiert.[20]

Dass literarische Texte und somit auch die Texte der Heiligen Schrift mehr als *eine* Bedeutung aufweisen, hat in der Lehre vom mehrfachen Schriftsinn ihren klassischen Ausdruck gefunden. In ihrer grundlegenden Ausgestaltung geht sie auf Origenes zurück. Auch Bernhard greift wie selbstverständlich darauf zurück. In der 51. Predigt zum Hohenlied lesen wir: „Gewiss werde ich von keinem, der klug ist, wegen der verschiedenen Auslegungen verurteilt werden, solange uns nur die Wahrheit auf beiden Seiten abschirmt und die Liebe, der die Schriften dienen müssen, um so

die Exegeten der alten Kirche zu einem ernstzunehmenden Gesprächspartner in der hermeneutischen Diskussion der Gegenwart werden.“

19 Karla Pollmann, in: *Augustinus, Die christliche Bildung (De doctrina Christiana)*, Übersetzung, Anmerkungen und Nachwort von Karla Pollmann, Stuttgart, 2002, 223, Anm. 14. Vgl. dazu auch Ludger Schwienhorst-Schönberger, Die Einheit der Schrift ist ihr geistiger Sinn: *BiKi* 63 (3/2008) 179-183.

20 Unter anderem in: doctr. christ. II, VII; util. cred. 24. Vgl. Ludger Schwienhorst-Schönberger, Erleuchtungserfahrung und Schriftverständnis, in: Peter Lengsfeld (Hg.), *Mystik – Spiritualität der Zukunft. Erfahrung des Ewigen. FS P. Willigis Jäger OSB zum 80. Geburtstag*, Freiburg 2005, 251-264.

mehr erbaut, je mehr Deutungen sie aus ihnen für ihren Zweck herausliest. Wieso sollte denn bei der Schriftauslegung etwas das Missfallen wecken, was wir beim Gebrauch der Erdengüter beständig erfahren? Wie vielfältigen Gebrauch macht unser Leib beispielsweise allein vom Wasser! So wird jedes beliebige Wort Gottes nicht nutzlos bleiben, wenn es zu verschiedenen Auslegungen führt, die auf die verschiedenen Bedürfnisse und den Nutzen der Seelen abzustimmen sind" (*cant* 51,4[21]).

Papst Leo XIII. hatte noch in der Enzyklika „Providentissimus Deus" aus dem Jahre 1893 die Benutzung und Verwertung der patristischen Exegese empfohlen. Marie-Joseph Lagrange, gewissermaßen der Vater der historisch-kritischen Exegese innerhalb der Katholischen Kirche, hatte dies abgelehnt. „Origène a fait fausse route – Origenes ist den falschen Weg gegangen", war sein Diktum. Fünfzig Jahre später schwingt sich kein Geringerer als Henri de Lubac zum Anwalt des Alexandriners auf: „Origenes gilt mit Recht als Begründer der Bibelwissenschaft... Man könnte sogar ohne Übertreibung sagen, dass die gesamte exegetische Tradition der Kirche, im Osten wie im Westen, auf den Meister von Alexandrien zurückgeht."[22] Wissenschaftsgeschichtlich hat sich innerhalb des 20. Jahrhunderts Marie-Joseph Lagrange

21 G. B. Winkler VI, 187.

22 Henry de Lubac, *Typologie – Allegorie – Geistiger Sinn. Studien zur Geschichte der christlichen Schriftauslegung,* Freiburg 1999, 54f. In Bezug auf Origenes schreibt Hermann-Josef Sieben, in: Origenes, *In Lucam homiliae. Homilien zum Lukasevangelium I,* übersetzt und eingeleitet von Hermann-Josef Sieben, Freiburg 1991, 21f: „Für diese Hermeneutik gilt also, dass die Schrift jenseits des einfachen Wortsinns einen ‚mystischen', ‚göttlichen' Sinn hat, der im Wortsinn verborgen ist. Gott sagt in der Schrift letztlich etwas anderes (Allegorie...), als der Wortsinn zu besagen scheint. Aufgabe des Auslegers ist es, dieses ‚Andere' zu finden... Weil sich Gott im Grunde nur im Symbol, nur in ‚Allegorie' mitteilt, es aber im Wesen symbolischer Sprache liegt, vieldeutig zu sein, gleichzeitig mehrere Botschaften zu enthalten, kann ein und dieselbe Stelle auf verschiedene Weise ausgelegt werden. Es handelt sich jeweils um Versuche, Gottes verborgenen Willen, seine verborgene Kunde zu verstehen."

durchgesetzt. Interessant ist in diesem Zusammenhang allerdings, was sein Schüler Hugo Vincent in einem Brief vom 26. April 1950 an Bruno de Solages über seinen Lehrer schrieb, nachdem er das Werk Henri de Lubacs, „Histoire et Esprit. L'intelligence de l'Écriture d'après Origène" (1950) gelesen hatte: „Nie wurde er [Lagrange] müde, seine Hörer vor dem zu warnen, was er gern als ‚les vaines prétentions de l'historicisme exégetique' (die eitlen Anmaßungen des exegetischen Historizismus) bezeichnete. In den letzten Wochen, die ich im Oktober-November 1937 in Saint-Maximin in seiner Nähe verbrachte, sagte er mir mehrmals und mit Nachdruck – kurz nach seiner persönlichen Begegnung mit Paul Claudel, der für die historische Methode keinerlei Nachsicht kennt -, wie höchst wünschenswert es wäre, dass sich die historisch-kritischen und die geistig-allegorisierenden Exegeten oder was auch immer für ein Etikett sie für sich beanspruchen, statt sich in feindlicher Haltung in dem jeweils eigenen Gebiet zu verschanzen, zu einem in gegenseitigem Verständnis gründenden und für beide Seiten fruchtbaren Bündnis zusammenfänden. Er ahnte übrigens, mehr als ich es damals tat, dass die aktuellen Tendenzen sowie die Bedürfnisse der Gläubigen eine solche Zusammenarbeit in der Schriftauslegung forderten."[23]

Neuere Tendenzen in der Auslegung des Hohenliedes

Kehren wir nun nach diesem Exkurs in die bibelhermeneutische Diskussion zum Hohenlied zurück. Tatsächlich hat sich bezüglich seines allegorischen Verständnisses die Diskussionslage in allerjüngster Zeit verändert. Der jüdische Exeget Yair Zakovitch weist in seinem im Jahre 2004 in der Reihe „Herders Theologischer Kommentar zum Alten Testament" erschienenen Kommentar zum

23 Henry de Lubac, *Typologie – Allegorie – Geistiger Sinn. Studien zur Geschichte der christlichen Schriftauslegung,* Freiburg 1999, 258.

Hohenlied daraufhin, dass das Hohelied von seiner Ursprungsbedeutung her zwar keine Allegorie sei, dass es aber gleichwohl im überlieferten biblischen Kontext vielfältige Anknüpfungspunkte für ein allegorisches Verständnis biete. Zakovitch schreibt: „Viele Lieder von Hld tragen Rätsel- und Gleichnischarakter. Von daher rechnet der Leser mit vielschichtiger Bedeutung... Überhaupt ist die Allegorie der biblischen Literatur nicht fremd... Die Prophezeiungen des Ezechiel z. B. sind reich an allegorischen Elementen... Bilder und Visionen sind eine Art Allegorie, insofern das visuell Erfahrbare etwas Transzendentes verkörpert. Das gilt auch für Träume und deren Deutungen, die der biblischen Literatur ebenfalls nicht fremd sind. Die Häufigkeit der Allegorie in der Bibel erleichtert die Allegorisierung von Hld und kann die Offenheit der Leserschaft erhöhen... Das völlige Fehlen jeglicher Gottesbezeichnung in Hld erleichtert paradoxerweise die Deutung des Textes auf die Beziehung zwischen Gott und Israel. Wenn nämlich neben dem männlichen Protagonisten (Bräutigam, Hirt, König) hier und da auch Gott genannt wäre, könnte die zentrale männliche Hauptfigur nicht ohne weiteres mit Gott identifiziert werden. Dies ist eher möglich, weil Gott überhaupt nicht vorkommt. Da in der Bibel die Beziehung zwischen Gott und Israel vielfach poetisch ausgestaltet ist..., rückt die Allegorisierung das Hld in die Nähe dieser Vorstellungswelt. Insofern die Bibel von der Gottebenbildlichkeit des Menschen redet (Gen 9,6) und vielfältige anthropomorphe Gottesvorstellungen aufzuweisen hat, lassen sich die Darstellungen der Männerfigur in Hld problemlos als Andeutung auf die Gestalt Gottes begreifen. Die Schilderung des Mannes in leinenen Kleidern Dan 10,5-6 erinnert an die Beschreibung des Körpers des Geliebten Hld 5,10-16, die wiederum an eine Götterstatue denken lässt (vgl. etwa Dan 2,31-32). Gott wird biblisch sowohl mit einem Hirten (z. B. Gen 48,15; Ps 23,1-

2; 80,2) als auch mit einem König (z. B. Ps 93,1; 98,6) verglichen. Daher lassen sich die entsprechenden Erwähnungen des Mannes in Hld auf Gott beziehen.

Auch die Darstellungen Israels in der biblischen Literatur gehen mit der Gleichsetzung der Frauengestalt in Hld mit der Gemeinde Israels zusammen (s. etwa die Vergleiche Israels mit Lilie und Weinstock bei Hos 14,6-8 und vgl. damit Hld 2,1; 6,11). Die Bezeichnung ‚Tochter Zions' oder ‚Tochter Jerusalems' für die judäische Bevölkerung oder die Einwohnerschaft von Jerusalem bei den Propheten (z. B. Jes 1,8; 37,22; Sach 2,14; 9,9) trifft sich mit den ‚Töchtern Jerusalems' (Hld 1,5; 2,7; 3,5; 5,8.16; 8,4) oder auch ‚Töchtern Zions' (Hld 3,11), die in Hld den weiblichen Chor bilden.

Biblisch wird Israel geboten, Gott zu lieben (z. B. Dtn 6,5; 10,12), und Gott liebt sein Volk Israel (z. B. 1 Kön 10,9; Hos 3,1). Was die allegorische Deutung des Hld vor allem fördert und stützt, ist die Tatsache, dass die Beziehung zwischen Gott und Israel in der Bibel mit denselben Worten und Bildern dargestellt wird, die in Hld die Beziehung zwischen dem Geliebten und seiner Freundin beschreiben. Das Weinberglied Jes 5,1-7 verwendet das Weinberglied Hld 8,11-12... und deutet es allegorisch auf die Beziehung zwischen Gott und Israel... Dieses Beispiel macht deutlich, dass Liebeslieder bereits vor der literarischen Fixierung von Hld allegorisch ausgelegt wurden".[24]

Soweit Yair Zakovitch. Die Anknüpfungspunkte für eine allegorische Deutung werden noch um ein Vielfaches vermehrt, wenn wir den Kontext auf das Neue Testament hin ausweiten, wie es für die christliche Tradition konstitutiv ist. Ausgerechnet der jüdische Exeget Yair Zakovitch vertritt – etwa im Unterschied zu Othmar Keel – die These, dass sich sehr wohl im Neuen Testament Belege für eine allegorische Deutung des Hld finden (101). Er

24 Yair Zakovitch, *Das Hohelied* (HThK-AT), Freiburg 2004, 94f.

verweist auf Joh 3,28f: „Wer die Braut hat, der ist der Bräutigam; der Freund des Bräutigams, der dabei steht und ihn hört, freut sich sehr über des Bräutigams Stimme."[25] Das Beispiel zeigt, dass wir in der allerjüngsten Entwicklung der historisch-kritischen Exegese eine neue Offenheit für das der Tradition geläufige allegorische Verständnis des Hohenliedes beobachten können. Allerdings ist die Diskussion noch offen. Sie verläuft durchaus kontrovers. Gingen Othmar Keel und andere noch davon aus, dass das Hohelied erst nach seiner Aufnahme in den Kanon allegorisch interpretiert wurde, so plädiert Yair Zakovitch mit guten Gründen für eine der kanonischen Rezeption bereits vorausgehende allegorische Interpretation. Er rechnet sogar damit, dass sich erste Ansätze der Allegorisierung „noch vor der Endredaktion" im Werk selbst niedergeschlagen haben: „Abschließend lässt sich sagen, dass die Allegorisierung von Hld bereits vor der endgültigen Fixierung des Textes stattgefunden haben muss. Liebeslieder, die in Hld eingegangen sind, wurden in prophetischem Kontext allegorisch gedeutet, noch bevor der Text von Hld abgeschlossen war, und es scheint nicht ausgeschlossen, dass bei der Endredaktion von Hld die allegorische Deutung schon hie und da berücksichtigt wurde. Demnach ist die Beziehung zwischen der Liebesdichtung und der prophetischen Literatur, wo die Beziehung Gottes zu seinem Volk wie die eines Mannes zu seiner Frau dargestellt wird, durchaus wechselseitig. Die allegorischen Ausleger von Hld fanden in der biblischen Literatur reichlich Anhaltspunkte für ihre Deutung."[26]

25 Ebd. 101. Die Bezüge ließen sich um ein Vielfaches vermehren. So weist beispielsweise Jesu Salbung in Betanien nach Joh 12,1-8 deutliche Konnotationen zu Hld 1,2-4 auf. Die Erzählung von der Erscheinung Jesu vor Maria aus Magdala (Joh 20,11-18) evoziert die Gartenmetaphorik des Hohenliedes und die Spitzenaussage von Hld 8,6: „Stark wie der Tod ist die Liebe", die tendenziell im Sinne von: „Stärker als der Tod ist die Liebe" zu verstehen ist.

26 Ebd. 96f.

Ergebnis

Soweit ein kleiner Bericht aus der Werkstatt der Exegese. Mir ging es darum, einen Überblick über den gegenwärtigen Diskussionsstand zu vermitteln und vor allem die im Hintergrund stehenden hermeneutischen Implikationen anzusprechen. Hier wäre sicherlich noch vieles zu diskutieren und vor allem theologisch zu vertiefen. Alles in allem wird man sagen können: Hinsichtlich der Interpretation des Hohenliedes beobachten wir aufgrund fundamentaler hermeneutischer Verschiebungen gegenwärtig eine neue Offenheit gegenüber dem Grundanliegen der Tradition. Im Kontext der Heiligen Schrift gelesen entfaltet das Hohelied Sinndimensionen, die der Schrift als isoliertes Einzelwerk noch nicht zukamen.

II. Selbsterkenntnis und Gotteserkenntnis – Bernhards Auslegung von Hld 1,7: „Si te ignoras, egredere."

Nach diesen Hinweisen auf neuere Entwicklungen innerhalb der Bibelwissenschaft und ihren Auswirkungen im Hinblick auf das Verständnis des Hohenliedes möchte ich die Gelegenheit ergreifen, die von Bernhard in den Predigten 35 bis 38 präsentierte Auslegung des Verses 1,7 aus dem Hohenlied darzustellen und zu kommentieren. Der Vers passt sehr gut zu unserem Thema, auch wenn es zunächst ganz und gar nicht danach aussieht. Das Thema der Tagung lautet: „Von der Freude, sich Gott zu nähern". Der Vers aus dem Hohenlied, den Bernhard in den Predigten 35 bis 38 auslegt, lautet: „Si te ignoras, egredere." „Wenn Du dich nicht kennst, geh hinaus." Hier, so Bernhard, spricht der Bräutigam zu seiner Geliebten. Er spricht sie sehr harsch an, wie ein zorniger Herr zu seinem Sklaven oder eine ungehaltene Herrin zu ihrer

Magd sagt: „Weg von hier, weg von mir, geh mir aus den Augen und verlass dieses Haus!" (*cant* 35,I.1[27]). Allerdings macht der Bräutigam eine Einschränkung: „Si te ignoras – Wenn du dich nicht kennst". Darauf kommt es Bernhard nun an. Unter der Bedingung, dass die Braut sich selbst nicht kennt, soll sie ihren Bräutigam verlassen.

Ohne Selbsterkenntnis keine Gotteserkenntnis

Bernhard rekonstruiert nun eine Szene, aus der heraus er den soeben zitierten Satz des Hohenliedes zu verstehen sucht. Er entwirft gewissermaßen ein Bühnenbild. Er versucht, den größeren kommunikativen Zusammenhang zu rekonstruieren, aus dem heraus der zitierte Satz verständlich wird. Als Sprecher des Satzes nimmt er den Bräutigam an. Das ist möglich, aber nicht unumstritten. In den gängigen Kommentaren werden diesbezüglich zwei Positionen vertreten. Othmar Keel sagt, die Aussage sei am ehesten verständlich, wenn man sie den Gefährtinnen in den Mund legt. Nach Keel spricht hier nicht der Bräutigam, sondern es sprechen die Gefährtinnen der Frau.[28] Hans-Peter Müller dagegen versteht den Satz – wie Bernhard – als eine Äußerung des Mannes.[29] Das ist übrigens ein schönes Beispiel für die Sinnoffenheit eines Textes. Aus dem Text geht nicht eindeutig hervor, wer den Satz: „Wenn du dich nicht kennst, geh hinaus" spricht. Man ist auf Vermutungen angewiesen. Bernhard vertritt eine Position, die auch in der gegenwärtigen Exegese vertreten wird. Angesprochen ist die Braut: „Wenn du dich nicht kennst, geh hinaus!"

Nun fragt Bernhard: Von wo und wohin soll die Braut hinausgehen? Seine Antwort: Offensichtlich ist die Braut schon einmal in die Nähe ihres Geliebten gekommen, nun soll sie ihn wieder

---

27 G. B. Winkler V, 545ff.

28 Othmar Keel, *Das Hohelied* (ZB AT 18), Zürich 1986, 21992, 58.

29 Hans-Peter Müller, *Das Hohelied* (ATD 16/2), Göttingen 1992, 17.

verlassen. Bernhard drückt dies in der Sprache und mit den Bildern seiner Zeit aus. Er sagt, es gibt im Grunde nichts Schlimmeres, als dass eine Seele, die bereits einmal die Gegenwart Gottes verkostet hat, nun wieder aus ihr vertrieben werden soll: „Ich weiß nicht, ob eine solche Seele es für einen größeren Schrecken oder eine größere Strafe ansehen würde, die Hölle selbst eine Zeitlang zu erfahren, als nach der einmal gekosteten Süße dieses geistigen Strebens wieder hinauszugehen zu den Verlockungen, nein, zu den Mühsalen des Fleisches und die Neugierde der Sinne (1 Joh 2,15f) von neuem zu erfahren; sie ist ja unstillbar, wie der Prediger sagt: ‚Das Auge kann sich nicht satt sehen und das Ohr nicht genug hören" (Koh 1,8)... Wenn jemand versuchte, jene heilige Seele von diesem Gut zu trennen, hätte sie es, glaube ich, nicht anders empfunden, als wenn sie sehen müsste, dass sie vom Paradies und vom Eingang zur Herrlichkeit selbst vertrieben würde... Ich sage euch also: Für jeden, der einmal diese Wohltat erfahren hat, gibt es nichts Erschreckenderes, als von der Gnade verlassen zu werden, wieder hinausgehen zu müssen zu den Tröstungen, vielmehr zu der Leere des Fleisches, und von neuem den Aufruhr der leiblichen Sinne ertragen zu müssen" (*cant* 35, I.1[30]).

Die Erfahrung, die Bernhard hier anspricht, ist bei Menschen, die einen spirituellen Weg gehen, häufig anzutreffen. Es kommt immer wieder vor, dass jemandem unvorbereitet eine tiefe Erfahrung zuteil wird. Menschen, die keinerlei Kontakt zu irgendeiner religiösen Tradition haben, wissen oft nicht so recht, wie damit umzugehen ist. Gewöhnlich verschwindet diese Erfahrung wieder. Sie wird nicht zu einem Habitus. Das hinterlässt bei den Betroffenen oft Verwirrung und Traurigkeit. Sie sind überaus beglückt, eine tiefe Erfahrung gemacht zu haben, und zugleich sind sie traurig und verwirrt, dass diese Erfahrung plötzlich wie weggeblasen ist. Jetzt scheint alles noch viel schlimmer zu sein

30 G. B. Winkler V, 547.

als vorher. Jetzt, da sie einmal ein Licht geschaut haben, wird das Elend, in dem sie noch immer leben, umso schmerzlicher bewusst. Eine derartige Erfahrung scheint Bernhard vorauszusetzen. Er spricht von dem ungeheuren Schmerz, den das Verschwinden der göttlichen Gegenwart hinterlässt: „Ich sage euch: Für jeden, der einmal diese Wohltat erfahren hat, gibt es nichts Erschreckenderes" (*cant* 35, I.1[31]).

An dieser Stelle nun versucht Bernhard, die hier genannte Erfahrung im Lichte der Heiligen Schrift zu verstehen. Warum wird die Seele von Gott, dem Bräutigam, nachdem sie ihn einmal gekostet hat, wieder fortgeschickt? Warum sagt er zu ihr: „Geh hinaus!"? Bernhards Antwort: Weil sie sich selbst noch nicht wirklich kennt. Sie hat noch nicht wahrgenommen, wer sie wirklich ist. So gilt, wie bereits gesagt, die Aufforderung: „Geh hinaus!" unter der im Wort der Schrift selbst angegebenen Bedingung: „Wenn du dich nicht kennst." Die Erkenntnis seiner selbst ist also die Voraussetzung dafür, bleibend in der Gemeinschaft mit Gott, dem Bräutigam, leben zu dürfen. Ohne Selbsterkenntnis, so Bernhard, gibt es keine Gotteserkenntnis.

Die unsteten und frechen Sinne des Leibes

Bernhard fragt nun weiter: Wohin soll die Seele denn gehen und was soll sie tun, wenn sie fortgeschickt wird? Eine Antwort findet er in der Fortsetzung des soeben zitierten Satzes. Dort nämlich wird die Aufforderung: „Geh hinaus" fortgesetzt mit den Worten: „und weide deine Böcklein" („et pasce haedos tuos"). Dazu Bernhard: „Es bedeutet doch: Wisse, dass du nicht würdig bist deiner so vertrauten und süßen Betrachtung der himmlischen, nur vom Geist erfassbaren und göttlichen Dinge. Geh daher hinaus aus meinem Heiligtum, aus deinem Herzen (egredere de sanctuario

31 G. B. Winkler V, 547.

meo, corde tuo), wo du in Wonne die geheimen und heiligen Gedanken der Wahrheit und Weisheit zu schöpfen pflegtest; lass dich lieber, als wärest du ein Kind dieser Welt, darin verstricken, die Sinne deines Fleisches zu weiden und zu ergötzen. Böcke... nennt er nämlich die *unsteten und frechen Sinne des Leibes*, durch die die Sünde, wie der Tod durch die Fenster (Jer 9,21), in die Seele eingetreten ist" (*cant* 35,I.2[32]).

Bei diesen und ähnlichen Worten, die wir häufig bei Bernhard antreffen, dürfte sich bei nicht wenigen unserer Zeitgenossen Widerspruch regen. Kommt hier nicht eine typisch christliche Form der Leibverachtung zur Sprache, die uns Menschen krank macht? Kein Geringerer als Friedrich Nietzsche hat bekanntlich gegenüber dem Christentum einen derartigen Vorwurf erhoben. „Das Christentum", so schreibt er in „Jenseits von Gut und Böse", „gab dem Eros Gift zu trinken – er starb zwar nicht daran, aber entartete, zum Laster."[33] Der Vorwurf dürfte nicht ganz unberechtigt sein. Papst Benedikt XVI., ein in dieser Hinsicht unverdächtiger Zeuge, gesteht in seiner Enzyklika „Deus caritas est" ein: „Heute wird dem Christentum der Vergangenheit vielfach Leibfeindlichkeit vorgeworfen, und Tendenzen in dieser Richtung hat es auch immer gegeben" (5).

Hören wir vor diesem Hintergrund noch einmal Bernhard, so fällt auf, dass er im Bereich der Sinnlichkeit sehr wohl zu unterscheiden vermag. Jeder, der ein gewisses Maß an Selbstwahrnehmung kultiviert hat, weiß, dass es Formen der Sinnlichkeit gibt, die einen schalen Nachgeschmack hinterlassen. Es gibt breit ausgelebte Gestalten der Sinnlichkeit, die das innerste Verlangen der Seele ungestillt lassen. Menschen, die sich dem hingeben, spüren, dass ihnen etwas fehlt. Und so besteht die Gefahr, dass sie immer mehr

32 G. B. Winkler V, 547ff.

33 Friedrich Nietzsche, *Jenseits von Gut und Böse*, 168 (Ausgabe Schlechta, Bd. II, 639).

wollen; sie werden süchtig und habgierig und bleiben innerlich doch hungrig. Tatsächlich fehlt ihnen etwas. Aber das, was ihnen fehlt, ist nicht auf der Ebene der oberflächlichen Wahrnehmung zu finden. Bernhard unterscheidet zwischen fehlgesteuerten und rechten Formen der Sinnlichkeit. Was Menschen häufig abgeht, ist die *Wahrnehmung der inneren Qualität der Dinge*. Eine Sinnlichkeit, die auf der Oberfläche der Dinge und der Menschen entlang rauscht, die aber nicht mehr in der Lage ist, ihre innere, göttliche Qualität wahrzunehmen und zu verkosten, eine solche Sinnlichkeit scheint Bernhard im Auge zu haben, wenn er von den „unsteten und frechen Sinnen des Leibes" spricht. Die Böcke, so sagt er, sind „die unsteten und frechen Sinne des Leibes" („vagos ac petulantes corporis sensus"), nicht die Sinne des Leibes schlechthin. An anderer Stelle gibt er zu verstehen, dass mit dieser Form der Sinnlichkeit die Begierden eher gereizt als gesättigt werden. Die unsteten und frechen Sinne sind nicht in der Lage, *das Himmlische im Irdischen wahrzunehmen* (*cant* 35, I.2[34]). Genau darum geht es: Gott in allen Dingen zu finden. Es geht also nicht darum, sich von der Sinnlichkeit schlechthin zu distanzieren, sondern von einer oberflächlichen Form der Sinnlichkeit. Um es mit einer räumlichen Metapher auszudrücken: Es kommt nicht so sehr darauf an, in die Breite zu gehen, sondern in die Tiefe. Wer einer oberflächlichen Form der Sinnlichkeit verfällt, dessen Seele bleibt ungestillt, der bleibt ein ewiger Bettler. Er „liefert sich", so schreibt Bernhard, „der schmählichen Sklaverei des Leibes aus, um dem Fleisch zu dienen, um dem Bauch und dem Gaumen Genüge zu tun, um auf der ganzen Welt wie ein Bettler zu suchen, wie er aus der vergänglichen Gestalt dieser Welt seine ewig hungrige Neugierde einigermaßen stillen könnte" (*cant* 35,

34 G. B. Winkler V, 549.

I.2[35]). An einen solchen Ort ungestillten Verlangens gelangt die Seele, die das göttliche Gemach wieder verlassen muss. Und das ist die Seele, die sich selbst nicht kennt.

Zwei Arten der Unwissenheit

Bernhard unterscheidet nun in der folgenden Predigt 36 drei Arten der Unwissenheit. Die eine bezieht sich auf die äußeren Dinge. Hier können wir nicht alles wissen, und das ist auch nicht nötig. Im Gegenteil: Wer über die Maßen und aus einer falschen Haltung heraus in den äußeren Dingen nach Wissen strebt, steht in der Gefahr, aufgeblasen zu werden. Bernhard zitiert Paulus: „Strebt nicht nach mehr Wissen, als nötig ist, sondern strebt nach Wissen, um besonnen zu sein" (Röm 12,3). Es gibt allerdings zwei Arten der Unwissenheit, die gefährlich für uns sind: Die eine ist die *Unwissenheit in Bezug auf uns selbst*, die andere die *Unwissenheit in Bezug auf Gott*. Bernhard schreibt: „Ich wünsche deshalb, dass eine Seele zuallererst sich selbst erkennt, denn das ist eine Forderung sowohl der Nützlichkeit als auch der Ordnung; und zwar der Ordnung, weil wir für uns selbst an erster Stelle stehen; der Nützlichkeit jedoch, weil ein solches Wissen nicht aufgeblasen, sondern demütig macht. Das jedoch ist eine Bedingung für den weiteren Aufbau. Nur auf der sicheren Grundlage der Demut kann ein geistliches Bauwerk Bestand haben" (*cant* 36,IV[36]). Demut meint hier eine Haltung, die sich gleichsam von selbst einstellt, wenn der Mensch den Weg der Selbsterkenntnis geht. Hören wir noch einmal Bernhard: „Um in eine demütige Haltung hineinzugelangen, kann eine Seele nichts Lebendigeres oder Passenderes finden, als wenn *sie sich selbst* in Wahrheit findet; nur darf sie sich nichts vormachen, ihr Herz darf keine Falschheit

35 Vgl. G. B. Winkler V, 549.
36 G. B. Winkler V, 569.

kennen; sie soll sich ihr eigenes Ich vor Augen stellen [„statuat se ante faciem suam“ – „sie soll sich selbst vor ihr eigenes Angesicht stellen“] und sich nicht verleiten lassen, von sich wegzuschauen“ (*cant* 36,IV[37]). Sehr schön beschreibt Bernhard hier den *Weg der Selbsterkenntnis.* Wir schauen gerne von uns weg und machen uns etwa vor. So leben wir in der Unwahrheit. Unsere Wahrnehmung ist getrübt, und so können wir auch die Menschen und die Dinge um uns herum nicht klar erkennen, geschweige denn Gott. Abhilfe schafft, so Bernhard, der Weg der Selbsterkenntnis. Sie führt uns – gleichsam von allein – zur Demut.

Hören wir dazu Bernhard: „Denn wie sollte sie (die Seele) bei dieser aufrichtigen Selbsterkenntnis nicht wahrhaft demütig werden, wenn sie sieht, wie sie mit Sünden beladen, mit der Last dieses sterblichen Leibes belastet, in irdische Sorgen verwickelt, vom Schmutz fleischlicher Gelüste besudelt, blind, gebeugt, schwach, in viele Irrtümer verstrickt, tausend Gefahren ausgesetzt, in tausend Ängsten zitternd, durch tausend Schwierigkeiten beunruhigt, von tausenderlei Argwohn bedrängt, durch tausend Bedürfnisse betrübt, zum Bösen geneigt und unfähig zur Tugend ist? Wie sollte sie übermütige Augen haben, wie ihr Haupt erheben? Wird sie nicht vielmehr in ihrem Kummer umkehren, wenn der Stachel sie durchbohrt? Ja, sie wird sich den Tränen zukehren, wird sich dem Klagen und Seufzen zukehren, wird sich zum Herrn bekehren und demütig rufen: ‚Heile meine Seele, denn ich habe gegen dich gesündigt!‘ (Ps 40,5)“ (*cant* 36,IV[38]). Nicht alle Begriffe und Bilder, die Bernhard verwendet, sind uns in gleicher Weise zugänglich. Aber ich glaube doch, dass manche Erfahrungen, die er anspricht, uns sehr wohl vertraut sind: Wir sind in irdische Sorgen verwickelt, wir sind tausend Gefahren ausgesetzt, wir sind durch tausend Schwierigkeiten beunruhigt,

37 G. B. Winkler V, 569.
38 G. B. Winkler V, 569.

wir sind mit der Last dieses sterblichen Leibes belastet. Mit allen diesen Dingen sind wir vertraut. Sie belasten uns, sie hindern uns, und sie werden uns vor allem auch in der kontemplativen Übung bewusst. Hier können wir ihnen nicht mehr ausweichen. Hier nehmen wir wahr, wer und wie beschaffen wir sind. Da haben wir keinen Grund mehr, unsere Augen hochmütig zu erheben. So führt uns die Erkenntnis unserer selbst zu einer Demut, die sich gleichsam von selbst einstellt. Es ist keine geheuchelte, gekünstelte oder widerwillig übernommene Demut, sondern eine Demut, die sich aus eigener Einsicht und Erfahrung einstellt, eine Demut, die der Wahrheit unseres Lebens entspricht.

In gewisser Weise zieht uns die Selbsterkenntnis herunter. Das kann im Grunde jeder bestätigen, der etwa über eine längere Zeit hinweg die Übung der Kontemplation vollzieht. All die Illusionen und die schönen Vorstellungen, die wir uns von uns selbst gemacht haben und immer wieder machen, brechen zusammen. Wir werden auf den Boden der Tatsachen zurückgeholt. Wir sehen, wer wir wirklich sind.

Gotteserkenntnis

Nun geht Bernhard aber noch einen Schritt weiter. Er sagt: Wer bei der Selbsterkenntnis stehen bleibt, verfällt der *Verzweiflung*. Wenn wir uns selbst in unserem Elend, in unserer Not und Todverfallenheit wahrnehmen und diese Wahrnehmung wirklich an uns herankommen lassen, und nichts, das über diese Wahrnehmung hinaus geht, in unser Bewusstsein kommt, dann überfällt uns die Verzweiflung. An dieser Stelle kommt nun neben der Selbsterkenntnis eine zweite Erkenntnis in den Blick: die *Gotteserkenntnis (notitia Dei)*. Hören wir dazu Bernhard: „Solange ich auf mich schaue, umfängt Bitterkeit meinen Blick. Wenn ich jedoch aufschaue und meine Augen zum barmherzigen göttlichen Helfer erhebe, wird der frohmachende Anblick Gottes sogleich die Bitterkeit beim Anblick meiner selbst mäßigen. Zu ihm sage ich: ‚Betrübt ist meine Seele in mir, darum denke ich an dich im Jordanland' (Ps 41,7)" (*cant* 36,6[39]).

An dieser Stelle unterscheidet sich möglicherweise der kontemplative Weg vom Zen-Weg. Im Zen kommt bekanntlich das Wort „Gott" nicht vor. Hier geht die Selbsterkenntnis soweit, bis das Ich als die letzte große Illusion erkannt wird. Ein substantiell erfahrenes und gedachtes Ich erweist sich als eine große Täuschung. Wo diese Täuschung zerbricht, findet der Mensch in die befreiende Erlösung. Ich bin mir nicht sicher, ob hier wirklich ein grundlegender Unterschied zur christlichen Tradition vorliegt, wie oft behauptet wird. In der Forschung und unter den Gelehrten finden sich diesbezüglich divergierende Interpretationen. Auch bei Bernhard gibt es Formulierungen, die in ähnlicher Form in der Zen-Tradition zu finden sind; etwa wenn er sagt: Wenn der Mensch den Weg der Selbsterkenntnis geht, dann erkennt er, dass er – von sich aus gesehen – nichts ist. Einen derartigen Satz könnten wir auch im Zen finden. Im Zen wird dann konsequent der Weg der Verzweiflung gegangen, und zwar so weit, bis derjenige, der verzweifelt ist, nicht mehr „da" ist. Er findet sich an einem anderen Ort wieder, einem Ort, den man als Ortlosigkeit beschreiben könnte. Auch der christlichen Tradition sind diese Erfahrungen nicht unbekannt. Allerdings hat sie eine andere Begrifflichkeit, um das, was in der Tat nur schwer in Worte zu fassen ist, auszudrücken. Die Wirklichkeit, in die hinein der Mensch, der den Weg der Selbsterkenntnis geht, verwandelt wird, bezeichnet sie als die *göttliche Wirklichkeit*. Und sie spricht von *Gott als dem Erlöser und Retter*. „Gott, der Erlöser und Retter" heißt aber nicht, dass er ein Zauberer ist. Leider ist dieses Missverständnis verbreitet. Es gibt nach christlichem Verständnis Gesetzmäßigkeiten seines Handelns, die auf Seiten der

39 G. B. Winkler V, 569.

Menschen als eine anthropologisch-soteriologische Konstante zu verstehen sind. Nach Bernhard stoßen wir hier auf eine „Ordnung göttlichen Handelns:

> „Durch eine solche Erfahrung und in einer solchen Ordnung gibt sich Gott auf heilsame Weise zu erkennen, wenn sich der Mensch zuerst in seiner Bedürftigkeit erfährt und dann zum Herrn ruft. Dieser wird ihn erhören und zu ihm sagen: ‚Ich werde dich retten, und du wirst mich ehren' (Ps 49,15). *Eben auf diese Weise wird deine Selbsterkenntnis ein Schritt zur Gotteserkenntnis sein*; und in seinem Bild, das in dir wiederhergestellt wird, wird er selbst zu sehen sein, während du nun mit enthülltem Angesicht die Herrlichkeit des Herrn voll Zuversicht schaust und ‚in sein eigenes Bild verwandelt wirst von Herrlichkeit zu Herrlichkeit, durch den Geist des Herrn' (2 Kor 3,18)" (*cant* 36,6[40]).

An dieser Stelle wird nun der innere Zusammenhang von Selbsterkenntnis und Gotteserkenntnis verständlich. Im Hintergrund steht die biblische Schöpfungstheologie. Im Buch Genesis heißt es, dass Gott den Menschen als sein Bild erschuf. Das hebräische Wort für „Bild" heißt *„sälām"*; gemeint ist damit nicht ein gemaltes Flachbild, sondern eine rundplastische Darstellung. Demnach ist der Mensch von seinem Ursprung her eine Statue Gottes. Diese Aussage ist vor dem Hintergrund der altorientalischen Religionen zu verstehen. Die Statuen der Götter standen in den Tempeln. Sie repräsentierten die Götter. In der alttestamentlich-jüdischen Tradition hingegen durfte die Gottheit bildlich nicht dargestellt werden: „Du sollst dir kein Gottesbild machen" (Ex 20,4). Entsprechend stand im Jerusalemer Tempel kein Gottes-

---

40 G. B. Winkler V, 571.

bild. Nach alttestamentlicher Tradition ist der Mensch, und zwar jeder Mensch, ein Bild Gottes. Nicht die Götterstatuen in den altorientalischen Tempeln, sondern die Menschen repräsentieren Gott; das bedeutet letztlich die Aussage von Gen 1,26: Gott schuf den Menschen als sein Bild. Durch den Sündenfall wurde dieses Bild verunstaltet. Die Abwendung von Gott war eine Art von Autodestruktivität. Der Mensch hat sich in gewisser Weise selbst verletzt. Er hat sich als Bild Gottes zwar nicht gänzlich zerstört, aber doch verunstaltet. Er gleicht einer Statue, die zu Boden gefallen ist und dabei Schaden genommen hat. In diesem Sinn sprechen wir vom Sündenfall. Hier setzt nun die von Bernhard geforderte Selbsterkenntnis an: Der Mensch sieht, wie er geworden ist. Er sieht sich in seinem Elend, in seiner Gottesferne. Aus dieser Not heraus ruft er zu Gott um Rettung. Als gnädiger und barmherziger Gott wendet dieser sich dem Menschen zu. So wird der Mensch nach und nach in seiner Gottebenbildlichkeit wiederhergestellt. In diesem Sinn geht die Selbsterkenntnis fließend in die Gotteserkenntnis über. Um Gott zu erkennen, muss der Mensch also nicht den Blick nach außen richten, sondern er muss den Weg der Selbsterkenntnis nur konsequent zu Ende gehen. Dann erkennt er in dem wiederhergestellten Bild Gott selbst. Das meint Bernhard, wenn er sagt:

> „und in seinem Bild, das in dir wiederhergestellt wird, wird er (scil. Gott) zu sehen sein". Und Bernhard geht noch einen Schritt weiter und sagt mit dem Apostel Paulus: „Während du so mit enthülltem Angesicht die Herrlichkeit des Herrn voll Zuversicht schaust, wirst du *in sein eigenes Bild verwandelt werden*" (2 Kor 3,18) (*cant* 36,6[41]).

41 Vgl. G. B. Winkler V, 571.

Wer nun diesen Prozess durchlaufen hat, so Bernhard, der darf sich weiteres, auch weltliches Wissen aneignen. Und damit kehrt er zum Ausgangspunkt seiner Überlegungen zurück. Nach der Selbst- und Gotteserkenntnis bläht zusätzliches Wissen nicht mehr auf.

Fassen wir die Wirkungen der beiden Erkenntnisformen mit Worten Bernhards noch einmal zusammen:

> „Wer bei der Selbsterkenntnis weinte, freut sich zu Recht beim Anblick des Herrn... Wie wahr ist doch das Wort, das beim Propheten zu lesen ist: ‚Die mit Tränen säen, werden mit Jubel ernten' (Ps 125,5). Hier ist die doppelte Erkenntnis kurz zusammengefasst: die Selbsterkenntnis, die mit Tränen aussät, sowie die Gotteserkenntnis, die mit Jubel erntet" (*cant* 37,4[42]).

Wichtig scheint mir die Reihenfolge zu sein. An erster Stelle steht die Selbsterkenntnis. Ohne Selbsterkenntnis keine Gotteserkenntnis. Darin zeigt sich dann vielleicht doch noch einmal ein Unterschied zu einer verbreiteten, aber oberflächlichen christlichen Verkündigung. In der christlichen Standardverkündigung, so möchte ich einmal sagen, spielt die Gotteserkenntnis eine wichtigere Rolle als die Selbsterkenntnis. Wir sollen an Gott glauben, wir sollen ihn lieben und erkennen, aber die Frage, ob wir dazu überhaupt in der Lage sind, wird oft gar nicht mehr gestellt. Von Selbsterkenntnis und von einer Übung, die uns dahin führt, ist in der christlichen Normalverkündigung, wenn ich recht sehe, kaum die Rede. Das hängt wohl ganz einfach damit zusammen, dass die Selbsterkenntnis in der Regel schmerzhaft und unangenehm ist. Sie geschieht unter Tränen. Das möchten wir gerne vermeiden und richten unsere Aufmerksamkeit lieber auf einen Gott, von

42 G. B. Winkler V, 577.

dem wir hoffen, dass er unsere Wünsche erfüllt. Und erst wenn er es gar nicht mehr tut, bekommen wir Zweifel. Die christliche Tradition sagt uns: Ohne den Abstieg in die Selbsterkenntnis gibt es keinen Aufstieg zur Gotteserkenntnis.

Nun könnte man einwenden: Das ist alles Zukunftsmusik. Später, nach unserem Tod, werden wir Gott schauen. Hier auf Erden haben wir keine andere Möglichkeit, als an ihn zu glauben. Dem widerspricht Bernhard. Das Heil, das Gott den Menschen zugedacht hat, kann bereits hier auf Erden erfahren werden, wenn der Mensch bereit ist, sich dem heilenden Handeln Gottes zu öffnen. Bernhard sagt: „Was hält euch noch vom Heil zurück? Es ist doch genau das, was ich sage: Ihr wisst nichts von Gott und glaubt dennoch nicht unserer Kunde. Ich wünschte, ihr würdet wenigstens denen glauben, die dies erfahren haben" (*cant* 38,2[43]). Hier können wir sehr schön sehen, wie Bernhard zwischen Glauben und Wissen in Bezug auf Gott unterscheidet. Er tut es an dieser Stelle nur beiläufig; umso wichtiger ist es, dass wir es nicht überhören. „Ihr wisst nichts von Gott und glaubt dennoch nicht unserer Kunde. Ich wünschte, ihr würdet wenigstens denen glauben, die dies erfahren haben" (*cant* 38,2[44]). Es geht hier offensichtlich um die *cognitio Dei experimentalis*, also um eine Erkenntnis Gottes aus eigener Erfahrung. Erst wo dies nicht möglich ist, oder Menschen nicht bereit sind, diesen durchaus mühsamen Weg zu gehen, erst an dieser Stelle sagt Bernhard: Dann sollen sie doch wenigstens denen glauben, die es erfahren haben.

43 G. B. Winkler V, 585.
44 G. B. Winkler V, 585.

Die Lectio divina als Beziehung zum Wort des Lebens

von Abt Mauro Giuseppe Lepori O.Cist.,
Abtei Hauterive

Freund oder Feind unserer Seele?

Mein Beitrag ist mit dem Gebet der Komplet verbunden, unmittelbar vor der Nachtruhe, die Sie sich wohl verdient haben. Die Autoren des Zisterzienserordens des 12. Jahrhunderts waren sich der Bedeutung dieses Momentes an der Nahtstelle zwischen Tag und Nacht bewusst. Sie gaben uns Anweisungen zur Vorbereitung des Schlafes, damit er für das geistliche Leben fruchtbar sei. Wilhelm von Saint-Thierry zum Beispiel rät uns Folgendes: „Wenn du schlafen gehst, sollst du darum immer irgendetwas mit dir in deinem Gedächtnis oder in deinem Denken mitnehmen, einen Gedanken, bei dem du friedlich einschlafen kannst, der dich auch manchmal im Traum erfreuen mag. Er möge dir auch beim Erwachen wieder begegnen und dich in den Zustand der gestrigen Aufmerksamkeit zurückversetzen. So wird für dich die Nacht wie der Tag erleuchtet“[1].

Für Wilhelm ist in hervorragender Weise das Wort Gottes der Brunnen, aus dem der Mönch seine guten Gedanken schöpft, die den Tag und die Nacht gleichsam erhellen. Er schreibt: „Von der täglichen Lesung muss auch täglich etwas dem Magen des Gedächtnisses anvertraut werden, damit es besser verdaut wird und, zurückgerufen, häufiger wiedergekäut wird: ein Gedanke,

1 Wilhelm von Saint-Thierry, *Goldener Brief. Brief an die Brüder vom Berge Gottes* § 136 (SC 223, 248-250).

der unserer Berufung entspricht, der die Aufmerksamkeit wach hält und den Geist fesselt, damit er nicht Lust hat, an etwas zu denken, was uns fremd ist"[2] .

Wilhelm von Saint-Thierry war in diesem Punkt ein echter Jünger des heiligen Benedikt, der uns in seiner Regel mahnt: „Müßiggang ist ein Feind der Seele. Deshalb sollen die Brüder zu bestimmten Zeiten mit Handarbeiten, zu bestimmten Stunden mit heiliger Lesung beschäftigt sein."[3].

Für den heiligen Benedikt ist die Lectio divina, die aufmerksame und betrachtende Lektüre der Bibel eine Tätigkeit, eine Arbeit. Sie hindert die Seele daran, dem Müßiggang zu verfallen, in jene depressive Schwunglosigkeit abzugleiten, welche die Väter „akedia" nannten.

„Müßiggang ist ein Feind der Seele": Das bedeutet, dass es Entscheidungen gibt, die unserer Seele Feind, und solche die unserer Seele Freund sind. Sind wir also Feinde oder Freunde unserer Seele? Das ist die eigentliche Frage.

Der moderne Mensch kümmert sich sehr um seine eigene Individualität, um sein „Ich". Vermutlich hat man sich noch nie in der Geschichte so intensiv mit dem „Ich" auseinandergesetzt. Dieser Egozentrismus ist sicher auch die Folge einer schmerzlichen Vereinsamung. Ein Herz, das allein ist, leidet. Und wenn es nicht, wie Adam, eine *„Hilfe findet, die ihm entspricht"* (Gen 2,18), wird es sich verbissen mit sich selbst beschäftigen in dem verzweifelten Versuch, selber seine Einsamkeit auszufüllen.

Die so genannte Rückkehr des modernen Menschen zu Spiritualität oder Religiosität ist häufig zersetzt von diesem Rückzug des Menschen auf sich selbst, der die religiöse Begeisterung in ihrem Wesen erstickt. Wirklich Freund seiner Seele sein heißt nicht, sich selbst zu umarmen, sondern anzuerkennen, dass unsere

2 Wilhelm von Saint-Thierry, *Goldener Brief* § 122 (SC 223, 240).

3 *Reg. Ben.* 48.4

Seele mehr braucht als sich selbst. Die Lectio ist eine Disziplin, mit der man seine Seele liebt, indem man ihre Begegnung mit dem Bräutigam, dem Mensch gewordenen Wort Gottes, mit Christus sucht.

Die Türe dem Mensch gewordenen Wort Gottes öffnen

Die monastische Lectio ist nicht einfach eine dem Studium gewidmete Zeit: Sie ist vielmehr eine der Begegnung geweihte Zeit. Die Lectio soll der Beziehung entsprechen, welche Gott in Jesus Christus mit dem Menschen aufnimmt; und Jesus Christus ist das Mensch gewordene Wort, das Wort Gottes, das als Person in unserem Leben gegenwärtig ist.

In der Geheimen Offenbarung sagt Jesus zur Gemeinde von Laodizea: *„Ich stehe vor der Tür und klopfe an. Wer meine Stimme hört und die Tür öffnet, bei dem werde ich eintreten, und wir werden Mahl halten, ich mit ihm und er mit mir."* (Offb 3,20)

Auf Gott hören heißt, die Stimme seiner Sehnsucht nach uns aufzunehmen. Damit die Lektüre eine Lectio divina sei, genügt es also nicht zu lesen, es genügt nicht zu hören: Man muss auch „die Tür öffnen". Das Ziel der Lectio ist, dass unsere Freiheit die Tür unseres Herzens, unserer Intelligenz, unseres Lebens öffnet, um Christus, das Wort Gottes aufzunehmen. Die Frucht der Lectio divina ist somit das Leben mit Christus, ein Leben in Gemeinschaft mit ihm. Gott hat immer im Hinblick auf den Bund zu seinem Volk gesprochen.

Der heilige Paulus beleuchtet das mit folgenden Worten: *„Treu ist Gott, durch den ihr berufen worden seid zur Gemeinschaft mit seinem Sohn Jesus Christus, unserem Herrn"* (1Kor 1,9). Wir sind zur Gemeinschaft mit Christus berufen: Wir müssen sein Wort hören, ausgespannt auf die Gemeinschaft mit dem, der zu uns spricht.

Gott hat tausend Weisen und vielfältige Mittel, um mit uns zu sprechen: Mitmenschen, die Natur, Ereignisse, Situationen. Aber jedes Zeichen will Wort werden, damit unsere Freiheit bewusst „ja" sagen kann zum Ruf Gottes. Die Lectio divina ist diese Arbeit, die sich mit Hilfe der Heiligen Schrift und der Väter darum bemüht zu hören, was Gott uns heute sagt, damit ER in unser Leben eintreten kann; die Arbeit, die sich darum bemüht zu verstehen, wie Gott mit uns das Heute leben möchte.

Die Künstler, welche die Verkündigung darstellen, geben Maria oft ein Buch in die Hand. Damit drücken sie aus, wie Maria sich in ihrem Herzen darum bemühte, die Ereignisse als Wort Gottes zu entziffern. Dadurch wird sie fähig, sich völlig diesem Wort zu öffnen, das in ihrem Leben und in der Welt Fleisch, Mensch werden will.

Im Mensch gewordenen Wort fallen Wort und Gegenwart in eins zusammen. Aber im Heilsgeschehen schiebt sich zwischen das Wort Gottes und dessen Menschwerdung das Einverständnis, das Ja-Sagen Marias.

Wir erleben das auf dieselbe Weise: Zwischen dem Ruf des Vaters und der Gegenwart seines Sohnes in uns schiebt sich der Ruf an unser Herz, an unsere Verantwortung, die Gnade und das Wirken des Heiligen Geistes anzunehmen. Ja, wir müssen eine Tür aufmachen, die Tür unseres Herzens, die Tür unserer Freiheit, die für die Liebe geschaffen ist.

Das ist auch die Erfahrung der Jünger von Emmaus: *„Brannte uns nicht das Herz in der Brust, als er unterwegs mit uns redete und uns den Sinn der Schrift erschloss?"* (Lk 24,32)

Die christliche Spiritualität, die sich mit der Schrift und den Sakramenten nährt, sehnt sich danach, die Stimme Christi, der tatsächlich, aber auf geheimnisvolle Weise mit uns unterwegs ist, zu vernehmen. Sie sehnt sich nach der Erfahrung des „brennenden Herzens". Wenn diese Erfahrung ausbleibt, sucht sich der Mensch andere, oft oberflächliche und mondäne Mittel und Wege, um sein Herz, das nach Gott dürstet, zu erwärmen.

Der ganze Mensch betrachtet

Was hält unser Herz am Brennen? Was hält die Begeisterung lebendig? Die Betrachtung! So lehrt es uns die monastische Tradition.

Einen Text lesen heißt jemandem zuhören. Dieses Zuhören soll uns zum Zwiegespräch, zum Gedankenaustausch, zur Mitteilung unserer Gefühle mit dem Autor führen. Wenn dieser innere Austausch mit dem Autor nicht stattfindet, bewirkt die Lektüre nichts, sie wird den Leser nicht auf dem Weg der Wahrheit weiterführen. Es ist dann so, wie wenn wir einen Fahrplan lesen würden: niemand kümmert sich bei dieser Tätigkeit um den Autor des Fahrplans...

Nur die meditative Lektüre wird fruchtbar. Es ist keine gute Lektüre, wenn der Autor des Buches allein arbeitet. Nur die Lektüre, die Austausch zwischen uns und dem Autor wie zwischen Freunden ist, kann unser Menschsein und unser inneres Leben formen und aufbauen. Sie wird zu einer Beziehung der Freundschaft, und hier erst öffnet sich dem Autor jener Raum, den er braucht, um uns den Sinn und den Reichtum mitzuteilen, den er seiner Schrift anvertraut hat.

„Eine zufällige und wechselnde Lesung, schreibt Wilhelm von Saint-Thierry, die man gleichsam zufällig findet, erbaut nicht, sondern macht die Seele unstet. Leichthin begonnen, entschwindet sie auch leicht aus dem Gedächtnis. Man muss bei bestimmten Autoren verweilen, die Seele muss sich an sie gewöhnen. In dem Geist, in dem die Heilige Schrift verfasst ist, in diesem Geist will sie auch gelesen werden. Im selben Geist muss sie auch verstanden werden. Niemals wirst du in die Gedanken des Paulus eindringen, wenn du nicht durch die Übung der guten Aufmerksamkeit bei der Lesung und durch den Eifer einer ständigen Betrachtung seinen Geist in dich aufnimmst. Du wirst niemals David verstehen, wenn du nicht durch eigene Erfahrung die in den Psalmen ausgedrückte Verfassung gewinnst. So auch bei den übrigen. In der ganzen Schrift ist das Studium so weit von der Lesung entfernt, wie Freundschaft von der Aufnahme eines Gastes, brüderliche Zuneigung von einem zufälligen Gruß."[4]

In der Regel des heiligen Benedikt steht im Kapitel über die Aufnahme der Brüder Folgendes: Ein Postulant, der während mehreren Tagen an die Tür geklopft und dann noch einige Tage im Gästehaus verbracht hat, soll ins Noviziat, in die „cella noviciorum" aufgenommen werden. Da soll er drei Sachen machen: „meditieren, essen und schlafen"[5].

Essen und schlafen ist nicht schwierig, und normalerweise kann man das schon vor dem Eintritt ins Kloster. Auf dem Erlernen des meditativen Lesens liegt somit der ganz besondere Akzent, damit lernt der Novize, Mönch zu werden. Aber wenn Benedikt auch das Essen und Schlafen erwähnt, so ist das nicht ohne Bedeutung, denn das Einüben der monastischen Meditation ist auch eine Verkörperlichung. Die benediktinische Spiritualität soll sich in unserem Menschsein verkörpern, physisch und psychisch, in unserem Menschsein als Mann und Frau mit Leib und Seele, die essen und schlafen müssen.

---

4 Wilhelm von Saint-Thierry, *Goldener Brief* § 120–124 (SC 223, 238-240)

5 Vgl. *Reg. Ben.* 58,5.

Kann man in diesen drei Tätigkeiten des Novizen nicht eine Anspielung auf die Anthropologie des Paulus erkennen, der im ersten Thessaloniker-Brief die drei Komponenten des Menschen erwähnt: *„Der Gott des Friedens heilige euch ganz und gar und bewahre euren Geist, eure Seele und euren Leib unversehrt, damit ihr ohne Tadel seid, wenn Jesus Christus, unser Herr, kommt. Gott, der euch beruft, ist treu, er wird es tun“* (1 Thess 5,23-24)?

Der heilige Paulus erwähnt hier die drei Bestandteile, die den ganzen Menschen ausmachen. Er erwähnt sie im Hinblick auf seine Heiligung, die auf die Wiederkunft Christi ausgerichtet ist, auf die Parusie. Er spricht von dieser Heiligung des ganzen Menschen als einer Berufung, welche durch die Treue Gottes vollendet wird. Finden wir hier nicht alle Elemente der monastischen Berufung als Vertiefung jener Berufung, die jeder Christ in der Taufe empfängt? Geht es hier nicht um die auf die Eschatologie ausgerichtete Heiligung, welche der Mönch anstreben soll und die er vom treuen Gott, der ihn ruft, empfangen darf, damit er Zeichen im Leib der Kirche sei?

Macht der heilige Benedikt eine Anspielung auf dieses „ganz und gar“ Mensch sein, wenn er verlangt, dass der Novize gebildet werde durch die Pflege seines Geistes in der Meditation, ohne die psychische Seele, die Schlaf braucht, und den Körper, der sich ernähren muss, zu vernachlässigen?

Wie dem auch sei, die Meditation ist für den heiligen Benedikt jene Arbeit des Geistes, in deren Dienst der ganze Mensch steht. Das ist nicht eine Tätigkeit, welche die Natur außer Acht lässt, sondern die alle Komponenten der Person vereinigt in der Suche nach dem wahren Gott.

Wenn die dreiundsiebzig Kapitel der Regel, die alle Aspekte des Lebens der Mönche, auch die allergewöhnlichsten, behandelt, mehr als hundertvierzig Bibelzitate enthalten, ist das ein Hinweis darauf, wie wichtig es für den heiligen Benedikt ist, dass die Meditation des Wortes Gottes das ganze Leben begleitet und vereinheitlicht.

Im Kapitel 58 muss das Wort „meditieren" verstanden werden als Begriff, der alle typisch klösterlichen Tätigkeiten umfasst, in die der Novize eingeführt werden muss: die Lectio, das Stundengebet, das persönliche Gebet, sowie die Tugenden des Gehorsams, der Demut und der brüderlichen Nächstenliebe. Durch alle diese Tätigkeiten zieht sich die Meditation wie ein roter Faden, der alles zusammenhält, der es dem Mönch ermöglicht, die verschiedensten geistlichen und materiellen Tätigkeiten auszuüben, ohne dabei die innere Einheit und die Ausspannung nach Gott zu verlieren, die etymologisch den Mönch definieren (abgeleitet von monos).

Wenn man die Betrachtung nicht lernt, löst sich die Lektüre vom Gebet, das Gebet von der Arbeit, die Arbeit vom brüderlichen Zusammenleben, das brüderliche Zusammenleben vom persönlichen Leben, das persönliche Leben von der Gemeinschaft mit Gott... Ohne die meditative Dimension zerfällt das Leben in lauter Unterteilungen, die miteinander keine Verbindung haben. Man kann in dieser Gespaltenheit und Vervielfältigung nicht glücklich sein. Die Betrachtung des Wortes und des Geheimnisses Gottes dagegen schafft Einheit sogar unter den Tätigkeiten, die nicht direkt „meditativ" sind, und lenkt sie in die Suche und das Streben nach der einen Wahrheit.

Sich in die Meditation Christi einführen lassen

Denken wir einmal darüber nach, wie Jesus selber diese Meditation gelebt hat. Das Evangelium verrät uns besonders in den Gleichnissen etwas davon. Jesus lebte in einer ununterbrochenen Betrachtung des Wortes und des Geheimnisses seines Vaters, aber auch seines eigenen Mysteriums. Alles, was er sah oder tat, diente dazu, das Feuer seiner inneren Schau zu nähren und dem Geheimnis Gottes und seines Reiches Ausdruck zu verleihen: der Regen, die Sonne, der Wind, das Wasser, das Feuer, die Blumen, die Vögel, die Füchse, die Hühner, die Schafe, der Wolf, die Reben, der Feigenbaum, das Korn, die Eier, das Gras, die Erde, der Besen, der Kessel, das Geld, das Festessen, das Feiern, die Flöten, der Tanz, das Spiel der Kinder, der Balken, der Strohhalm, ja sogar ein einziges Haar... Alles, buchstäblich alles im Erfahrungsbereich des Menschen und seines Lebens fand Eingang in das betrachtende Gebet Christi und wurde Verkündigung des Reiches Gottes.

Das Meditieren Jesu zeigt uns, dass der Kern der Meditation nicht in einem bloßen Denktraining besteht, sondern im Einüben des Denkens, das sich im Innern einer Liebesbeziehung abspielt. Das Denken Jesu war eingebettet in die Liebesbeziehung zu seinem Vater, und von da wurde seine menschliche Erfahrung erleuchtet.

Natürlich war das Meditieren Jesu vollkommen. Sein menschliches Denken war untrennbar eins mit dem Logos, mit der ewigen Erkenntnis als Ursprung und Sinn der gesamten geschaffenen Wirklichkeit. Wie könnte uns dieses Denken, dieses Meditieren je möglich werden?

Es muss möglich sein, weil Jesus uns dazu auffordert; und wenn er das tut, gibt er uns auch die Gnade, es in unserem Leben umzusetzen.

Vom Anfang seines Wirkens an ruft uns Christus zur Bekehrung unseres Denkens: „*Metanoeite! Ändert eure Gesinnung!*" (Mt 4,17). Es ist unerlässlich für die Nachfolge Christi, vor allem und immer wieder das Umdenken zu lernen, zu lernen wie Jesus zu denken. Auch heute noch muss unsere Meditation eine Suche nach der Gesinnung Christi sein, eine Suche nach dem, was Jesus in jeder konkreten Situation unseres Lebens denkt.

Schauen wir einmal, wie Jesus seine Gesinnung den Jüngern mitgeteilt hat. Er hat ihnen keine Formeln zum Auswendiglernen gegeben. Er hat sie ganz einfach in sein eigenes Meditieren eingeführt.

Greifen wir irgendein Beispiel aus dem Evangelium heraus: Das Opfer der armen Witwe nach Markus (Mk 12,41-44). Ich schlage Ihnen vor, heute Abend mit dieser Lectio unsern Schlaf vom Wort Gottes erleuchten zu lassen, wie Wilhelm von Saint-Thierry es uns rät.

„Als Jesus einmal dem Opferkasten gegenüber saß, sah er zu, wie die Leute Geld in den Kasten warfen. Viele Reiche kamen und gaben viel. Da kam auch eine arme Witwe und warf zwei kleine Münzen hinein.“

Die Geschichte beginnt mit dem Blick, den Jesus auf die Wirklichkeit richtet. Jesus sieht etwas, was die Jünger nicht beachten, denn das Ereignis scheint ohne Bedeutung. Die erste Stufe der Meditation Jesu ist seine auf die Wirklichkeit gerichtete Aufmerksamkeit.

Jesus sieht etwas, und dieses „etwas“ fällt ihm auf, weil er aufmerksam ist und weil er im Sehen bereits betrachtet, indem er an das Geheimnis Gottes und des Menschen denkt. Wenn seine Beobachtung nicht schon von der Betrachtung der Wahrheit durchdrungen gewesen wäre, hätte er wohl kaum bemerkt, dass dieses unbedeutende Ereignis die Gelegenheit zu einer tieferen Schau des Geheimnisses bot. In seinem Herzen und in seinem Denken dringt Jesus direkt zur eigentlichen Bedeutung des Geschehens vor. Er ist der Logos, in ihm fallen das Erblicken und die in der Tiefe verborgene Wahrheit des Geschehens unmittelbar zusammen. Sobald er etwas sieht, erfasst er auch dessen tiefe Bedeutung, denn er selbst ist der Sinn dessen, was er sieht.

Jesus will seine Betrachtung und damit seine Wahrheit den Jüngern weitergeben. Er will, dass seine Betrachtung Evangelium werde. Es ist so, als würden sich seine Gedanken eines Augenblicks für seine Jünger in einen Weg zur Wahrheit verwandeln, denn seinen Jüngern „fällt es schwer zu glauben", sie brauchen Zeit! Zuerst ruft er sie zu sich:

„Er rief seine Jünger zu sich und sagte..."

Sie waren zerstreut, sie sahen andere, scheinbar eindrücklichere Dinge; vielleicht sahen sie auch gar nichts, sie waren schläfrig oder etwas mutlos, so wie es uns ergehen kann, wenn wir zu nichts Lust haben, weder zum Lesen, noch zum Meditieren, noch zum Beten... Jesus ruft sie zu sich und zugleich zu der Begebenheit, die er gerade sieht. Er ruft sie in die Gegenwart einer Wirklichkeit, damit sie in seinen Blick auf diese Wirklichkeit eindringen können. Das allein ist schon eine Schule der Betrachtung. Die christliche Betrachtung ist Antwort auf den Ruf Jesu, sich ihm zu nähern und seinen Blick auf die Wirklichkeit zu teilen. Es geht nicht eigentlich darum, sich in sich selbst zu kehren und die Augen vor der Wirklichkeit zu verschließen, um eine in sich selbst entspringende Wahrheit zu suchen. Auch unser Inneres, unser Herz ist eine Wirklichkeit, die wir meist nur zerstreut wahrnehmen. Daher müssen wir uns vom Herrn rufen lassen. Er schaut unser Herz viel aufmerksamer an als wir. Nur mit Jesus können wir unser Herz wirklich wahrnehmen.

Vor die Realität gestellt, rüttelt uns Jesus mit einer Provokation, mit einem Paradox auf. Mit einer scheinbar absurden Behauptung, die unserer Sicht der Dinge, unserem spontanen Urteil widerspricht, veranlasst er uns zur Betrachtung: *„Wahrlich ich sage euch: Diese arme Witwe hat mehr in den Opferkasten hineingeworfen als alle andern."*

Das ist wirklich eine Provokation! Dieses „*Wahrlich*“ ist ja für uns nicht die Wahrheit. Diese Frau hat nicht mehr in den Opferkasten geworfen als die andern. Alle andern haben mehr hineingeworfen als sie. Jesus täuscht sich, er macht sich über uns lustig, er will uns von dem ablenken, was doch für uns alle offenkundig ist!

Im Markusevangelium geht diese Provokation Jesus unmittelbar über in die Erklärung, die Jesus gibt. Wir können uns aber vorstellen, dass da eine Pause entstanden ist, ein Innehalten, in welchem die Jünger entscheiden müssen, ob sie da mit Jesus weiter überlegen, weiter denken sollen oder aber, ob sie den Rücken kehren wollen. Im Angesicht des Paradoxes, das Jesus sieht, und der Möglichkeit, die darin versteckte Wahrheit zu erfassen, müssen die Jünger entscheiden, ob sie bei Jesus bleiben wollen oder nicht, ob sie Jesus als ihrem Meister, der sie zur ganzen Wahrheit führt, ihr Vertrauen schenken wollen.

In der Synagoge von Kafarnaum war die Situation noch viel dramatischer. Jesus hatte gesagt: „*Jeder, der mich isst, wird durch mich leben*“ (Joh 6,57). Das scheint noch viel absurder als zu sagen, dass eine Witwe, die zwei Pfennige in den Opferkasten wirft, mehr gegeben hat als der, der tausend Euro spendet. Aber eigentlich ist es die gleiche Dynamik. Wenn man solche Sätze hört, steht man unwillkürlich vor der Entscheidung, ob man mit Jesus weitergehen will, bis zum Ende, bis zur letzten Wahrheit, oder ob man bei den selbst erworbenen Wahrheiten bleiben will, die uns schlüssiger und auch bequemer zu sein scheinen.

Bleiben heißt bitten. Bleiben heißt, Christus um die Wahrheit, um „*die ganze Wahrheit*“ (Joh 16,13) bitten. In jeder wahren Meditation geht es letztlich darum zu akzeptieren, diesen Weg auf sich zu nehmen.

Abt Mauro Lepori

Eine unendliche Betrachtung

Kehren wir zu unserer Witwe zurück. Weil die Jünger dablieben um zuzuhören, um zu verstehen, konnte Jesus seine betrachtende Erklärung weiterführen. Warum hat die Witwe mehr gegeben als alle andern? „*Sie alle haben nur etwas von ihrem Überfluss hergegeben; diese Frau aber, die kaum das Nötigste zum Leben hat, sie hat alles gegeben, was sie besaß, ihren ganzen Lebensunterhalt*“ (Mk 12,44).

Mit diesem Satz schließt Jesus seine Betrachtung nicht ab, sondern öffnet sie auf das Unendliche hin. Die von niemandem bemerkte Handlung der Witwe wird in den Augen Christi zur Offenbarung der letzten Wahrheit, der Wahrheit über Gott und den Menschen. Jesus sieht in der Geste der Witwe das Geheimnis der Dreifaltigkeit aufleuchten. Die Dreieinigkeit ist Selbsthingabe ohne Maß, ohne Berechnung, und diese Selbsthingabe offenbart sich in vollem Licht durch Jesus am Kreuz. Dadurch, dass Jesus in der Geste der Witwe die bedingungslose Hingabe Gottes erkennt, gibt er seinen Jüngern zu verstehen, dass sich auf diesem Weg die Ebenbildlichkeit Gottes in uns verwirklicht. Indem die Witwe für den Tempel, das heißt für Gott, alles gab, was sie für ihr Leben brauchte, hat sie ihr Leben gegeben, und darin sieht Jesus nicht einen Verlust, sondern die Fülle des Lebens. Diese Frau hat mehr gegeben als alle andern, weil sie sich selber gegeben hat, und damit hat sie mit ihrem Leben – nicht nur mit einer zufälligen Handlung – das getan, was Gott tut. Die Geste der Witwe ist für Jesus eine Prophezeiung des Ostergeheimnisses.

Man könnte stundenlang über das Bild der Witwe, über diese Szene und deren Auslegung durch Jesus meditieren. Die Jünger haben das sicher getan. Die Betrachtungsweise Christi hat ihr Herz erfüllt, es ist ihre Betrachtungsweise geworden, sie ließen sie wie Saatgut in ihr Herz und in ihr Leben sinken, damit die Frucht neuen Lebens daraus erwachsen kann.

So lehrt uns das Evangelium, so lehrt uns die Kirche das Wort in der Beziehung zu IHM, Christus, zu betrachten, damit ER immer mehr unser Weg, unsere Wahrheit und unser Leben werde.

Die Bibel im Alltag der frühen Zisterzienser

von Abt Andreas Range O.Cist.,
Abtei Marienstatt

Mein Thema ist dreigipflig. Es geht erstens um die Bibel, zweitens um ihren alltäglichen Gebrauch in der zweiten Hälfte des zwölften Jahrhunderts und drittens um ein Jahrhundert, das sich nicht ohne Grund zisterziensisches Jahrhundert nennt. Wir kennen wohl alle die vierbändige nach Stephan Harding benannte Bibel, die in Dijon[1] aufbewahrt wird und reich illuminiert ist. Sie enthält alle biblischen Bücher des spätantiken und mittelalterlichen Kanons. Stephan Harding, der zweite Abt von Citeaux, hat sie schreiben lassen, ja, vielleicht hat er selbst sogar an ihr mit geschrieben. Ihm war es sehr darum zu tun, dass es eine solche Bibel in Citeaux gab. Seine Hauptintention war dabei, eine emendierte, möglichst authentische Bibelausgabe in Händen zu haben. Bekanntlich hat derselbe Abt Stephan Harding in kniffligen Fragen der Textkritik und der Textüberlieferung sogar Rabbinen konsultiert bzw. konsultieren lassen.

Abt Stephan Harding wollte eine solche gereinigte und vollständige Bibelausgabe, weil er sie für sein Kloster brauchte. Man lebte mit der Bibel und brauchte sie in unterschiedlicher Weise Tag für Tag. Nehmen wir nur einmal Psalm 94, er ist derAnfangspsalm der Vigilien bis heute. Er enthält einen Imperativ, der einer mit Geist und Sinn betenden Gemeinschaft in die Ohren tönen muss: *Hodie, si vocem eius audieritis, nolite obdurare corda vestra. Heute, wenn ihr seine Stimme hört, verhärtet nicht euer Herz.*[2] Mit diesem

1 Dijon, Bibliothèque municipale Ms. 12 – 15.
2 Ps 94,7 (V)

„*hodie*" ist der Alltag, ist jeder Tag gemeint. Jeder mit der Vigil beginnende Tag lässt hoffen, dass man im Kloster die *vox Dei* hört. Wir könnten auch vom sermo sprechen, den Gott uns hält, von den mandata, die er uns jeden Tag vor Augen führt. Im Prolog der *Regula Benedicti*, der ihr Programm in nuce enthält, heißt es, man lebe im Kloster *per ducatum evangelii*[3], also unter der Leitschnur der Botschaft des euangelion, das selbst ein froh gesagtes und froh machendes Wort für alle Tage unseres Lebens ist.

Nun ist die lebendige Stimme Gottes, auf die man laut Psalm 94 wartet, de facto eine papierene, pergamentene pagina. In Kap. 9,8 der Benediktsregel ist von den *codices divinae auctoritatis* die Rede, von den Schriften des Alten und Neuen Testaments, die gerade im Winter, wenn weniger Arbeit zu tun ist und deshalb nicht nur eine biblische Kurzlesung ansteht, zusammen mit den Auslegungen der orthodoxen und katholischen Kommentatoren zu lesen bzw. zu hören sind. Dass es im Kloster also die *codices* gibt, aus denen zu lesen ist, dieser Gedanke wird im letzten Kapitel der Benediktsregel aufgegriffen, wo es um die nie endende Aufgabe geht, sich ein Leben lang geistlich zu vertiefen. Dort heißt es: Ist nicht jede Seite, jedes göttlich beglaubigte Wort die beste Richtschnur menschlichen Lebens – *rectissima norma vitae humanae*?[4]

Der monastische Alltag lebt von der Präsenz biblischer Texte. Sie sind den Mönchen in großem Ausmaß auswendig (!) präsent[5]. Ob es die Psalmen sind, ob es zu singende Antiphonen, Versikel, kurze Lesungen oder kurze Responsorien sind, man hatte sie präsent zu haben, was bedeutet und im Unterschied zu uns auffällt: Diese Texte waren aus dem Gedächtnis abrufbar. Eine unglaubliche Memorialkultur tritt uns hier entgegen. Und wir

3 *Reg. Ben.*, Prolog 21.

4 *Reg. Ben*, 73,3.

5 Vgl. *Reg. Ben.* 9,10; 12,4; 13,11.

Heutige könnten uns fragen, wieviel Platz unser Gedächtnis für das Heilige hat. Das Schweigegebot, das Pochen aufs silentium war auch deshalb wichtig, weil man den Tag über auf die göttlichen Worte, auf die *vox Dei* horchte, auf seine *sermones* wartete; und wenn man sie denn vernommen hatte, ging man mit ihnen um. Gottes Wort hat im Kloster Vorrang vor jedem menschlichen Wort. In den Gottesdiensten, im Refektorium, bei der Lesung vor der Komplet, immer wurde Bibel pur vorgetragen, und zwar von einem eigens dafür bestimmten Analogium[6]. Der Leser steigt auf das Pult und verkündet von oben das Wort Gottes, das sozusagen auf uns herabsteigt. Es wird heraus- und hervorgehoben. Oder nehmen wir das Evangelium am Ende der Vigilien am Sonntag. Es wird vom Analogium aus verkündet, das am westlichen Ende des Chorgestühls positioniert ist. Die Mönche drehen sich nach Westen[7] und hören die Verkündigung des Sonntagsevangeliums. Im Mittelalter hielt man den Westen und den Norden für gefährliche Himmelsrichtungen. Wenn nun im Westen das Evangelium verkündet wird, heißt das zugleich, dass alle Dämonen und alle Gefahren vertrieben werden. Dieses Wort hat die Kraft, alles Widerwärtige zu entkräften und zu überwinden.

So hört man im Kloster den ganzen Tag über Bibel und liest sie, wenn man des Lesens mächtig ist. Man singt den Tag hindurch die Bibel, man kommemoriert sie bei der Arbeit auf dem Feld. Aber auch im Skriptorium ist man mit der Bibel beschäftigt, wenn man sie abschreibt, vielleicht sogar illuminiert. Einen etwas anderen Umgang mit der Bibel hat der Abt zu pflegen. Er hat sie auszulegen. Ich möchte noch auf eine Weise des gemeinsamen Hörens der Bibel hinweisen, die aus den *ecclesiastica officia*, dem

---

6 Z. B. *Ecclesiastica Officia* 17,14; 68,72. Zum *analogium* der Kollazlesung: *Eccl. Off.* 81,2; im Refektorium: *Eccl. Off.* 106,3 (vgl. Anm 115.).

7 *Eccl. Off.* 68,72.

Gebräuchebuch der frühen Zisterzienser, erhellt.[8] Im Lauf eines Kirchenjahrs hört die Gemeinschaft der Mönche die Bibel in Gänze. Wenn zu Beginn des Kirchenjahrs der Prophet Jesaja gelesen wird, dann hört man an den verschiedenen Orten des Oratoriums und des Refektoriums kontinuierlich Jesaja. Eine solche fortlaufend gehörte lectio heißt mit dem Fachwort historia. Die ganze Gemeinschaft hört, betrachtet, antwortet, und zwar in großen Responsorien, die auf die jeweilige historia entsprechend antworten. Wenn wir eben hörten, dass die frühen Zisterzienser sehr vieles auswendig vortrugen, so wurden die großen Responsorien gerade nicht aus dem Gedächtnis heraus vorgetragen. Die Gemeinschaft kam während der Liturgie in der Mitte zusammen und sang am großen Pult ein Responsorium, das mit der jeweiligen historia inhaltlich korrespondierte, also gesungene Antwort auf die biblische historia war. Die Reihenfolge der im Lauf des Jahres zu lesenden historiae war klar festgelegt. Historia folgte auf Historia.[9]

Parallel zu dieser gemeinschaftlichen und liturgischen Bibelrezeption verläuft die individuelle Auseinandersetzung mit den biblischen Texten. Die Mönche sollen sich Zeit für die Lesung nehmen – in der Benediktsregel heißt dies *vacare lectioni*[10]. Wir können auch sagen: vacare Deo- sich Zeit nehmen für Gott. Wenn ich mir Zeit nehme für Gott, dann nehme ich mir auch Zeit für sein Wort. So setzen sich die Mönche verteilt über den Tag und die Nacht individuell dem Wort Gottes aus. Aber sie werden auch offiziell als Einzelne zu Anfang der Fastenzeit angesprochen, sich

8 Choisselet, D. / Vernet, P., (Hrsg.): *Les Ecclesiastica Officia cisterciens du XIIème siècle.* Texte latin selon les manuscrits édités de Trente 1711, Ljubljana 31 et Dijon 114. Version française, annexe liturgique, notes, Index et tables. (La Documentation cistercienne 22). Reiningue 1989. Dt. Ausg.: Herzog, H. M. /Müller, J., (Hrsg.): *Ecclesiastica Officia. Gebräuchebuch der Zisterzienser aus dem 12. Jahrhundert...* (Quellen und Studien zur Zisterzienserliteratur 7). Langwaden 2003.

9 *Eccl. Off.* 1,1; 8,1.2; 11; 16,4.8; 27,9.10.11; 31,11; 39; 41.

10 *Reg. Ben.* 48,3.13.14.17.22.

mit einem Buch, mit einer Historia zu beschäftigen. Jeder erhält vom Abt ein Buch, das er bis Ostern zu lesen hat, eine Historia also zur individuellen Spiegelung, Konfrontation und Läuterung. Die *Ecclesiastica officia*, dieses Gebräuchebuch, spezifiziert in Kapitel 15 das Ritual der Übergabe des Fastenbuchs an jeden einzelnen. Da heißt es in Vers 4: *Quos monachi duabus manibus prae gaudio divinarum scriptuarum suscipientes singuli, profunde laetanter inclinent.* Jeder Mönch empfange sein Buch mit beiden Händen aus Freude über die göttlichen Schriften und mache voll Freude eine tiefe Verneigung. Wichtig: Man freut sich auf die Lektüre, diese geistliche Auseinandersetzung mit der Bibel. Dem entspricht in der Reihe der sogenannten Instrumente der guten Werke[11] der Rat: *lectiones libenter audire.* Die Lesungen gerne hören. *Libenter, laetanter* – man freut sich auf das, was aus der Bibel auf die Gemeinschaft und auf den Einzelnen zukommt. Die Lektüre dient der Läuterung. *Regula* und *Ecclesiastica officia* betonen allerdings, das eigentliche Ziel der lectio sei die *oratio,* das kurze Glutgebet des Herzens.

Die Bibel ist tägliches, alltägliches Brot im Kloster der frühen Zisterzienser. Die papierene Pagina wird zur historia, sie wird gemeinschaftlich und individuell gelesen und gehört, sie wird liturgisch kontextualisiert und aktualisiert. Biblische Einzelheiten und Fragmente werden zu Gesangsvorlagen und zur Grundlage des Chorals.

Der biblische Gott ist ein Gott, der spricht. Buchstaben halten dieses Sprechen „papieren“ fest. Aber ursprünglich ist Gott wirklich einer, der vernehmlich spricht. Mose hört Gott sprechen; er stammelt, bevor er selber spricht. Wer sich dem biblischen, diesem sprechenden Gott aussetzt, tritt in einen Dialog ein mit ihm. Das in der lectio vorliegende Buchstabengemenge bedarf der spirituellen, der inspirierten Deutung und Realisierung durch den

11 *Reg. Ben.* 4,55.

Hörer, Leser, Sänger, Betrachtenden und Betenden. Hier sei nur nebenbei bemerkt, dass sich die noch intensivere, die eucharistische communio mit dem mensch- und fleischgewordenen Wort in der Eucharistiefeier nach den *Ecclesiastica officia* in den ersten Zeiten auf die Sonn- und Festtage beschränkte[12], also nicht alle Tage geschah.

So wurde das biblische Wort in den Klöstern der Frühzeit tägliches Brot, das eucharistische Essen war sonn- und festtägliche Praxis. Es bewahrheitet sich: Der Mensch, der Mönch, lebt nicht vom Brot allein, nicht von der Materie, sondern von jedem Wort, das aus dem Munde Gottes hervorkommt. Keine Frage, dass Maria in diesem Zusammenhang zur spirituellen Leitfigur par excellence wird. Bei der Verkündigung wird sie oft lesend dargestellt: als Maria legens. Das Buch steht für den Logos, für das Wort, das in Maria Fleisch wird und aus ihr geboren wird. Wir haben in Marienstatt eine wunderbare Darstellung dieses Motivs aus dem Ende des 15. Jahrhunderts: Anna hält das Buch, Maria kommt hinzu, sie hält ihre Hand über das Buch, ohne es anzufassen, und schaut in die Ferne, ahnend, dass dieses Buch, dieser Logos in ihr Fleisch wird. Maria, diese Identifikationsfigur der frühen Zisterzienser, vertieft sich in das Wort; eines Tages hört sie, was der Engel ihr verkündet. Sie erwägt, was der Engel ihr sagt, *conferens in corde suo*[13]. Sie hält also eine innere Konferenz ab, erwägt , was sich ihr zeigt. Und sie wird selbst davon bewegt, trägt es mit sich, trägt es aus, bis es Fleisch wird in ihr und aus ihr. Sie deutet das Geschehen aus, sagt es weiter im Magnifikat. Sie verwahrt und bewahrt es. *Conservabat omnia*: Maria hielt alles, behielt alles; sie ist wirklich und exemplarisch Reservoir der altbundlichen Botschaft und des biblischen Wortes. Es ist in ihr verankert. Inwendig lebt in ihr, was im Magnificat auswendig

12 *Eccl. Off.* 66.

13 Lk 2,19.51b.

zum Wort wird. Lukas verallgemeinert dieses Geschehen, wenn er im Blick auf die Mutter Jesu die Menge ausrufen lässt: Selig sind alle, die das Wort Gottes hören und es befolgen, die es also Fleisch und Tat und Leben werden lassen.

Wenn ich anfangs den Psalm 94 einen Psalm nannte, der uns jeden Tag mahnt, kreativ und fruchtbar zu hören, so ist das täglich gesungene *Benediktus*, das nicht einmal in den Kartagen ausgelassen wird, der Lobgesang des von der Stummheit geheilten Zacharias. Er exerziert die tägliche, alltägliche Möglichkeit vor, sich dem ganzen Heilgeschehen auszusetzen und es singend ins Wort zu bringen. Parallel zum Aufgang des natürlichen Lichtes geht uns Christus in diesem Laudes-Gesang neu als *oriens ex alto*[14] auf. Wir sehen und singen, dass sich die Heilsgeschichte jeden Tag erfüllt. Benediktus und Magnificat – diese beiden lukanischen Lobgesänge – sie sind Konglomerate, Teppiche aus biblischen Zitaten und Anspielungen. Sie verarbeiten Bibel. Liturgisch und geistlich vergegenwärtigen sie die jeden Tag geltende Wahrheit des Heils. Ihr Gesang nährt in uns die *scientia salutis*, das Wissen vom Heil und die Gewissheit erlöst zu sein.

Gregor der Große bemerkt: *Divina eloquia cum legente crescunt – Die göttlichen Worte wachsen mit dem Lesenden.*[15] Er verweist auf Deutungen und Ausdeutungen, die wir in je anderem Kontext und je neuer Situation vornehmen. Das Wort will sich jetzt realisieren und aktualisieren, es wächst im Grunde mit uns, den Rezipienten. Buchstabe will Geist, Wort will Fleisch werden: in uns, gemeinschaftlich und individuell. Der virtuose Umgang des heiligen Bernhard von Clairvaux mit der Bibel ist ein herausragendes Beispiel ursprünglicher und zisterziensischer Bibelrezeption. Was er genial und charismatisch erreicht, entsprach dem grundsätzlichen Verlangen der frühen Zisterzienser. Jeder

14 Lk 1,78.

15 Gregor der Grosse, *Hom. in Ez. 1,7,8.*

Christ, der Gott lebendig erfahren möchte, hat diese Arbeit am Wort zu leisten. Buchstabe will Geist werden. Dieser Prozess gelingt dann, wenn wir das Wort schmecken, den Imperativ des *psallite sapienter*[16] wahr machen und Buchstaben, Worte geistgemäß interpretieren.

Bernhard von Clairvaux hat in vier Predigten, die unter dem Titel *In laudibus Virginis Matris*[17] veröffentlicht sind, die Perikope von der Verkündigung der Menschwerdung und der Bereitschaft Mariens, das Wort in sich Fleisch werden zu lassen, ausgelegt. Am Ende der vierten Predigt lässt Bernhard Maria meditieren und sprechen:

> *„Das Wort, das von Anfang an bei Gott war, werde nach deinem Wort Fleisch von meinem Fleisch. Mir werde, so flehe ich, das Wort zuteil, nicht das gesprochene, das vergeht, sondern das empfangene, damit es bleibe, das fleischgewordene Wort, nicht ein Wort, das Luft ist. Es werde mir das Wort geschenkt, nicht nur dem Ohr hörbar, sondern auch dem Auge sichtbar, mit den Händen zu betasten und auf den Schultern zu tragen. Nicht das geschriebene und stumme Wort werde mir zuteil, sondern das fleischgewordene und lebendige Wort, das heißt, nicht ein Wort, das mit stummen Zeichen und auf totem Pergament aufgeschrieben ist, sondern das in menschlicher Gestalt meinem keuschen Leib lebendig eingedrückt ist, nicht durch die Linien des toten Schreibrohrs, sondern durch das Wirken des Heiligen Geistes. Mir geschehe also auf die Weise, auf die vorher niemandem geschehen ist und nach mir niemandem geschehen soll.*

16 Ps. 46,8 (V).

17 Bernhard von Clairvaux, *In Laudibus Virginis Matris*, in: G.B.Winkler IV, 32-125.

> *Viele Male und auf verschiedene Weisen hat ferner Gott einst durch den Mund der Propheten zu den Vätern geredet; wie erzählt wird, ist das Wort des Herrn den einen im Ohr, den anderen im Mund, anderen auch in der Hand gegeben worden; mir aber, bitte ich, werde es nach deinem Wort auch in meinen Schoß gegeben. Ich will nicht, dass es mir mit kunstvoller Rede verkündet oder mit Bildern kundgetan werde oder in Traumvorstellungen vor Augen trete, sondern dass es mir in der Stille eingehaucht werde, dass es als Person Fleisch werde, Leib in meinem Leib. Das göttliche Wort also, das in sich weder werden konnte noch zu werden nötig hatte, möge sich herablassen, in mir zu werden; es möge sich herablassen, dass auch mir nach Deinem Wort geschehe. „Es geschehe" zwar insgesamt der ganzen Welt, besonders aber „mir nach deinem Wort."*[18]

Hier wird zum einen klar, dass das reale Geschehen der Inkarnation Gottes, seine Geburt aus Maria, der Jungfrau, ein einmaliges, nicht wiederholbares Geschehen ist. Andererseits geht es im geistlichen Leben der Zisterzienser darum, dass das Wort uns wirklich verwandelt, dass wir es mit seiner ganzen, fast sakramentalen Kraft einlassen in unsere individuelle und klösterlich-kirchliche Wirklichkeit. Die frühen Zisterzienser waren in ihrem Alltag im quantitativen Sinne eindeutig mit mehr Bibel beschäftigt als wir heute. Wir verteilen das Beten und Singen der Psalmen auf mehr als nur eine Woche, entgegen der wörtlichen Empfehlung der Benediktsregel, die im Kapitel 18 sagt: *Unter allen Umständen soll darauf geachtet werden, dass man jede Woche den Psalter mit seinen 150 Psalmen ungekürzt singt und zu den Vigilien am Sonntag immer wieder von vorn anfängt, denn allzu träge zeigen sich die Mönche in ihrem Dienst und in ihrer Frömmigkeit, wenn*

18 G. B.Winkler IV, 121.

sie im Verlauf einer Woche nicht den ganzen Psalter und dazu die üblichen Lobgesänge aus den Propheten singen.[19] Letztlich geht es nicht um die Quantität, wohl aber um die Qualität unserer Bibelrezeption. Wir sind gut beraten, wenn wir uns jeden Tag ehrlichen Herzens auf die wirkliche Begegnung mit dem göttlichen Wort einstellen.

Ich möchte eine Schlussbemerkung anfügen, die Caesarius von Heisterbach im 13. Jahrhundert von einem vornehmen Ritter ohne Bildung überliefert[20]. Er war des Lesens und des Lateins nicht mächtig und Laienmönch geworden. Eines Tages sitzt er unter den des Lateins kundigen Mönchen im Refektorium, sie hören gerade eine historia aus der Heiligen Schrift. Er vergießt Tränen, ohne etwas von der Lesung zu verstehen. Gefragt, warum er Tränen vergieße, gibt er zur Antwort, er gehe in seinem Geist die Stationen des Lebens und des Leidens Jesu durch. Fazit: Auf vielfältige Weise ist die Bibel mit ihren Inhalten im Alltag der frühen Zisterzienser präsent. Der Alltag wird dann zum geistlichen Tag, wenn nicht nur das wörtliche Wort, sondern das geistlich abgetastete, geschmeckte, mit Freuden aufgenommene Wort das klösterliche Ganze wie Sauerteig durchsäuert und lebendig erhält.

---

19 *Reg. Ben.* 18,23-24.

20 Caesarius v. Heisterbach, *Dialogus miraculorum*. Dist. 7, Kap. 38.

Die Memoria-Theologie Aelreds von Rievaulx und ihre Betrachtungsmethode, mit einem Ausblick auf Bonaventura und Ignatius

von Prof. P. Dr. Wolfgang Buchmüller O.Cist.,
Hochschule Heiligenkreuz

Die zisterziensische Schule des 12. Jahrhunderts war mit vielen begabten Schriftstellern ausgezeichnet. Einer von ihnen war Aelred (1109-1167), Abt von Rievaulx, der mit 640 Brüdern größten englischen Zisterzienserabtei. Mein Vorhaben ist es, den Beitrag seiner Memoria-Theologie zu dem breiten Strom der abendländischen, an der Menschwerdung Gottes, orientierten Spiritualität zu würdigen, für die insbesondere der Name Ignatius von Loyola steht.

Der große Theologe Hans Urs von Balthasar stellt in seinem Band *Das betrachtende Gebet* die These auf, dass es im Laufe der Geschichte des Christentums zwei prägende Zugänge für den Weg zur Kontemplation des Göttlichen gegeben hat, die jeweils für die Spiritualität der Ostkirchen und für die Spiritualität der Kirche des Westens charakteristisch waren: Der erste, in der Ostkirche, aber auch in der Westkirche beheimatete Ansatz beschreibt ein Aufstiegsschema vom Sinnlichen hinauf zum Geistigen, dort, wo der Vater in unzugänglichem Lichte wohnt und wo er von sterblichen Menschen nicht mehr geschaut werden kann, es sei denn in einer Grenzerfahrung. Die übersinnliche Wesensschau, wie sie Paulus in der Entrückung erfahren hat, scheint dabei dem Anliegen des Platonismus zu entsprechen, dass das Göttliche denkerisch nur auf dem Weg der Abstraktion und Negation angestrebt werden kann. Das Verdienst des Christentums ist bei dieser Sicht der interpretatio christiana des platonischen Aufstiegsschemas, dass der Weg, der von den Heiden erahnt werden konnte, nun in der Demut und in der Hinwendung Christi gangbar gemacht worden ist und somit allen offen steht, wenn auch zugleich einschränkend hinzugefügt werden muss, dass die menschliche Kraft im Augenblick des „zitternden Aufblicks" versagen muss, wie Augustinus im Hinblick auf seine Vision in Ostia hinzufügt.[1]

Diese Kontemplationslehre wird von protestantischer Seite seit Luthers radikalem Neuansatz mit dem *sola scriptura* Prinzip als an der Offenbarung vorbeigehend kritisiert – und wie Balthasar sich ausdrückt – als platonisierend heidnisch dämonisiert.[2] Auch wenn diese einseitige pejorative Bewertung, die die Dynamik des Geistlichen außer Acht lässt, von der katholischen Tradition nicht geteilt wird, so erscheint es doch als eine Tatsache, dass sich seit der Reformationszeit auch in der katholischen Spiritualität ein an der Menschwerdung orientierte eher „aristotelisch" zu nennender Ansatz durchgesetzt hat. Hierbei geht man davon aus, dass der Mensch in seiner Einheit von Leib und Seele als Erfahrungsraum des Göttlichen berufen ist.[3] Der Einstieg in die Kontemplation geht dabei von den sinnlichen Bildern und Vorstellungen aus und strebt eine innerliche Erfahrung unter Einbeziehung von Verstand und affektiven seelischen Kräften an. Eine Geisterfahrung wird hierbei in erster Linie durch die geistlichen Sinne, durch ein Fühlen und Kosten der Dinge von Innen, vermittelt,

1 Hans-Urs von Balthasar, *Das betrachtende Gebet*, Einsiedeln[3] 1965, 227-230.
2 Ebda., 228.
3 Ebda., 232f.

wie Ignatius in den Exerzitien schreibt: „Riechen mit dm Geruch und Schmecken mit dem Geschmack den unendlichen Duft und die unendliche Seligkeit der Gottheit".[4]

So kommt Balthasar zu zwei einander kontrastierenden Denkrichtungen: „Ein tiefer Gegensatz durchfurcht die Geschichte der christlichen Spiritualität: zwischen den Vertretern einer platonisierenden Kontemplation, die...auf das unmittelbare „Berühren" von Gottes Wesenheit... hinstreben... und den Vertretern einer an die sinnlichen Bilder und Begriffe des Evangeliums und des ganzen Heilsgeschehens angelehnten Betrachtung. Zum Teil schon Bernhard und Franziskus, vornehmlich aber Ignatius stehen hierin der übermächtigen Überlieferung entgegen und fordern ein konkretes Betrachten unter Zuhilfenahme der Phantasie und sogar ausdrücklich der fünf Sinne".

Wenn Balthasar den zeitlichen Beginn dieser der Seinsmystik gegenläufigen Bewegung, die ein Sich-Einbergen in die Mysterien der Menschwerdung und der Erlösung zum Ziel hat, mit dem Namen Bernhard benennt, heißt dies implizit, dass die von Ignatius meisterlich dargestellte Methodik der affektiven Betrachtungs- und Meditationsweise nicht ohne historische Voraussetzungen zu denken ist. Mit der bernhardinischen Schule beginnt eine für die neuzeitliche Frömmigkeit charakteristische Neuorientierung an dem biblischen Betrachtungsstoff, der nun Szene um Szene innerlich nachvollzogen sein will, um über einen innerlichen Dialog zu einer Begegnung mit dem menschgewordenen Logos zu finden, der sich zuweilen verbergend entbirgt. Die Heftigkeit der balthasarischen Polemik will wohl besagen, dass im Umschwung der 60iger Jahre die Errungenschaften der neuzeitlichen Frömmigkeit wieder in Gefahr sind, verloren zu gehen. Diese Gefährdung ist reell gegeben angesichts der Modeströmung der fernöstlichen

4 Ignatius von loyola, *Exerz.* 124.

Meditationsvorgaben, die mit einer innerlichen Selbstentleerung verbunden sind und keinen Raum für die Begegnung mit dem fleischgewordenen Gott lassen.

Wenn wir nun den von Balthasar vorgegebenen Begriff einer alle Sinne einbeziehenden Gebetslehre mit dem Werk Bernhards und seiner Schule konfrontieren, so ist das Ergebnis ambivalent: eine bis ins Detail ausgearbeitete Methodik wie in den Exerzitien des Ignatius ist weder bei Bernhard noch bei seinen Zeitgenossen nachzuweisen, der Sache nach wird eine Meditationslehre unter Einbeziehung der inneren Sinne im Hineingenommenwerden der Glaubenden in Leben, Leiden, Sterben und Auferstehen Jesu durchaus bereits praktiziert. Es beginnt sich nun ein neuer Typus der Meditation in Form der *memoria* der einzelnen Stationen des Lebens Jesu in ihrer Relevanz für das Erlösungsgeschehen zu entwickeln. Diese tritt nun in gewisser Weise an die Stelle der Praxis der *lectio divina* ohne diese zu verdrängen.

Eine nähere Untersuchung ergibt ein differenzierteres Bild der Mystik des 12. Jahrhunderts. Nach Auskunft der Forschung sind es drei spirituelle Schriftsteller, die untereinander in Beziehung standen und gemeinsam an der Herausarbeitung einer neuen, an den Perikopen der Evangelien orientierten Gebetspraxis, die den geistigen Sinn im buchstäblichen des Wort Gottes sucht, beteiligt waren. Es sind dies als Gründer einer Schule der heilige Bernhard selbst, sein Schüler Aelred von Rievaulx, der 1191 ebenfalls heilig gesprochen wurde, und ebenso mit Bernhard verbunden Eckbert, 1181 gestorben als Abt der Benediktinerabtei von Schönau. Unter diesen ragt in der Applizierung der Sinnenkräfte der Phantasie sowie in dem, was die Methodik und ihre Anwendung betrifft, der Engländer Aelred von Rievaulx hervor.[5]

5 Philippe Nouzille, *Expérience de Dieu et théologie monastique au XIIe Siècle*, Étude sur les sermons d'Aelred de Rievaulx, Vorwort von Olivier Boulnois. Paris 1999, 138-141.

Wer die umfangreiche schriftstellerische Hinterlassenschaft Aelreds sichtet, wird bald gewahr, dass seine Methodik des Gebets nicht unabhängig von seiner Theologie der Liebe zu denken ist, die sich insbesondere in einer Systematisierung der Affektenlehre ausgewirkt hat. Zu einem besseren Verständnis der Absichten Aelreds ist es daher angebracht, diese zunächst zu rekapitulieren.

Aelred, dessen bedeutendstes Werk von Bernhard von Clairvaux 1142 den Ehrentitel „Spiegel der Liebe" verliehen bekam, versucht darzustellen, wie alle menschliche Liebe in der göttlichen verankert ist, die das ganze Universum durchwaltet[6]: „Die Liebe ist die unwandelbare und ewige Ruhe Gottes, sein ewiger Friede, sein ewiger und unwandelbarer Sabbat. Sie allein ist der Grund... warum er alles, was vollendet werden soll, vollendet... Seine Liebe ist ja sein Wille, sie selbst ist seine Güte, und das alles ist nichts anderes als sein ewiges Sein".[7]

Der Ort, wo der Mensch Gott finden kann, ist sein eigenes Selbst, denn er selbst trägt die Spuren seines Schöpfers in sich, der ihm auch die Sehnsucht nach dem Sabbat der Liebe mitgegeben hat. Auch wenn der Mensch aus sich selbst heraus nicht vollkommen glücklich sein kann, dadurch dass er als Bild und Abbild Gottes auf Gott hin geschaffen ist, kann er an der unendlichen Glückseligkeit Gottes Anteil erlangen. Dies gilt insbesondere für den paradiesischen Urzustand des Menschen als Abbild der Trinität – wie dies bereits Augustinus lehrt – mit den Seelenkräften Gedächtnis *(memoria)*, Vernunft *(ratio oder scientia)* und Wille bzw. Liebe *(voluntas oder amor)*, die auf Vater, Sohn und Heiligen Geist hingeordnet sind[8]: „Das Gedächtnis *(memoria)* ist für die Ewigkeit empfänglich, das Erkenntnisvermögen *(scientia)* für

---

6 Vgl. Bernard McGinn, *Die Mystik im Abendland*, Bd. 2, Entfaltung. Freiburg 1996, 478.

7 Aelred von Rievaulx, *Spec Car* 1,19,56.

8 Vgl. Gerd Fösges, *Das Menschenbild bei Aelred von Rievaulx* (Münsteraner Theologische Abhandlungen 29), Altenberge 1994, 71.

die Weisheit, die Liebe *(amor)* für die Glückseligkeit". Für den Menschen im Urzustand gilt: „Sein Gedächtnis hielt Gott fest, ohne ihn je zu vergessen, sein Wissen *(scientia)* erkannte ihn ohne Irrtum und seine Liebe *(amor)* umfasste ihn ohne etwas anderes zu begehren. Daher war er glückselig".[9]

Nun aber hat der Mensch in der Ursünde die Würde seines freien Willens missbraucht und eine unglückliche Kehrtwendung von Gott weg hin zum falschen Glück der Begierden vollzogen, was ihn in einer großen innerlichen Unordnung zurückgelassen hat. Aus seiner inneren Harmonie heraus gefallen, des inneren Friedens verlustig gegangen und mit Blindheit und Wirrnis geschlagen, ist der Mensch dort zutiefst getroffen, wo seine innere Verbindung mit Gott Garant seiner richtigen Ausrichtung auf seinem Weg gewesen war: die Fähigkeiten seiner Seele, die seine Gottebenbildlichkeit ausmachen, sind in ihrer richtigen Funktion durch die Folgen der Ursünde geschwächt und beeinträchtigt: „Daher ist das Bild Gottes im Menschen entstellt, aber nicht gänzlich ausgelöscht worden. Er behält daher sein Gedächtnis *(memoria)*, es ist aber der Vergesslichkeit unterworfen, das Erkenntnisvermögen *(scientia)*, aber es ist dem Irrtum ausgesetzt, und die Liebe *(amor)*, aber diese neigt zur Begierde".[10]

Der therapeutische Aspekt der Menschwerdung

In mitfühlender Weise beschreibt Aelred aber auch, wie Gott selbst die Initiative zur Rettung des Menschen ergreift. Im Vordergrund steht für ihn dabei der therapeutische Aspekt der Menschwerdung, die die menschliche Geschichte erneut zur Heilsgeschichte werden lässt. Der Sohn steigt herab, um die gefallene Menschheit erneut aufzurichten, der Heilige Geist wird gesandt, um die Leidenden

9 Aelred von Rievaulx, *Spec Car* 1,3,9.
10 Aelred von Rievaulx, *Spec Car* 1,4,12; vgl. auch: Fösges, *Menschenbild*, 77.

innerlich zu stärken und aufzubauen, der Vater selbst verbleibt im Himmel, um die verlorenen Söhne und Töchter bei sich aufzunehmen.[11]

Die unverhoffte Nähe Gott kann Aelred in einer Sprache zum Ausdruck bringen, die sich in Vielem Bernhards Brautmystik verdankt: „Was klingt denn so beseligend wie der Name Jesus? Er klingt nach unserem Heil, weil er selbst mein Gott und mein Jesus, das heißt mein Heiland, meine Rettung und meine Barmherzigkeit ist".[12]

Das Heil wird greifbar nahe, damit aber innere Heilung des auf das Niveau eines rohen und blind wütenden Tieres herabgesunkene Menschen möglich wird und er die Erinnerung an seinen himmlischen Ursprung zurückgewinnt, ist eine freie Annahme des angebotenen Heilswegs durch den freien Willen des Menschen vonnöten. Aelred ist sich dabei aber auch im Klaren, dass der Mensch keineswegs so frei ist wie er selber glauben mag, dass ihn vielmehr unterbewusste Prozesse leiten, die in einer tieferen Ebene des Seins angesiedelt sind und daher unsere Instinkte, Gefühle, Vorlieben und Sehnsüchte leiten. Damit wird keineswegs das gewisse Maß an menschlicher Freiheit geleugnet, dass es ermöglicht, einen Impuls entweder anzunehmen oder abzulehnen, einer Willensregung zuzustimmen oder sie abzublocken. Viel tiefer als der Gebrauch der Vernunft und des Willens liegt noch die Dynamik dessen, was den Menschen gut oder schlecht sein lässt: Das Ringen um die Grundentscheidung zwischen Sündenfall und Umkehr: „Die Liebe *(amor)* hebt unsere Seele zu dem empor, wofür sie geschaffen ist, die Begierlichkeit *(cupiditas)* aber drängt sie dorthin, wohin sie aus eigener Schuld abgeglitten ist".[13]

---

11 Vgl. *Serm. ined., In die pentecosten* 109; s. auch: Wolfgang Buchmüller, *Askese der Liebe*, Aelred von Rievaulx und die Grundlinien seiner Spiritualität. Langwaden 2001, 219.

12 Aelred von Rievaulx, *Sermo* 12,101.

13 Aelred von Rievaulx, *Spec Car* 1,8,26.

Das augustinische Gegensatzpaar von *amor* (Liebe) und *cupiditas* (Begierde) ist grundlegend für die Lehre Aelreds, die eine Theologie der Liebe sein will. Das Grundmuster der Anthropologie, wie sie seit Augustinus De Trinitate feststand, wird dabei um eine Analyse des zentralen Begriffs *amor* (Liebe) erweitert. Insbesondere interessiert Aelred die Ursachenforschung, wie im Bereich der menschlichen Psyche eine emotionelle Bewegung zustande kommt, die dann zur Liebe wird.

Hierzu inseriert Aelred einen eigenen kleinen Traktat über den *affectus,* die Triebkraft, die der Liebe vorausgeht. In diesem Sinne definiert Aelred den Affekt als „eine unwillkürliche, freudige Hinwendung der Seele zu irgend jemanden".[14] Mit großem denkerischem Aufwand wird von ihm der Begriff anhand von Klassifizierungen unterteilt: es gibt einen von einer guten oder schlechten Inspiration stammenden geistigen Affekt, einen rationellen, einen geschuldeten, natürlichen und schließlich auch einen fleischlichen Affekt.[15]

Diese spontanen Gefühlsantriebe, die nicht selbst Liebe sind, sondern „der Grund und die Wurzel der Liebe"[16], können entweder moralisch gut oder schlecht sein, von ihnen bewegt zu werden macht den Menschen aber noch keineswegs gut oder schlecht, sondern erst die Zustimmung und das innere Einverständnis. Hier führt Aelred als Korrektiv die Vernunft ein, die zu den spontanen Emotionen ein Gegenpol sein kann, in umgekehrter Weise aber auch das, was sie zur Höhe echter Liebe erhebt.

Menschenkenntnis verrät Aelreds Unterscheidung der subjektiven Empfindung von dem realen Sein. Nach Aelred kann es eine wahre Liebe geben, die bar jedweden Affekts aus klaren Vernunftgründen das Richtige und Gute tut. Dies ist umso bewun-

14 Aelred von Rievaulx, *Spec Car* 3,11,31.

15 Vgl. McGinn, *Die Mystik im Abendland,* Bd. 2, 476-480.

16 Aelred von Rievaulx, *Spec Car* 3,16,39.

dernswerter als es einsichtig ist, dass dies einen hohen Aufwand von psychischer Kraft erfordert. Als ein klassisches Beispiel hierfür führt Aelred die Feindesliebe ein. Auf der anderen Seite gibt es eine beglückende Form von Liebe, die von einem starken Gefühl getragen wird, wie die Liebe zu nahe stehenden Menschen, die aber zuweilen emotionell unausgeglichen und daher nicht ganz ungefährlich sein kann. Das Ideal für Aelred ist daher der *amor ordinatus*,[17] die durch geistige Unterscheidungsgabe und Vernunft gekennzeichnete Liebe, die Gefühlsantrieb und Einsicht in moralisches Handeln miteinander vereint.

Dieser Bedeutung entspricht auch der Begriff des *amor perfectus*, der vollkommenen Liebe, der, dadurch, dass er auf die Liebe zu Gott angewandt, zum Prinzip des geistlichen Lebens erhoben wird. Dieser Form der Liebe darf der Mensch sich überlassen, um von ihr überformt, verwandelt und getragen zu werden. Sie hat die Kraft, den Menschen in seinem Inneren zu berühren und zu verwandeln. Diese nach göttlicher Vernunft geordnete Liebe, die die Güte und das ewige Sein Gottes darstellt, enthält alles in einer beständigen Einfachheit ihrer substantiellen Gegenwart, umfasst und durchdringt alles.[18]

Wer sein geistliches Leben nach dem Ideal des *amor ordinatus*, der auf Gott hin geordneten Liebe, ausrichtet, wird erfahren, dass seine Hingabe nicht ohne Antwort bleiben wird: Diese Liebe ist nicht nur ein theoretischer Begriff, sondern sehr konkret mit den geistlichen Sinnen erfahrbar, Gottes Nähe ist seine Liebe. Aelred bekennt betend zu Beginn seines Spiegels der Liebe: „Es gibt einen Gaumen des Herzens *(palatum cordis)*, der an dir Geschmack findet, weil du beseligend bist, und ein Auge, das dich sieht, weil du gut bist. Hier ist der Ort, der Raum für dich, den Höchsten. Wer dich nämlich liebt, der erfasst dich, und er

17 Aelred von Rievaulx, *Spec Car* 3,21,51.
18 Aelred von Rievaulx, *Spec Car* 1,21,59.

erfasst dich in dem Maß, als er liebt, denn du selbst bist die Liebe, die geordnete Liebe *(amor ordinatus)*".[19] Der Mensch, der seine Liebe auf die Wahrheit der göttlichen Liebe hin ausrichtet, wird zum Erfahrungsraum Gottes.

Die Rolle der göttlichen Appropriationen bei der Gottesschau

Aelred zieht konkrete Schlüsse aus seinem Modell der Ausrichtung der menschlichen Liebe im *amor ordinatus*. Wenn es darum geht, das Innerste des Menschen, seine Personenmitte ganz auf Gott auszurichten, ist es nahe liegend, dass alle seine Seelenkräfte Gedächtnis *(memoria)*, Erkenntnisvermögen *(scientia)* und Liebe *(amor)* einbezogen und genützt werden müssen, ja dass darüber hinaus auch die affektive Seite des Menschen angesprochen werden muss. Nach Kurt Ruh ist diese systematische Einbindung der Seelenkräfte oder – scholastisch gesprochen – der göttlichen Appropriationen Eigengut Aelreds.[20]

Die Affekte sollen einen Zugang zur Betrachtung eröffnen, diese wiederum soll über die Vergegenwärtigung des Lebens und Leidens Christi zu einer emotionellen Hingabe an den menschgewordenen Gott führen, der den Menschen als Arzt der Seelen entgegengekommen ist. Die Betrachtung des Erlösers, der als Gekreuzigter Zeugnis für seine sich opfernde Liebe gibt, wirkt in geheimnisvoller Weise heiligend und heilend auf die durch die Sünde entstellte Psyche des Menschen:

„(Meine Seele) soll dich, den Gekreuzigten, umfassen und einen Schluck deines labenden Blutes trinken. Diese beglückende Betrachtung soll einstweilen mein Gedächtnis (*memoria*)

19 Aelred von Rievaulx, *Spec Car* 1,1,2.

20 Kurt Ruh, *Geschichte der abendländischen Mystik*, Bd. 1, Die Grundlegung durch die Kirchenväter und die Mönchstheologie des 12. Jahrhunderts. München² 2001, 338.

beschäftigen, dass es keine Spur von Vergessen verdunkelt. Ich will mir vornehmen, inzwischen nichts anderes zu kennen als meinen Herrn, und zwar als Gekreuzigten, damit kein nichtiger Irrtum mein Wissen *(scientia)* von der Festigkeit des Glaubens wegführe! Deine wunderbare Güte binde meine ganze Liebe *(amor)* an sich, damit sie nicht irgendeine irdische Begierde in ihren Bann ziehe!"[21]

Auch wenn hier der *amplexus*, das Umarmen des Gekreuzigten zweifellos als Höchstform einer Vereinigung mit dem sich herabneigenden Erlöser anzusehen ist, so steht er doch als Chiffre für die heilbringende Betrachtung der Mysterien des Heils in der Meditation der Menschheit des sich offenbarenden Gottes.

Diese Meditation des Gekreuzigten beschäftigt offensichtlich alle drei Appropriationen der Seele, dennoch gilt auch hier eine gewisse Hierarchie: an erster Stelle steht die *memoria*, der eigentliche Ort der Betrachtung. Die *memoria*, die traditionellerweise als Abbild des Vaters in der Seele verstanden wird, wird als wichtigste Fähigkeit gesehen, denn die Heilsgeheimnisse werden schließlich memoriert, mit Hilfe der *memoria* betrachtet. Erinnerung bedeutet hier wohl auch Rückerinnerung an ein Urwissen über Gott und den Menschen, das mit dem Schöpfungsakt mitgegeben war. Zeit und Ewigkeit fließen hier zusammen, der Mensch öffnet sich hier für das Transzendente.

Unter einem analytischen Gesichtspunkt könnte man sagen, dass die *memoria* für Aelred keine *tabula rasa*, ein leeres Buch, das erst noch beschrieben werden muss, darstellt, sondern dass mit der *memoria* bereits ein unterbewusstes Wissen über die Grundwahrheiten der Existenz gegeben ist.[22] Wenn man spekulativ etwas weiter denken wollte, könnte man darauf hinweisen, dass Aelred

21 Aelred von Rievaulx, *Spec Car* 1,6,19.

22 Vgl. Elizabeth Connor, The Doctrine of Charity in Book one of Aelred of Rievaulx's Mirror of Charity, in: *Cistercian Studies* 29 / 1994, 66.

damit nicht nur ein Wissen um gut und böse und um die Wahrheit Gottes implizit einschließt, sondern eher einen ursprünglichen Wertekosmos. Es wäre sicher reizvoll, die Archetypen eines C. G. Jung mit den Mysterien des Evangeliums in Beziehung zu setzen. Für Aelred ist es wohl eher so zu verstehen, dass der *memoria* eine Art unterbewusster Weisheit mitgegeben ist, die mit der Weisheit des Evangeliums korreliert. Seine Vorstellungen könnte man allenfalls mit einer platonischen Idee des Guten und Schönen in Verbindung bringen, so lesen sich auf jeden Fall einige seiner philosophischen Passagen.[23]

Die zweite grundlegende Fähigkeit der Seele wird von Aelred unterschiedlich als Wissen *(scientia)*, Verstand *(ratio)* oder Einsicht *(intellectus)* benannt. Sie wird traditionellerweise mit dem Logos Christus, dem Sohn, parallel gesetzt. Auf den intellectus angewendet, bewirkt die Betrachtung des Heilsgeschehens zunächst eine Vermehrung des Wissens und eine Stärkung der Glaubensgewissheit. Umgekehrt hat die Tätigkeit des Verstandes Anteil an der Lebendigkeit des Betrachtens durch den Gebrauch der Phantasie, sie ist es, die Schlussfolgerungen aus den dargestellten Mysterien zieht und so die Durchdringung der geoffenbarten Wahrheiten fördert. Daher ist der Verstand auch die Fähigkeit, die zu den Assoziationen der Allegorese führt und eine freiere Meditation ermöglicht, die von Aelred ebenso geübt und angewandt wird.

Die dritte Fähigkeit der Seele, die mit dem Heiligen Geist assoziiert wird, stellt der Wille *(voluntas)* bzw. die Liebe *(amor)* dar. Ihr Beitrag besteht per se im Wesentlichen in der Motivation, die das in der Betrachtung gewonnene in eine gelebte Praxis umsetzt. Damit kommt ihr eine hohe Würde zu, da der freie Wille ja nach Bernhard Inbegriff der Gottebenbildlichkeit des Menschen ist. Für eine Meditationslehre interessant ist aber insbesondere, wie Aelred die Seelenkraft des *amor* selbst für seine Meditationen

23 Vgl. Aelred von Rievaulx, *Spec Car* 1,6,17-20.

nutzbar macht. Der Beter soll nach seiner Auffassung nicht quasi unbeteiligt von außen am Geschehen teilnehmen, er soll sich selbst mit der ganzen Kraft seiner Empathie in die Betrachtung einbringen. Um dies zu erreichen, bemüht sich Aelred wiederum, die Erkenntnisse seiner Affektenlehre für eine *memoria* des Heilsgeschehens fruchtbar zu machen.

Die Applikation der Affektenlehre für die Betrachtung

Aelred von Rievaulx geht es bei seinen Meditationen um eine Intensivierung und Emotionalisierung,[24] um im Betrachter wie in einem inneren Drama eine Katharsis, eine innere Reinigung zu erreichen. In dem buchstäblichen Sinn der Schrift, in der *memoria* des Lebens Jesu selbst, soll der Beter zu jener Stufe der Freundschaft mit Gott gelangen, zu der er selbst großherzig eingeladen ist. Auf dieser Stufe ist der Glaubensakt keine reine Willensentscheidung mehr, sondern ein bewusstes Leben mit Gott, das sich ihm ganz übergeben hat.

In einer Applizierung des affectus familiaris, der natürlichen Liebe zu den Verwandten, wendet Aelred das Prinzip der Familienbande auf Christus an, der den Menschen in eine sakramentale Verbundenheit mit Gott gerufen hat: „Lasst uns (Christus) gegen alle fleischliche Liebe setzen und ihn als Vater, Mutter, Bruder und Freund betrachten. Als Vater, weil er uns erzieht, als Mutter, weil er uns tröstet und mit der Milch seiner Seligkeit nährt, als Bruder, weil er unseretwegen Fleisch von unserem Fleisch angenommen hat, als Freund, weil er sein Blut für uns vergossen hat".[25]

24 Vgl. Ruh, *Geschichte der abendländischen Mystik,* Bd. 2, 337.
25 Aelred von Rievaulx, *Sermo* 24, 198.

Man könnte dieses Gedankenexperiment fortsetzen und im einzelnen aufzeigen, wie Aelred den affectus spiritualis, officialis oder auch carnalis auf seine Theologie und ihr folgend auf seine Meditationen anwendet. Die Meditation des Lebens Jesu wird geübt, damit durch den Affekt der amor Jesu wächst. Der Gefühlsantrieb aber wird durch „heilbringende Betrachtung" genährt. Zumeist werden die einzelnen Affekte in der memoria miteinander verbunden, um eine möglichst große innere Betroffenheit zu erzielen.

Der Erfahrungsraum der memoria ermöglicht Aelred eine Inszenierung eines Bibliodramas. Hierbei ist die Darstellung großer Leidenschaften anhand der Affekte durchaus erwünscht und miteinbezogen. Sogar der affectus carnalis, die natürliche, sozusagen fleischliche Liebe hat dort ihre Berechtigung insofern sie dazu beiträgt, den Betrachter zu bewegen. Aelred tritt in einen Dialog mit dem Betrachter ein und kommentiert das biblische Geschehen. Dabei antwortet er einem kritischen Beobachter, der die Küsse der Sünderin tadelt: „Wie denn? Du rätst Maria, abzulassen von den Füßen, die sie mit solcher Hingabe küsst? Sie soll die Augen abwenden von jenem herrlichen Antlitz, auf das sie blickt, ihr Ohr seiner bewegenden Rede verschließen, die sie innerlich stärkt?"[26] Für einen affektiven Zugang ist es also wichtig, dass das Gesicht Jesu schön ist und dass seine Worte die Herzen berühren.

In gleicher Weise könnte man auch die Anwendung des affectus officialis (der Liebe aus Dankbarkeit) oder der anderen Spielarten des affectus feststellen. Dabei ist Aelred sich durchaus bewusst, dass die Affekte wie die gesamte Gefühlsdimension des

---

26 Aelred von Rievaulx, *De inst. incl.* 31 (Brem H. –Altermatt A.M. (Hrsg), *Die frühesten Quellentexte Von Cîteaux, lateinisch-deutsch*, Quellen und Studien zur Zisterzienserliteratur 1, Langwaden-Turnhout 1998, 168).

Menschen an sich wertneutral sind, sein Bestreben geht aber dahin, sie aber bewusst einsetzen, um eine positive Motivation zum Guten sicherzustellen.

Der Aufbau der Meditationen

Aelred von Rievaulx stellt keine Theorie der Betrachtung vor, zumindest nicht explizit – aber er widmet der Vermittlung seiner Meditationsmethode zwei Traktate in wesentlichen Teilen: De *Jesu puero duodenni* (über den 12-jährigen Jesus) und *De institutione inclusarum* (Reklusenregel), entstanden um 1157 und um 1162. Hierbei entwickelt sich eine gewisse Gesetzmäßigkeit für den Aufbau einer *memoria*, den man in ungefähr so nachzeichnen könnte:

Zu Beginn steht eine gewisse Vorbereitung in der inneren Betrachtung des Ortes: bei der Verkündigung wird zuerst „betrachtet", wie der Raum beschaffen ist, in den Maria eingetreten ist, wie die Bücher aussehen, in denen sie über die Weissagen über den kommenden Messias nachliest. Die Raumschale, die Szenerie der Betrachtung wird als erstes festgelegt. Tatsächlich spricht Aelred selbst ganz offen von einem „dulce spectaculum",[27] von einem ergreifenden inneren Schauspiel.

In diesen Meditationen stellt Aelred seinem fiktiven oder reellen Gegenüber, d.h. seinem Freund Ivo bzw. seiner Schwester, der Reklusin, die biblische Szenerie in kräftigen, kurzen Zügen vor Augen. Dabei ist es aber gleichzeitig so, als würde er sich das heilige Geschehen selbst erzählen. Durch diesen Kunstgriff einer künstlichen Distanzierung, kann er die biblische Szenerie noch eindrucksvoller darstellen und gleichzeitig seine Absichten noch deutlicher zum Ausdruck bringen. So ruft er seinem Freund Ivo zu, der ihn um die Meditation *Über den zwölfjährigen Jesus*

27 Aelred von Rievaulx, *Spec Car* 3,5,13 (Brem 111).

gebeten hatte: „Deine geistige Auffassungsgabe lässt dich seinen herrlichen Anblick malen (quadam imaginatione depingis). Du fühlst seine strahlenden und sanften Augen, wie sie froh leuchtend auf dich blicken".[28]

Hier klingt insbesondere eine Anwendung der inneren Sinne an: mit dem Mittel der Imagination „sieht", „fühlt", „hört" und „riecht" der Betrachter gleichsam wie mit einem inneren Sinn. Dies ist durchaus konkret gemeint, seine Schwester soll mithören, wie Maria zum zwölfjährigen Jesus spricht, sie soll die Stimme des Vaters am Jordan vernehmen, sie soll den letzten Worten Jesu am Kreuz nachhorchen. Schließlich soll sie selbst den Gestank der Hölle, der am jüngsten Tag offenbar wird, gleichsam mit ihrer Nase verspüren, aber auch die Krippe mit ihren inneren Fingern umfassen. Aelred nimmt hier gewissermaßen Ignatius Meditationslehre vorweg, dem es ein großes Anliegen war, dass seine Exerzitanten die Betrachtungen mit allen inneren Sinnen nachvollziehen sollten.

Natürlich steht im Mittelpunkt der Betrachtung die *memoria* des Lebens Jesu. Dabei ist dieses innere Miterleben des heiligen Geschehens keineswegs nur passiv gedacht. Aelred schreibt seiner Schwester: „Erwarte dort (in diesem Raum) die Ankunft des Engels; sieh, wie er eintritt, höre seinen Gruß, und wenn dich dadurch Betroffenheit und Bestürzung erfassen, dann magst auch du wie der Engel mit seinem Gruß deine liebe Herrin begrüßen und die Worte aussprechen: Sei gegrüßt du Begnadete, der Herr ist mir dir, Du bist gesegnet unter den Frauen".[29]

Der Betrachter kommuniziert mit dem Geschehen, er tritt ein in einen Dialog, er beginnt die Distanz der Jahrhunderte zu überspringen und selber mit den Personen der Handlung das Gespräch zu beginnen. Aelred kann auch scheinbar ganz respektlos

28 Aelred von Rievaulx, *Iesu puer* 1 (Brem 22).

29 Aelred von Rievaulx, *De inst. incl.* 29 (Brem 160).

Maria sehr direkte Fragen stellen, wenn es beispielsweise um die Frage geht, wie sie ihren Sohn in Jerusalem verlieren konnte: „Ich möchte dich, meine Herrin fragen, wie konntest du deinen lieben Sohn so leicht verlieren, so sorglos behüten und so spät erst sein Fehlen bemerken?“[30]

Hier klingt der bereits der nächste Schritt der Meditation an, den wir als Emotionalisierung bezeichnen möchten. Mittels von Imperativen wird der Gesprächspartner Aelreds auf die Größe der Mysterien des Erbarmen Gottes hin gestoßen.[31] Der Betrachter soll nicht ruhen ehe er selbst von dem Affekt ergriffen wird etwa bei der Verkündigung: „schau und staune, dass der Herr, der Erde und Himmel erfüllt, sich einschließen lässt im Schoß eines einzigen Mädchens!“[32] oder sogar bei der Heimsuchung: „Eil herbei, ja eil herbei und nimm Teil an solchen Freuden, wirf dich beiden zu Füßen…!“[33]

Ist ein gewisser Grad an Emotionalisierung erreicht worden, erfolgt die Anwendung auf die persönliche Situation. Der Betrachter soll nicht allein bei der *devotio*, der Gnade der Andacht stehen bleiben, er soll das Geschaute zu internalisieren und auf das eigene Leben anzuwenden verstehen: „Denk darüber nach, dass dies dir geschehen ist, dass es für dich geschehen ist, und wie es geschehen ist, und ahme nach, was geschehen ist“,[34] heißt es beispielsweise bei der *memoria* des inneren Kampfes Jesu in der Wüste. Das erklärte Ziel ist dabei gemäß einem paulinischen Diktum „Christus gleich zu werden (conformari Christo) und den Spuren Jesu möglichst ungeteilt zu folgen“.[35]

30 Aelred von Rievaulx, *Iesu puer* 2 (Brem 24).

31 Vgl. Ruh, *Geschichte der abendländischen Mystik,* Bd. 2, 333; Nouzille, *Expérience de Dieu,* 141.

32 Aelred von Rievaulx, *De inst. incl.* 29 (Brem 160).

33 Aelred von Rievaulx, *De inst. incl.* 29 (Brem 162).

34 Aelred von Rievaulx, *De inst. incl.* 31 (Brem 164).

35 Vgl. Aelred von Rievaulx, *Iesu puer.* 3,19 (Brem 48).

Die Meditation bekommt hier eine existentielle und praktische Ausrichtung, Aelred kann moralische Forderungen zum Ausdruck bringen, aber auch Glaubensmaximen neu erfassen. Dies war bisher die Aufgabe der Interpretation des moralischen oder tropologischen bzw. allegorischen und anagogischen Schriftsinns gewesen, hier aber verschmelzen Literalsinn und allegorische Schriftauslegung miteinander. Ganz allgemein lässt sich sagen, dass gegenüber der allegorischen Methode der zumeist sofort übersprungene buchstäbliche Schriftsinn erheblich aufgewertet wird. Aelreds neuartiger Zugang wird zum Fundament einer geistlichen Existenz ohne dabei weitere eher spekulative oder kontemplative Zugänge auszuschließen oder gar zu leugnen.

Frage nach der Originalität

Natürlich ist es nahe liegend Aelreds Neuansatz mit den Schriften seiner Zeitgenossen zu konfrontieren. War dies tatsächlich originär seine Inspiration, eine Meditationsmethode aus dem Literalsinn der Schrift zu entwickeln?[36] Bernhard, den Aelred 1142 in Clairvaux aufgesucht hatte, wird von Balthasar als einer der Väter der am biblischen Geschehen orientierten „sinnlichen" Betrachtung genannt.[37] Ein Blick auf die um 1130 entstandenen Meditationen Bernhards in seiner „Lobrede auf das neue Rittertum" verdeutlicht die unterschiedliche Mentalität und Akzentuierung des Vaters der Zisterziensischen Schule: Bernhards Genie bezieht sich ganz auf den geistlichen Sinn der Schrift, der ihn zu

36 Vgl. auch: Marsha L. Dutton, The Cistercian Source: Aelred, Bonaventure, and Ignatius, in: *Goad and Nail*, Studies in Medieval Cistercian History 10, hrsg. von Rozanne Elder (Cistercian Studies Series 84), Kalamazoo 1985, 151-178; Thomas H. Bestul, Antecedents: The Anselmian and Cistercian Contributions, in: *Mysticism and Spirituality in Medieval England,* hrsg. von William F. Pollard u. Robert Boening, Cambridge 1997, 1-20, 15.

37 Balthasar, *Das betrachtende Gebet,* 234.

immer neuen Assoziationen, die oft sehr glutvoll und affektbezogen vorgetragen werden, inspiriert. Allerdings setzt er an die Eröffnung seiner Meditation eine dichterisch ausgeschmückte Ortsangabe: Bethlehem, Nazareth, der Jordan, das Heilige Grab. Bevor es allerdings zu einer inneren Schau des Geschehens mit den Mitteln der Phantasie kommen kann, hat Bernhard bereits wieder ein anderes Samenkorn für die Meditation gefunden.[38] Dies lässt Bernhard als Urvater dieser Betrachtungsschule ausscheiden, wenn auch zugegeben werden muss, dass sein affektaufgeladener Stil und seine Suche nach geistlicher Erfahrung sicherlich prägend waren.

Anderes gilt für den deutschen Benediktinerschriftsteller Eckbert von Schönau, der wie Aelred mit Bernhard in Briefkontakt stand. In seinen Meditationen *De Stimulatione dilectionis* Zur Entflammung der Liebe[39] zur Menschheit Christi finden wir den Imperativ Aelreds wieder. So heißt es in der Meditation zur Fußwaschung: „Sieh in den Spiegel der Demut und Sanftmut unseres Herrn Jesus, den Urheber der ganzen Schöpfung, vor dessen Gericht die Lebenden und Verstorbenen zittern, wie er vor den Füßen der Menschen, ja selbst seines Verräters seine Knie beugt!“[40]

Die Grundelemente der Meditationsmethode Eckberts sind also durchaus vergleichbar mit denjenigen Aelreds, allein dem rheinischen Benediktiner mangelt es ein wenig an der Virtuosität der Anwendung der Gesetze einer inneren Dramaturgie. Eckbert

---

38 So heißt es bei der Betrachtung zum Ölberg: „Wir steigen zum Ölberg hinauf und hinab in das Tal Joschafat: So können wir über den Reichtum der göttlichen Barmherzigkeit nachsinnen, weil du das schreckliche Gericht nie übersiehst.“ siehe: Bernhard von Clairvaux, *Tpl.* 14 (Winkler I, 296/297).

39 Vgl. auch Patrick o'Connell, Eckbert of Schönau and the „Lignum Vitae“ of St. Bonaventure, in *Revue Bénédictine* 101 / 1991, 341-382.

40 PL 158, 752AB.

kennt keinen Dialog mit den Personen des heiligen Dramas, der Betrachter interveniert nicht in die Szenerie, ebenso wenig werden seine Gefühle und Affekte angesprochen und thematisiert.[41]

Es scheint also so zu sein, als wäre der Weg von England an den Rhein im 12. Jhrt. erstaunlich kurz gewesen und als wäre der Ideentransfer über weite Strecken hinweg unproblematisch gewesen. Wenn auch eine große Übereinstimmung im Aufbau der aus dem Leben Jesu entnommenen Betrachtungen festzustellen ist, muss dennoch zediert werden, dass Eckbert nicht an die Originalität Aelreds heranreicht. Der Grund dafür ist wohl, dass ihm der theoretische Hintergrund einer ausgearbeiteten Affektenlehre fehlt.

Beziehungen zu Bonaventura und Ignatius?

Bei unserem historischen Abriss haben wir uns bemüht, die Zisterzienserväter und insbesondere Aelred von Rievaulx in eine historische Linie einzuordnen. In der Tat ist es interessant zu beobachten, wie ein erster Versuch, wie ihn Aelred mit seiner Meditationsanleitung über das Leben Jesu gewagt hatte, Nachahmung nach sich zieht und andere ermutigt, in dieser Richtung weiter zu gehen.

Mit der epochalen Gestalt des Franziskus war die wortwörtliche Nachahmung Christi provokativ erneuert worden. Bei seiner Weggefährtin Clara von Assisi, einer großen Kontemplativen, finden wir in ihren Briefen eine sehr durchdachte Gebetslehre, die ganz bewusst bei der Menschheit Christi ansetzt, um dann ins Verkosten der verborgenen Seligkeit der Kontemplation überzugehen.[42]

41 Vgl. Philippe Nouzille, *Expérience de Dieu et Théologie monastique au XIIe Siècle,* Paris 1999, 141.

42 Vgl. McGinn, *Die Mystik im Abendland,* Bd. 3, Blüte. Freiburg 1999, 135: „Bemerkenswert in diesem Text ist auch die Vier-Schritte-Anleitung, die mit zwei Arten

Bonaventura, der franziskanische Kirchenlehrer, versucht das Charisma des Franziskus mit einer scholastischen Theologie zu verbinden. Es verwundert nicht, dass er dabei auf Gedankengut zurückgriff, dass dem franziskanischen Neuansatz entgegenkam. Um den Brüdern eine anschauliche Meditationsanleitung an die Hand zu geben, verfasste Bonaventura um das Jahr 1260 unter anderem das Betrachtungsbuch „lignum vitae", das ausführliche Meditationen zum Leben Jesu enthält. Einzelne Ereignisse aus dem Leben Jesu werden hier dem Betrachter vor Augen gestellt, aus denen das persönliche Gebet als eine Erhebung des Herzens erwachsen soll.[43]

Eine nähere Analyse dieses kleinen Werkes ermöglicht ein Nachvollziehen des Quellenstudiums Bonaventuras: Tatsächlich verarbeitet Bonaventura großzügig Material, das er teils wortwörtlich, teils gekürzt in seine Meditationen einbaut. Dabei kann man die Zitation von drei Meditationen Anselms von Canterbury feststellen, der fünfzehn ausführliche Textübernahmen von Eckbert von Schönau und weitere acht von Aelred von Rievaulx gegenüberstehen.[44] Die Meditationen Aelreds haben für das Werk allerdings eine besondere Bedeutung, da sie wie ein Modell für den Aufbau einer Betrachtung eingefügt sind. Beispielsweise wird zur Geburt des Herrn folgende Passage Aelreds eingefügt:

„Umfasse die selige Krippe, sodass du deine Lippen auf die Füße des Kindes drückst und sie küsst. Lass dann die Nachtwache der Hirten vor deinem Geist erstehen, staune über das Heer der

der visuellen Meditation beginnt (intuere-considera) und dann zur Kontemplation (contemplare) fortschreitet, die zum Ziel die Nachahmung hat (desiderans imitari)".

43 Vgl. Marianne Schlosser, *Bonaventura begegnen,* Augsburg 2000, 167.

44 Vgl. O'Connell, Eckbert of Schönau and the „Lignum Vitae" of St. Bonaventure, 342-344.

Engel, mische deine Stimme in den himmlischen Gesang und sing zugleich mit Herz und Mund: Ehre sei Gott in der Höhe und Friede auf Erden den Menschen, die guten Willens sind".[45]

Dieselbe Textpassage wird übrigens auch in der von Ludolph von Sachsens um 1368 in der Mainzer Kartause vollendeten *Vita Christi* zitiert.[46] Hier dienen die Meditationen Aelreds, die beinahe Wort für Wort übernommen werden, als eine Art Rahmen für das monumentale Werk, für das der Kartäuser einen Großteil der theologischen Tradition des Westens befragt hat. Wie bei Bonaventura festgestellt, wirken die Meditationen Aelreds stimulierend auf einen neuen affektiven Stil der Betrachtung, wenn auch die emotionelle Unmittelbarkeit Aelreds kaum erreicht wird.

Selten in der Geistesgeschichte der Menschheit ist ein Buch mit so viel Hingabe gelesen worden wie Ludolphs Vita Christi durch Ignatius von Loyola, der die 1503 erschienene spanische Druckausgabe in monatelanger Arbeit in Schönschrift und mit verschiedenfarbiger Tinte – rot die Worte Christi, blau die Worte Mariens – für sich kopierte. Für die Entwicklung einer neuzeitlichen Frömmigkeit war aber weniger das Kopieren von Bedeutung, sondern das Systematisieren. In den vermutlich nach 1526 in einem längeren Prozess entstandenen Exerzitien bringt Ignatius nun ein in militärischer Knappheit gehaltenes Modell für den Aufbau einer am biblischen Text orientierten Betrachtung, das die von Aelred vielleicht ursprünglich mehr intuitiv erspürte, aber dennoch systematisch durchgeführte Methodik Punkt für Punkt für jedermann zugänglich macht.[47] So heißt es dort lapidar: „Mit der Sicht der Vorstellungskraft die Personen sehen, indem man über ihre Umstände im einzelnen nachsinnt und betrachtet und

45 Vgl. *Lign. vit.* 1,4 (Bougerol 218) mit *De inst. incl.* 29 (Brem 162).

46 Ludolph von Sachsen, *Vita Christi* 1,9,20.

47 Zu der Beziehung zwischen Ludolph und Ignatius vgl. Emmerich Raitz von Frentz, Ludolphe le chartreux et les exercices de S. Ignace de Loyola, in: *Revue d'ascétique et mystique* 25 / 1949, 375-388.

irgendeinen Nutzen aus der Sicht zieht... Mit dem Gehör hören, was sie sprechen oder sprechen können, indem man sich auf sich selbst zurückbesinnt, irgendeinen Nutzen daraus zu ziehen".[48]

In dem kurzen Durchgang durch vier Jahrhunderte Geschichte der Spiritualität haben wir gesehen, wie der durch Bernhard angeregte, dennoch innovativ neue Ansatz Aelreds der Leben Jesu Meditation sich zu einem großen Lebensstrom verdichtet hat, der zu der „radikalen Jesus-Spiritualität"[49] eines Ignatius führen konnte, der das abendländische Christentum lange Zeit inspiriert und befruchtet hat.

Bei Berücksichtigung aller Zeitumstände und geschichtlichen Voraussetzungen verbleibt dennoch ein gewisses Mysterium, die Frage, wie Aelred von Rievaulx zu der Intuition kam, geistiger weise Neuland zu beschreiten, Selbst Augustinus hatte in dieser Beziehung nichts hinterlassen, was als Vorbild hätte dienen können. Wir wissen nicht, was Aelred getrieben hat, außerhalb des traditionellen Schemas der lectio divina eine Meditationsmethodik zu entwickeln, die bei der inneren Dramatik des biblischen Geschehens beginnt. Hat er sich am Ende mit der im Zusammenhang mit der Dramaturgie stehenden Mimesis-Theorie der Poetik des Aristoteles auseinandergesetzt? Diese besagt, dass Dichtung und Kunst als Nachahmung (Mimesis) der Natur des Menschen entspricht, sich mit den Mitteln der Phantasie einen Mythos zu schaffen. Dieses Abbild von Schicksalen und Charakteren soll mit der letztgültigen Wirklichkeit und transzendentalen Wahrheit korrespondieren und zu einer inneren Reinigung (Katharsis) führen soll.[50] Es geht dabei um mehr als eine Darstellung der Wirklichkeit handelnder

48 Ignatius von Loyola, *Exerzitien* 121f, zit. nach: *Geistliche Übungen,* nach dem spanischen Urtext übersetzt von Peter Knauer, Würzburg 1998, 69.

49 Vgl. Josef Sudbrack, Das Exerzitienbuch, Ein Wegzeichen moderner Spiritualität, in: *Ignatius von Loyola und die Gesellschaft Jesu 1491-1556,* hrsg. von Andreas Falkner und Paul Imhof, Würzburg 1990, 451-469, 456.

50 Vgl. Aristoteles, *Poetik* 1448b-1452a.

Menschen, es geht um einen schöpferischen Prozess mittels der Phantasie, die zu einer inneren Erkenntnis des Guten führen soll, das in den geschilderten Gefühlen aufleuchtet.[51]

Allein Aristoteles Poetik war zur Zeit Aelred noch nicht als Übersetzung zugänglich, eine Übertragung ins Lateinische geschah erst durch Hermann Alemannus 1256 in Toledo und wortgetreu 1278 durch Wilhelm von Moerbecke in Paris.[52] Zugänglich war aber De arte poetica von Horaz, ein Werk, das eine vielgelesene, wenn auch weniger profunde Anleitung der Grundsätze der Dichtkunst bot. Dort ist ebenfalls von Nachahmung (imitatio) die Rede, vor allem aber vom Aufschauen zu dem Musterbilde sittlichen Lebens und Handelns (exemplar vitae morumque). [53]

In die Richtung, dass Aelred eine Begegnung mit der Bühne des Theaters in seiner Jugend hatte, deutet seine lebhafte Schilderung der Aufführungen der Artuslegende in seinem Speculum caritatis. Wenn auch hier die Früchte einer Meditation für das konkrete Leben mit der Folgenlosigkeit des Besuches von Tragödien konterkariert werden, so ist dennoch eine Liebe zum Theater selbst und der Theorie der Wirkungsmacht der Tragödie erkennbar.

Dort heißt es etwas moralisierend: „Wenn nämlich bei der Aufführung von Tragödien und [Epen] vorgetäuscht wird, dass jemand Unrecht leidet oder bedrängt wird, dessen liebliche Schönheit, wunderbare Stärke und edles Streben man rühmt, und falls sich einer, der diesen Gesang hört oder diese Darbietung sieht, durch einen Affekt zu Tränen rühren lässt...aber nach diesen fruchtlosen Tränen und flüchtigen Emotionen erneut zu seinen unnützen Vergnügungen und seinem früheren Schmutz

51 Vgl. Arbogast Schmitt, Einleitung zu: *Aristoteles: Poetik* (Aristoteles Werke in Deutscher Übersetzung, hrsg. von Hellmut Flashar, Bd. 5). Berlin 2008, 119-128.

52 Ebda., XIX.

53 Horaz, *De arte poetica* 317f.

zurückkehrt [wie kann man dort] von Liebe sprechen?"[54] und „Wie wahr ist das, wie wahr! Denn auch bei Dramen über einen gewissen Artur, die dem Volk vorgeführt werden, habe ich mich meiner Erinnerung nach öfters zu Tränen rühren lassen."[55]

Als Fazit dieses Durchgangs durch die Entstehung der Methodik einer affektiven Meditation des Wortes Gottes könnte man auf Aelred abzielend vermerken: Das wahre Drama des Menschen ist im Evangelium vorgebildet, die Meditation ist der gewinnbringende Vorgang einer inneren emotionellen Erneuerung, die durch den Glauben auch reiche Früchte für die persönliche Lebensführung tragen kann.

Als Schlusswort sei wiederum Balthasar zitiert: „Hier ist das Leben Jesu das ideale Theater, auf dessen Bühne Szene für Szene, Lebensabschnitt nach Lebensabschnitt dem betrachtenden Menschen der Sinn der eigenen Existenz vorgelebt und ausgelegt wird: Der Sinn, wie der ewige Gott ihn versteht und wie er wünscht, dass auch der Mensch ihn verstehe".[56]

54 Aelred von Rievaulx, *Spec Car* 2,17,50.
55 Aelred von Rievaulx, *Spec Car* 2,17,51.
56 Balthasar, *Das betrachtende Gebet,* 174.

„quia in eo omnia nobis salutaria et necessaria habemus"[1] Die Rechtfertigung des Menschen ganz aus Gnade bei Mechthild von Hackeborn

von P. Mag. Rupert Fetsch O.Cist.,
Bochum-Stiepel

„Unde bonum est homini, ut saepe recogitet quam gratuita bonitate ipsum elegi, quam miris et occultis iudiciis in peccatis existentem pro iusto homine respexi, et quam amanter de ipso cogitans, omnia etiam mala ipsi in bonum commutavi, et benedicat me, aeternam firmitatem electorum."

„Deshalb ist es gut für den Menschen, oft zu bedenken, mit welch unverdienter Güte ich ihn erwählt, in welch wunderbaren und verborgenen Urteilen ich den in Sünden stehenden Menschen für gerecht angesehen, wie liebend ich von ihm gedacht und für ihn alles, sogar das Böse, in Gutes gewandelt habe, und er preise mich, die ewige Stärke der Auserwählten."

1 *liber specialis gratiae* III,17. *„in eo"* meint hier *„in Corde suo"*, d. h. im Herzen Jesu, dessen Verehrung zusammen mit dem Lob Gottes und dem Blick auf seine Gnade die drei wesentlichen Aspekte der Spiritualität Mechthilds von Hackeborn bildet.

Diese tröstenden Worte Christi an die Zisterziensernonne Mechthild von Hackeborn[2] aus dem IV. Buch des *liber specialis gratiae*[3], dem *Buch der besonderen Gnade*[4], stellen uns einen der zentralen

---

2 Mechthild wurde 1241 bei Halberstadt geboren und stammte aus dem Geschlecht der Freiherren von Hackeborn. Im Alter von sieben Jahren tritt sie zunächst in die Klosterschule, später in das eigentliche Zisterzienserinnenkloster Rodersdorf ein, das 1258 nach Helfta östlich von Eisleben verlegt wird. Dort erhält sie eine fundierte und umfassende Ausbildung und entwickelt sich zu einer *„reifen, sehr fraulichen und im tiefsten wissenden Person"* (H. U. von Balthasar). Aufgrund ihrer vielfältigen Begabungen und Charismen wird die junge Zisterziensernonne schon bald mit wichtigen Ämtern betraut: Leiterin *(magistra)* der Helftaer Klosterschule, erste Kantorin *(cantrix)*, Bibliothekarin, Schreibmeisterin. Außerdem unterstützt sie nach Kräften ihre um neun Jahre ältere Schwester, die Äbtissin Gertrud (1251-1291), bei der Leitung und Verwaltung des Klosters. 1291 – Mechthild ist 50 Jahre alt – kommt es zu einer entscheidenden Wende in ihrem Leben: Sie wird schwer krank und kann, an das Bett gefesselt, weder am Chorgebet und Gemeinschaftsleben teilnehmen noch ihren bisherigen Aufgaben nachkommen. Dies ist der Zeitpunkt, wo Mechthild ihr bis dahin geheim gehaltenes visionäres Innenleben zu erkennen gibt. Auf dem Krankenlager erzählt sie zum ersten Mal von ihren mystischen Erlebnissen, in denen sich ihr Christus seit frühester Jugend mitgeteilt hat und die bis zum Ende ihres Lebens am 19. November 1299 nicht abreißen. Zwei Mitschwestern, von denen die eine mit großer Sicherheit Gertrud d. Gr. ist, schreiben Mechthilds Erzählungen über die ihr geschenkten mystischen Gnaden im Auftrag der Äbtissin sieben Jahre lang heimlich auf. Aus dieser Mitschrift entsteht nach der Approbation durch Mechthild schließlich der sieben Bücher umfassende *liber specialis gratiae*, das *Buch der besonderen Gnade*.

Zusammen mit ihrer Schülerin Gertrud der Großen (1256-1302), der sie zeitlebens freundschaftlich verbunden ist, und Mechthild von Magdeburg (1207/10-1282/94) bildet Mechthild von Hackeborn (1241-1299) das Dreigestirn der Mystikerinnen von Helfta.

3 *liber specialis gratiae* IV,24. Die Zitation erfolgt jeweils so, dass die römische Zahl das Buch und die arabische das Kapitel des *liber specialis gratiae* bezeichnet. Die lateinische Textgrundlage bildet die bisher einzige kritische Edition durch die Benediktiner von Solesmes: *Sanctae Mechtildis* Virginis Ordinis Sancti Benedicti *Liber Specialis Gratiae,* Accedit *Sororis Mechtildis* Ejusdem Ordinis *Lux Divinitatis*. Opus Ad Codicum Fidem Nunc Primum Integre Editum Solesmensium O. S. B. Monachorum Cura Et Opera Apud H. Oudin Fratres (= Revelationes Gertrudianae Ac Mechtildianae II), Paris, Poitiers 1877.

4 Die einzige vollständige deutsche Übersetzung des *liber specialis gratiae* stammt von J. Müller aus dem Ende des 19. Jahrhunderts: *Leben und Offenbarungen der heiligen Mechtildis und der Schwester Mechtildis (von Magdeburg). Jungfrauen aus dem Orden des heiligen Benediktus,* hg. nach den neuesten lateinischen Ausgaben

Aspekte in ihrem Leben und Werk vor Augen und führen uns zum „innersten Punkt ihrer Sendung“[5]: der Rechtfertigung des Menschen ganz aus Gnade.

Während die mittelalterliche Theologie sonst eher das Verdienst des Menschen und seine Mitwirkung zu betonen scheint[6], steht bei Mechthild, gleichsam als Gegengewicht dazu, die den Sünder rechtfertigende Erlösungstat Christi ganz im Mittelpunkt, wenn sie beispielsweise an einem Karfreitag Christus, ihren Bräutigam, voll Vertrauen *(„confidens de gratia tanti fideiiussionis sui“)* umarmt und mutig zu Gott Vater spricht:

> „Siehe, ich führe dir, anbetungswürdiger Vater, deinen demütigsten Sohn vor Augen, der dir für mich alles bezahlt hat *(„persolvit“),* was ich durch Hochmut gefehlt habe *(„deliqui“).* Siehe, ich führe dir deinen sanftmütigsten Sohn vor Augen, der für mich in allem Genüge getan hat *(„satisfecit“),* was ich durch Zorn gesündigt habe *(„peccavi“).* Ich führe dir auch deinen liebevollsten Sohn vor Augen, der die Liebe deines Herzens ist und alles vollkommen ergänzt hat *(„plene supplevit“),* was ich durch Hass gefehlt habe. Seine reichlich fließende Freigebigkeit hat alles bezahlt *(„exsolvit“),* was ich durch

von J. Müller, Bd. 1, Regensburg 1880. Sie ist dem heutigen sprachlichen Ausdruck nicht mehr angemessen und zudem an vielen Stellen ungenau und fehlerhaft. H. U. von Balthasar legte in den 1950er Jahren zwar eine Auswahlübersetzung vor (*Mechthild von Hackeborn, Das Buch vom strömenden Lob.* Auswahl, Übersetzung u. Einführung von Hans Urs von Balthasar (= Christliche Meister 31), Einsiedeln 31993), eine neue deutsche Gesamtausgabe des *Buches der besonderen Gnade* bleibt aber weiterhin ein Desiderat.

5 Balthasar, Hans Urs von, Einführung, in: *Mechthild von Hackeborn, Das Buch vom strömenden Lob.* Auswahl, Übersetzung u. Einführung von Hans Urs von Balthasar (= Christliche Meister 31), Einsiedeln 31993, 7-18, hier 15.

6 Vgl. ebd., 14. Balthasar spricht hier lediglich von einem Vorwurf, den man dem Mittelalter gemacht hat, ohne jedoch genau zu erläutern, wen er dabei konkret im Blick hat.

> Habgier gesündigt habe. Sein heiligster Eifer hat meine Trägheit vervollkommnet *(„emendavit")*. Seine höchste Enthaltsamkeit hat meine ganze Unmäßigkeit ergänzt. Die Reinheit seines unschuldigsten Lebens hat alles bezahlt, was ich durch schlechte Gedanken, Worte oder Werke gefehlt habe. Sein höchster Gehorsam, durch den er gehorsam bis zum Tod geworden ist, hat meinen ganzen Ungehorsam getilgt *(„delevit")*. Seine Vollkommenheit schließlich entschuldigt *(„excusat")* meine ganze Unvollkommenheit."[7]

Wie kommt nun Mechthild zu einer solchen Aussage, so dass sie alles sozusagen auf die eine „Karte" Christi setzen[8] und damit alles von ihm und seiner Erlösung durch sein Leben, sein Kreuz und seine Auferstehung erhoffen kann?

Die Antwort lautet schlicht und einfach: aufgrund eigener *Erfahrung*.

> „Denn alles religiöse Leben beruht auf Erfahrung, es wird von Erfahrungen gespeist und begleitet und mündet vielfach wieder in Erfahrungen ein. (...) Überall wo das religiöse Leben beschrieben und untersucht wird, findet

7 I,18. Den Hintergrund für diese Vision bildet das Gericht Gottes über Mechthild: Alle Engel und Heiligen und sogar alle Geschöpfe klagen sie wegen zahlreicher Sünden und Fehler vor Gott Vater an. Da tritt Christus als ihr Anwalt auf und verteidigt sie gegenüber dem Vater mit dem Argument, dass er gefangen sei durch die Liebe zu ihr *(„quia eius amore me fateor esse captum")*. Jetzt fasst die erschreckte Mechthild wieder Mut und wagt selbst den Mund aufzutun.

8 Ein ähnliches Bild aus dem Bereich des Glückspiels verwendet in diesem Zusammenhang auch der *liber*. In IV,27 erhält Mechthild von Maria drei Würfel, um mit ihrem Bräutigam Christus das Würfelspiel zu spielen; als versprochenen „Hauptgewinn" möchte ihr Christus bei diesem Spiel „seinen heiligsten Lebenswandel und sein ganzes Leben zusammen mit der ganzen Vollkommenheit seiner Tugenden" schenken *(„cui Christus et contra suam sanctissimam conversationem et totam vitam suam cum omni perfectione virtutum suarum in hoc ludo benigne obiectat.")*.

sich auch die Beschreibung von konkreten Erfahrungen; denn man kann religiöses Leben nur dadurch fassen, daß man es in seinen Manifestationen festhält: in einzelnen Erfahrungen und Handlungen."[9]

So berichtet auch der *liber specialis gratiae* an vielen Stellen in unglaublicher Anschaulichkeit, wie Mechthild ihr eigenes Zurückbleiben, ihre Unvollkommenheit, ihre Versäumnisse, ihr Versagthaben und ihre Sündhaftigkeit auf schmerzlichste Weise an sich selbst *erfahren* und erleben muss:

Sie kommt zu spät zur hl. Messe[10] oder schläft dabei ein[11] und klagt dann über ihre Nachlässigkeit und Trägheit; angesichts der von ihr unnütz verschwendeten Zeit, ihrer Undankbarkeit gegenüber den Gaben Gottes und ihren Sünden überhaupt, verfällt sie in eine Bitterkeit der Seele und des Herzens[12]; durch ihre Krankheit kommt sie sich nutzlos vor, weil sie ihre Pflicht nicht mehr erfüllen kann und ihr Leiden für unfruchtbar hält[13]; etc.

In solchen oder ähnlichen für sie scheinbar ausweglosen Situationen kann sie sich nicht mehr selbst helfen. Es muss ihr stets Christus zu Hilfe kommen und sie daraus befreien, indem er sie liebevoll tröstet und auf sich als den verweist, der ihre Unvollkommenheit vollkommen macht, das Fehlende ergänzt

---

9 Koepf, Ulrich, Die Rolle der Erfahrung im religiösen Leben nach dem heiligen Bernhard, in: ACi 46 (1990) 307-319, hier 307.

10 Vgl. I,31: *„missam neglexisset, tandem ante elevationem hostiae sacrosanctae veniens, corde moesto obtulit Deo negligentiam suam."*

11 Vgl. III,14: *„Inter Missarum solemnia, dum pigra esset et dormitaret, cum moerore negligentiam suam Deo est conquesta."*

12 Vgl. II,15: *„cum tempus sibi a Deo concessum inutiliter expensum in amaritudine cordis sui recogitaret, et dona Dei ut ingrata absque fructu consumpsisse rememoraret."* u. I,1: *„cum peccata sua in amaritudine animae recogitaret."*

13 Vgl. III,36: *„Item cum vice quadam contristata, ingemisceret eo quod sibi videretur se inutilem esse, quia infirmitate praepedita Ordinem tenere non valebat."* u. II,36: *„cum propter infirmitatem suam inutilem se reputaret, et poenas suas infructuosas iudicaret."*

und ihre Sünden vergibt. Die *Erfahrung* des eigenen Leids und ihrer Unzulänglichkeit lehrt Mechthild also „die unübersteigbare Grenze des Menschen, das dauernde Zurückbleiben und damit die Kleinheit des Menschen, der für seine Rechtfertigung ganz der Gnade ausgeliefert ist"[14]. Diesen Gedanken enthält auch das folgende Stoßgebet, das der Herr Mechthild und durch sie auch uns für dunkle Stunden mit auf den Weg gibt:

> *„Iesu bone, laudo te, et quidquid minus est in me, rogo ut tu suppleas pro me. Iesu bone, amo te, quidquid minus est in me, rogo ut Cordis tui amorem Patri offeras pro me."*[15]

Mechthilds Spiritualität orientiert sich damit vollkommen an der *Erfahrung* von Christi rechtfertigender und erlösender Liebe und ist nur auf dem Hintergrund und Erfahrungshorizont einer monastischen Theologie denkbar.[16] Ihre mit Recht so zu nennende „Erfahrungstheologie" ist zutiefst Ausdruck zisterziensischer Spiritualität, in der der Begriff der *„experientia"* eine zentrale Rolle spielt.[17]

14 Schmidt, Margot, Mechthild von Hackeborn, in: Thiele, Johannes (Hg.), *Mein Herz schmilzt wie Eis am Feuer. Die religiöse Frauenbewegung des Mittelalters in Porträts,* Stuttgart 1988, 87-99, hier 96.

15 IV,23: „Guter Jesus, ich lobe dich und bitte, dass *du* alles, was in mir zu wenig ist, für mich ergänzt. Guter Jesus, ich liebe dich und bitte, dass du alles, was in mir zu wenig ist, als Liebe deines Herzens dem Vater für mich darbringst."

16 Vgl. Haas, Alois Maria, Mechthild von Hackeborn. Eine Form zisterziensischer Frauenfrömmigkeit, in: Elm, Kaspar, Joerißen, Peter (Hgg.), *Die Zisterzienser. Ordensleben zwischen Ideal und Wirklichkeit.* Ergänzungsband, Köln 1982, 221-239, hier 231.

17 Man denke nur an das Wort des hl. Bernhard von Clairvaux: „Glaube dem, der es *erfahren* hat." Der sog. Amplexus, die liebende Umarmung Bernhards durch den sich vom Kreuz lösenden und zu ihm herabneigenden Herrn, gibt Zeugnis davon und ist vielsagender Ausdruck seiner Kreuz- und Leidensmystik. In seiner Lehre vom geistlichen Leben richtet er die Aufmerksamkeit auf das Phänomen der Erfahrung an sich und bedenkt seine Bedeutung: „Der Abt von Clairvaux steht damit in einer weit in die Alte Kirche bis zu den Wüstenvätern zurückreichenden und vor allem durch Johannes Cassianus an das Abendland vermittelten monastischen Tradition.

Die Rechtfertigung des erlösungsbedürftigen Menschen ganz aus Gnade umfasst bei Mechthild nun zwei voneinander zu unterscheidende Aspekte, wie folgende Vision verdeutlicht:

> „Ein anderes Mal erschien ihr Jesus, der Herr, als kleines Kind von fünf Jahren. Sie sagte: ‚Mein Herr, warum erscheinst du mir in diesem Alter?' Und der Knabe antwortete: ‚Du hast eben fünfzig Jahre, und ich fünf. Mein erstes Jahr wird stehen für zehn Jahre deines Lebens; das zweite Jahr aber wird stehen für dein zwanzigstes, und das dritte für dein dreißigstes, das vierte für dein vierzigstes, das fünfte aber für dein fünfzigstes: und auf diese Weise werden alle deine Sünden getilgt werden *(„omnia peccata tua delebuntur")*, und deine Jahre werden geheiligt werden *(„anni tui sanctificabuntur")*, und dein ganzer Lebenswandel wird durch meinen vollkommen sein *(„totaque conversatio tua ex mea conversatione perfecta erit")*.'"[18]

Diese beiden Aspekte, nämlich „Vergebung aller Sünden" *(„omnium peccatorum remissionem")* und „Ergänzung aller Verdienste" *(„omnium meritorum suppletionem")*, die gleich zu Beginn des *liber specialis gratiae*[19] in einem Atemzug genannt und programmatisch als *„eximium donum"*, als außerordentliches Geschenk Gottes, bezeichnet werden, bilden zusammen zwar das eine „Geheimnis

---

Aber er übertrifft an Klarheit und Prägnanz seines Umgangs mit dem Phänomen der Erfahrung alle Vorgänger und Zeitgenossen. Bernhard gebraucht auch einen terminologisch präzisen Erfahrungsbegriff, der in seiner Theologie eine zentrale Stellung einnimmt." (Koepf, 307; vgl. dazu auch: ders., *Religiöse Erfahrung in der Theologie Bernhards von Clairvaux* (= Beiträge zur historischen Theologie 61), Tübingen 1980)

18 II,9

19 Vgl. I,1: *„Itaque cum a Deo tam eximium percepisset donum, scilicet omnium peccatorum remissionem et omnium meritorum suppletionem."*

der Rechtfertigung aus purer Gnade“[20], setzen aber jeweils eigene Akzente und müssen aus diesem Grund auch eigens für sich betrachtet werden.

1. Vervollkommnung und Ergänzung durch Christus („omnium meritorum suppletionem“)

Die eine Seite dieses Mysteriums stellt die Vervollkommnung *(„perfectio“)* und Ergänzung *(„supplementum“ / „suppletio“)* durch Christus dar, die bei einer genaueren Analyse wiederum zwei voneinander zu trennende Gesichtspunkte umfasst, wobei deren exakte Trennung angesichts des eigentümlichen Charakters von Mechthilds Werk nicht möglich ist. Der *liber specialis gratiae* ist eben keine *„summa theologiae“*, bei der es auf Systematik ankommt, und möchte es auch gar nicht sein. Als Frucht der mystischen Erfahrungen Mechthilds ist er auf dem Boden einer monastischen Theologie gewachsen und muss auch so gelesen und verstanden werden.

Zum einen handelt es sich um ein „‚ganzes Vollmachen‘ und somit ‚Vollenden‘ einer bereits bestehenden Vollkommenheit“[21]. Konkret heißt das: Christus macht etwas am Menschen, das bereits gut ist, z. B. eine Begabung, eine Tugend oder einen Verdienst, noch besser und vollendet es dadurch auf unüberbietbare Weise, oder er macht eine schon vorhandene Vollkommenheit seitens des Menschen noch vollkommener. Die in diesem Kontext am häufigsten verwendeten Begriffe sind *„nobilitare“* (veredeln), *„per-*

20 Balthasar, 14.

21 Mcginn, Bernard, *Die Mystik im Abendland*, Band 3: Blüte. Männer und Frauen der neuen Mystik (1200-1350), Freiburg i. Br., Basel, Wien 1999, 485, Anm. 52. McGinn verweist in diesem Zusammenhang auch auf die ausführliche Untersuchung des Begriffes *„suppletio“* im *„legatus divinae pietatis“* Gertruds von Helfta durch H. Minguet (vgl. Minguet, Hugues, Théologie spirituelle de sainte Gertrude: le Livre II du Héraut (II), in: CCist 51 (1989) 252-280, hier 275-279).

ficere" (vollkommen machen, vollenden), „*confirmare*" (bestärken), „*perfectio*" (Vervollkommnung, Vollendung), „*supplementum*" (Ergänzung), „*augmentum*" (Vermehrung).

Einige ausgewählte Beispiele sollen die zuvor beschriebene Tatsache veranschaulichen:

Im Hinblick auf Mechthilds Leiden, dessen Wert sie selbst nicht zu erkennen vermag, erklärt ihr der Herr in II,36:

> „Lege alle deine Leiden in mein Herz, und ich werde sie so ausgezeichnet vollenden *(„et ego eas tam excellenter perficiam")*, wie nur jemals das Leiden irgendeines Menschen erhöht werden konnte *(„sicut unquam passio alicuius transferri altius potuit")*. (...) Und wie mein Leiden im Himmel und auf der Erde unermessliche Frucht gebracht hat, so werden auch deine Leiden oder jede Betrübnis, wenn du sie mir auf diese Weise anvertraut hast, in Vereinigung mit meinem Leiden so fruchtbar sein, dass sie denen im Himmel Ehre, den Gerechten Verdienst, den Sündern Verzeihung und den reinigungsbedürftigen Seelen Erleichterung bringen. Denn was gibt es, das mein göttliches Herz nicht in Besseres verwandeln könnte *(„Quid est enim quod divinum Cor meum non possit in melius commutare?")*? Denn jedes Gut, das Himmel und Erde enthalten, ist aus der Güte meines Herzens hervorgeflossen."

Anschließend verweist sie der Herr auf die Verdienste der Heiligen, indem er ihr alle Ordnungen der Heiligen und ihre unschätzbare Ehre und Würde mit folgenden Worten zeigt:

> „Siehe, welch große Dinge hat doch die Güte meines Herzens in den Propheten und Aposteln und in den einzelnen Heiligen gewirkt, auf welch würdigste Weise

> hat sie alle ihre Werke vollendet *(„quam dignissime omnia opera eorum perfecit")* und sie über jedes Verdienst belohnt *(„supra omne meritum remuneravit").*"

In IV,34 betet Mechthild für eine Frau, vielleicht für eine Mitschwester, deren Tugend darin besteht, dass sie zu allen ihr aufgetragenen Arbeiten, besonders zu niedrigen, gerne bereit ist *(„benevola ad labores, specialiter ad vilia opera").* In einer Vision sieht sie nun, wie diese vor dem Herrn kniet und mit erhobenen Armen betet. Da legt der Herr seine Hände, von denen eine balsamartige Flüssigkeit ausgeht, in die ihren, so dass sie ganz davon benetzt werden. Durch das Wort Christi, „Siehe, ich gebe dir alle meine Werke zur Heiligung und Ergänzung deiner Werke" *(„in sanctificationem et supplementum operum tuorum"),* erkennt Mechthild, dass die Werke und Arbeiten jener Person Gott sehr gefallen *(„opera eius et labores Deo valde complacere").*

Ein anderes Mal sieht Mechthild ihre ältere Schwester Gertrud als Äbtissin des Klosters für die ihr anvertraute Gemeinschaft an Gottes Thron Fürbitte halten. Dabei erhält sie die Gewissheit, dass Christus in ihren Schwestern, und sie in ihm seien, und dass er dadurch ihre Werke in sich vollenden und bestärken werde.[22]

Mit dem Bild einer Münze, die in glühendes Gold getaucht und damit überzogen wie eine echte Goldmünze aussieht[23], erläutert Christus in I,30, dass jedes ihm anvertraute Opfer des Menschen durch seine Vermittlung *(„ex meo interventu")* veredelt und in Besseres verwandelt wird *(„nobilitatur et in melius commutatur").*

---

22 Vgl. II,26: *„ego in eis, et ipsi in me, ac per haec omnia, earum opera in me perficiam et confirmabo."*

23 *„sicut denarius in massam candentis auri immissus et in unum redactus, iam non quod fuit in se, sed quod factus est, ex auro apparebit."*

Ein weiteres Bild, das eines Tropfen Wassers, der in einen großen Fluss fällt und dann zugleich mit diesem alles gemeinsam tut[24], unterstreicht die Tatsache, dass wir ohne Christus nichts vollbringen[25] und dass unsere Werke nur in der Vereinigung mit seinem vollkommensten Wirken vollendet werden können *(„cum tua perfectissima operatione uniri et perfici“).*

Dass dieses Vollenden und Ergänzen unserer Verdienste in erster Linie durch das Opfer Christi, das bei jeder hl. Messe auf dem Altar gegenwärtig wird, geschieht, zeigen folgende Visionen:

> „Als aber die hl. Messe begann, feierte der höchste Priester und wahre Pontifex die hl. Messe selbst für sie. Auf dem Altar war der wertvollste Schatz hinterlegt, nämlich alle Güter, die der Sohn Gottes selbst auf Erden für das Heil des Menschen erworben hat; diesen Schatz opferte er seinem himmlischen Vater *(„obtulit Patri suo coelesti“)* für die Seele zur Ergänzung ihrer Verdienste *(„in supplementum eius meritorum“).*“[26]

> „Und Mechthild umarmte Christus in unsagbarer Freude und Dankbarkeit und führte ihn mit sich zum Altar. Der Herr Jesus aber opferte sich selbst mit allen seinen Tugenden Gott Vater *(„semetipsum Deo Patri obtulit cum omnibus virtutibus suis“)* zur Vermehrung der vollkommenen Schönheit jener Seele *(„in augmentum perfecti decoris animae illius“),* und mit der Freude, Süßigkeit und Liebe seines göttlichen Herzens zur ihrer Freude und ewigen Seligkeit.“[27]

---

24 Vgl. III,27: *„sicut stilla aquae magno immissa fluvio, omnia quae flumen illud agit, etiam insimul operatur.“*

25 Vgl. *Joh* 15,5.

26 V,6

27 VI,9

Zum anderen geht es im Rahmen der Vervollkommnung und Ergänzung durch Christus um eine „„Ersetzung von Fehlendem“[28], d. h. Christus ergänzt, was dem Menschen noch zur Vollkommenheit fehlt, und rundet sein Defizit und seine Unvollkommenheit gänzlich auf. Diesen Umstand beschreibt der *liber specialis gratiae* mit folgenden Begriffen: *„neglegere“* (vernachlässigen), *„deesse“* (fehlen), *„deficere“* (fehlen), *„negligentia“* (Vernachlässigung), *„defectus“* (Fehlen, Mangel), bzw. umgekehrt *„supplere“* (ergänzen), *„sanare“* (heilen), *„persolvere“* (bezahlen), *„supplementum“* / *„suppletio“* (Ergänzung), *„satisfactio“* (Genugtuung).

Bereits im ersten Kapitel des ersten Buches, das gleichsam als Eingangstor zum gesamten Werk dem Leser gleich zu Beginn die wesentlichen Aussagen des *liber specialis gratiae* nahe zu bringen versucht[29], wird Mechthild die sichere Erkenntnis geschenkt,

> „dass alle Güter, die sie vernachlässigt hatte, durch den heiligsten Lebenswandel Christi und seine vollkommensten Werke erfüllt seien *(„omnia bona quae neglexerat, sanctissima Christi conversatione et operibus eius perfectissimis essent impleta“),* und dass ihre ganze Unvollkommenheit durch die höchste Vollkommenheit des Sohnes Gottes vollkommen sei *(„omnisque eius imperfetio Filii Dei perfectione altissima perfecta“).*“

Auf diese Sicherheit bauend, kann sie sich als Angeklagte vor dem Gericht Gottes dem Vater gegenüber mit folgendem Argument verteidigen:

---

28 McGinn, 485, Anm. 52.

29 Was ihm hier auf wenigen Seiten begegnet, wird er in weit ausführlicherer Form auch in den sieben Büchern insgesamt wieder finden, sicherlich um einige Aspekte bereichert. So kann man I,1 als eine Art Wegweiser verstehen, der dem Leser helfen soll, sich in der Fülle des Berichteten zurechtzufinden.

„Seine Vollkommenheit entschuldigt meine ganze Unvollkommenheit."[30]

Mechthild ist sich ihrer Unwürdigkeit als Braut Christi wohl bewusst, wenn sie in I,23 sagt:

„Ich weiß nicht, wie ich mich richtig [auf die Ankunft des Bräutigams] vorbereiten soll? Aber wenn ich für würdig vorbereitet befunden werden muss, ist es notwendig, dass der Geliebte meiner Seele mich für sich selbst vorbereitet *(„oportet ut ipse animae meae dilectus sibi me praeparet").*"

Da erscheint ihr sofort Christus, der König der Herrlichkeit, in der Gestalt und dem Schmuck eines Bräutigams und bekleidet sie mit einem weißen Gewand[31], indem er spricht:

„Empfange das Gewand meiner Unschuld, das ich dir zum ewigen Verdienst gebe *(„Accipe vestem innocentiae meae, quam tibi do in meritum aeternale").*"

Dann schmückt er sie mit einem rosenroten Gewand und sagt:

„Dieses Gewand habe ich dir bereitet aus meinen verschiedenartigen Leiden und deinen Schmerzen *(„Hanc vestem diversis passionibus meis tuisque doloribus tibi praeparavi").*"[32]

30 I,18: *„Eius denique perfectio omnem imperfectionem meam excusat."*

31 Vgl. Röm 13,14; Gal 3,27.

32 In ähnlicher Weise verwendet auch II,18 dieses Bild vom Gewand, mit dem Mechthild bekleidet wird: Als sie dem Herrn klagt, dass sie den Tag ihrer Verlobung (d. h. den Tag ihrer Ordensprofess als Zisterziensernonne) nicht so andächtig gefeiert hat und ihm nicht so treu geblieben ist, wie es sich für eine Braut ihrem einzigen Bräutigam gegenüber gehören würde, bekleidet sie der Herr mit dem Gewand seiner

Als Mechthild einmal für ihre kranke und der Sprache nicht mehr mächtige Schwester Gertrud, die Äbtissin von Helfta, betet, versichert ihr Christus:

> „So werde ich es bestimmt machen, der ich ihr die Sprache genommen habe: was sie nicht durch sich kann, werde ich hundertfach durch mich erfüllen *(„quod per se non potest, per memetipsum centupliter persolvam“).*“[33]

Noch über diese Zusicherung hinaus macht der Herr Mechthild, die wie so oft über ihr eigenes Versagen traurig ist, unmissverständlich klar:

> „Wenn du mir vollkommen treu bist, dann soll es dir viel lieber sein, dass meine Liebe deine Nachlässigkeiten für dich ergänzt, als dass du dies selbst tust, damit meine Liebe davon Lob und Ehre gewinnt.“[34]

Im Zusammenhang mit der Aufrundung von Defiziten des Menschen bezeichnet sich Christus selbst als *„advocatus hominum et mediator apud Patrem“*, als „Anwalt der Menschen und Mittler beim Vater“[35], und erklärt den Inhalt dieses Titels folgendermaßen:

> „Ein treuer Sachverwalter hält treu das Vermögen seines Herrn zusammen, und sobald seinem Herrn etwas zu fehlen scheint, ergänzt er es aus dem Seinen *(„et ubi*

vollkommensten Tugenden (*„veste virtutum suarum perfectissimarum“*), setzt ihr ein goldenes Diadem aufs Haupt, legt seinen bloßen Arm um sie und umarmt sie mit inniger Liebe.

33 VI,3

34 II,15: *„Si mihi perfecte fidelis es, tunc multo carius tibi sit ut amor meus neglecta tua pro te suppleat, quam tu, ipse ex hoc laudem habeat et honorem.“*

35 Vgl. 1 Tim 2,5.

> *domino suo deesse viderit, de suo supplet“).* Und so opfere ich alles Gute, das der Mensch getan hat, meinem Vater hundertfach auf *(„omnia bona quae homo fecerit, centuplicata Patri meo offero“),* und sobald etwas fehlt, ergänze ich es ihm aus dem Meinen *(„et ubicumque defuerit, ei de meo suppleo“),* damit ich seine Seele mit unschätzbarem Reichtum meinem himmlischen Vater vor allen Heiligen zeigen kann.“[36]

Neben Christi Treue ist es vor allem sein vom Menschen nie zu erreichender Gehorsam dem Vater gegenüber[37], der ihn bereit macht,

> „die Beschwerlichkeiten, das Elend und die Mühen aller Menschen zu tragen und die Unbeständigkeiten oder Schwächen aller in sich selbst zu ergänzen *(„omnium vices seu defectus in semetipso supplere“).*“[38]

Auch sein göttliches Herz spielt in diesem Kontext eine nicht unbedeutende Rolle, denn „darin haben wir“, wie der *liber specialis gratiae* in III,17 zusammenfassend bemerkt, „alles für uns Heilsame und Notwendige *(„in eo omnia nobis salutaria et necessaria“),* nämlich im Lob und der Danksagung, im Gebet, in der Liebe, in der Sehnsucht, in der Genugtuung und Ergänzung aller unserer Nachlässigkeiten *(„et in satisfactione et omnium*

36 I,20. Ergänzend ist in II,13 von Christus als Mechthilds *„prolocutor“* (Fürsprecher) beim Vater die Rede: *„in quo agnovit quod Dominus prolocutor voluit esse eius apud Patrem suum, pro negligentiis eius et commissis.“*

37 Vgl. V,15: *„dum Christus a Patre exivit, in tanta reverentia et subiectione ad omnem obedientiam se eidem inclinavit, quod nunquam filius patri, aut etiam servus domino tam humiliter se subiecit.“* (vgl. Phil 2,8)

38 Vgl. ebd. Nochmals wird dieser Gedanke im selben Kapitel in der Bitte Mechthilds aufgegriffen: *„Mi Domine, ea dignatione qua sic omnium hominum onus tulisti et in omnibus vices nostras supplesti, factus pro obediens usque ad mortem, oro ut pro me Patri gratias referas pro tua obedientia, quam vice mei supplesti.“*

negligentiarum nostrarum suppletione")." In diesem Sinne ist auch die folgende Deutung des „Agnus Dei" der hl. Messe durch Christus zu verstehen:

> „Siehe, schon wird mir dreimal ‚Agnus Dei' gesungen: beim ersten opfere ich mich Gott dem Vater mit meiner ganzen Demut und Geduld für euch; beim zweiten opfere ich mich mit der ganzen Bitterkeit meines Leidens zur vollen Versöhnung; beim dritten opfere ich mich mit der ganzen Liebe des göttlichen Herzens zur Ergänzung aller Güter, die dem Menschen fehlen *(„in supplementum omnium quae homini desunt bonorum").*"[39]

Mitfühlend mit dem Menschen, der ständig hinter seinem Anspruch zurückbleibt, erweist sich Christus ferner als Arzt, wenn er in I,9 zu Mechthild sagt:

> „Die Sehnsucht, die Andacht, das Gebet und aller guter Wille, den die Seele zur Vollendung eines jeden Gutes hat, sind gewisse Betrübnisse der Seele *(„quaedam contritiones animae");* indem ich sie durch mich selbst ergänze, heile ich alle ihre Betrübnisse *(„quas dum ego per meipsum suppleo, omnes eius contritiones sano").*"

Und in einer anderen Vision schenkt er auf ihre Bitten hin einer Seele seine „liebevollen und unschuldigen Tränen, die er auf Erden vergossen hat, als Heilmittel und zur Ergänzung *(„in remedium et supplementum")*."[40]

39 III,19; vgl. auch V,18: *„orans in unione amorosae poenitentiae et satisfactionis, quam innocens frater eorum Iesus Christus pro eis persolvit, ut amorem Cordis ipsius cum reverentissimo honore, quem illi in humanitate exhibuit, suscipiat in huius delicti supplementum."*

40 Vgl. V,11

Damit ist es nicht verwunderlich, wenn Mechthilds Erfahrungen vom *„et magis et ante“*[41] Gottes, wie es der hl. Bernhard in seinem Kommentar zum Hohenlied ausdrückt, auch zu einer gesunden Gelassenheit in Bezug auf die letzte Vollendung des Menschen und sein ewiges Heil führen. Mechthilds „Heilsoptimismus“ erwächst aus dem unerschütterlichen Vertrauen auf Christus und seine Gnade und hat seine Wurzeln in Aussagen des Herrn, wie:

> „Ich gebe dir die Sicherheit des ewigen Lebens und allen, für die du heute gebetet hast.“[42]

> „Mit sicherer Hoffnung musst du glauben, dass ich dich nach deinem Tod aufnehme wie ein Vater sein liebstes Kind, wie ein Freund seinen liebsten Freund, wie ein Bräutigam seine einzig geliebte Braut.“[43]

> „Es ist unmöglich, dass der Mensch nicht erlangt, was er geglaubt und gehofft hat.“[44]

Im Blick auf das ewige Leben gibt ihr Christus sein Herz als Pfand, das sie immer bei sich haben soll *(„in pignus quod tecum semper habeas“)*, und als Zufluchtsstätte *(„in domum refugii“)*, um darin nach dem Tod ewige Ruhe zu finden.[45]

---

41 Bernhard von Clairvaux, *Cant* 69,8 (vgl. ders., *Sämtliche Werke* lateinisch/deutsch, hg. von Gerhard B. Winkler, Band VI, Innsbruck 1995, 416-429, hier 428).

42 I,18: *„do tibi securitatem aeternae vitae, et omnibus pro quibus orasti hodie.“*

43 III,5: *„Certa spe credere debes quod te post mortem suscipiam, sicut pater filium suum amantissimum, (...) sicut amicus amicum carissimum, (...) sicut sponsus sponsam unice sibi dilectam.“*

44 IV,29: *„impossibile est hominem non consequi quae credidit et speravit“*; III,5: *„quia impossibile est hominem non percipere ea quae credidit et speravit.“*

45 Vgl. II,19: *„ut in hora defunctionis tuae nulla via praeterquam in Cor meum perpetuo pausatura declines.“*

Obwohl Mechthild alles, auch ihre letzte Vollendung, ganz von Gottes Gnade abhängig macht, gelangt sie keineswegs zur Haltung einer doppelten Prädestination, wie dies beispielsweise bei Augustinus der Fall war.[46] Christus gibt ihr vielmehr die Zuversicht, dass er in seiner Barmherzigkeit allen die Möglichkeit bietet, gerettet zu werden[47], weil er alle geliebt und sich für sie hingegeben hat. In seinen Augen ist jeder Mensch kostbar, denn

> „Welcher Weise würde einen mit Mühe erworbenen und von ihm geliebten Schatz wegwerfen und ihn vernichten?"[48]

oder

> „Welcher Seemann, der seine Güter mit Ruhe zum Hafen gebracht hätte, würde sie freiwillig ins Meer werfen?"[49]

Solche oder ähnliche Worte Christi an Mechthild legen Zeugnis ab für jenen „Heilsoptimismus, der einer der sympathischsten Aspekte der Mystik von Helfta ist"[50].

2. Vergebung der Sünden durch Christus („omnium peccatorum remissionem")

Die andere Seite des Mysteriums der Rechtfertigung des Menschen ganz aus Gnade bildet bei Mechthild die Vergebung aller Sünden durch Christus.

---

46 Vgl. Balthasar, 13.

47 Vgl. 1 Tim 2,4.

48 IV,28: *„Quis sapiens thesaurum cum labore acquisitum et sibi dilectum proiceret et perderet?"*

49 IV,35: *„Quis nauta qui bona sua cum pace ad portum evexisset, sponte in mare proiceret?"*

50 McGinn, 474.

Wiederum ist es das erste Kapitel des ersten Buches[51], das in der ersten Vision des *liber specialis gratiae* überhaupt dieses für ihre Spiritualität so grundlegende Thema exemplarisch aufgreift und dem Leser in der dem Werk eigenen bildhaften Sprache vor Augen führt:

> „Am Tag der Verkündigung des Herrn *(„annuntiationis Dominicae die")*[52], als die Jungfrau Christi beim Gebet in der Bitterkeit der Seele ihre Sünden betrachtete *(„cum peccata sua in amaritudine animae recogitaret"),* sah sie sich mit einem Gewand aus Asche bekleidet *(„vidit se vestitam cinericio indumento").* Es fiel ihr auch jenes Wort ein: ‚Gerechtigkeit ist der Gürtel um seine Hüften.' (Jes 11,5) Und sie begann zu überlegen, was sie tun würde, wenn der Herr der Majestät, gegürtet mit Gerechtigkeit, in der Gewalt seiner göttlichen Macht käme, deswegen, weil sie so nachlässig gewesen war *(„tam negligens fuisset");* denn je heiliger ein Mensch vor Gott ist, desto mehr hält er sich für geringer und verächtlicher als alle, und je reiner ein Gewissen von der Sünde ist, desto mehr fürchtet und hütet es sich, Gott zu beleidigen. Als sie sich in einer solchen Betrübnis befand, sah sie den Herrn Jesus auf einem hohen Thron sitzen; in seinem honigfließenden Blick *(„in cuius aspectu mellifluo")* wurde die Asche zunichte *(„cinis ad nihilum est redactus"),* und sie stand in seiner Gegenwart glänzend wie Gold *(„rutilans*

51 Vgl. Anm. 29.

52 Das Werk Mechthilds beginnt nicht zufällig mit dem Hochfest der Verkündigung des Herrn an Maria. Am 25. März feierten die alten Zisterzienser den Beginn des liturgischen Jahres, weil auch die Erlösung mit der Fleischwerdung des Logos im Schoß der Jungfrau Maria ihren Anfang genommen hatte. So liegt es nahe, dass die Herausgeber auch den *liber specialis gratiae* mit diesen Hochfest beginnen lassen wollten. Auch das alte Konventsiegel des Klosters Helfta von ca. 1227 ziert eine Darstellung der Verkündigung.

> *velut aurum").* Da erkannte sie, dass alle Güter, die sie vernachlässigt hatte, durch den heiligsten Lebenswandel Christi und seine vollkommensten Werke erfüllt seien *(„omnia bona quae neglexerat, sanctissima Christi conversatione et operibus eius perfectissimis essent impleta"),* und dass ihre ganze Unvollkommenheit durch die höchste Vollkommenheit des Sohnes Gottes vollkommen sei *(„omnisque eius imperfetio Filii Dei perfectione altissima perfecta").* Denn wenn Gott die Seele mit dem Auge seiner Barmherzigkeit anblickt und sich ihr zuneigt, um sich ihrer zu erbarmen, werden alle ihre Vergehen dem ewigen Vergessen übergeben *(„cuncta eius crimina perpetuae oblivioni traduntur").* Weil sie von Gott ein so außerordentliches Geschenk, nämlich die Vergebung aller Sünden und die Ergänzung aller Verdienste *(„omnium peccatorum remissionem et omnium meritorum suppletionem"),* und dadurch Sicherheit und Kühnheit empfangen hatte, lehnte sie sich zurück an die Brust Jesu, der sie liebte[53], zeigte ihre große Liebe mit vielen Gesten und wechselte mit dem Herrn Worte von unaussprechlicher Süßigkeit."

Während der Fastenzeit, die als österliche Bußzeit in besonderer Weise der Umkehr und der Buße zur Vorbereitung auf das Osterfest gewidmet ist und in die jedes Jahr das Hochfest der Verkündigung des Herrn fällt, erforscht Mechthild beim Gebet ihr Gewissen und sieht sich daraufhin mit ihrer eigenen Sündhaftigkeit konfrontiert. Ihre Sünden und Nachlässigkeiten empfindet sie als schmerzlich; sie widerstreben ihr, was die Formulierung „Bitterkeit der Seele" *(„in amaritudine animae")* treffend zum Ausdruck bringt. Das sich

53 Der *liber specialis gratiae* spielt hier auf Johannes an, den Jünger, den Jesus liebte und der beim letzten Abendmahl an seiner Brust ruhte (vgl. Joh 13,23.25).

anschließende Bild vom Gewand aus Asche, das ihr aus der *lectio divina*, dem betrachtenden Lesen der Hl. Schrift[54], bekannt ist, versucht den Zustand zu beschreiben, in dem sie sich gegenwärtig befindet: angesichts ihrer Sünden und Fehler fühlt sie sich wie ein Nichts und vollkommen wertlos wie Asche.[55] Doch ist das Bild damit noch nicht ausgeschöpft; es drückt ebenso aus, dass sie bereit ist, ihre Sünden zu bereuen *(„cumque in tali persisteret contritione")* und dafür Buße zu tun.[56]

In ihrer Hilflosigkeit erfährt Mechthild nun Christi barmherzige und verzeihende Liebe: sein honigfließender Blick *(„in cuius aspectu mellifluo")* steht im Gegensatz zur Bitterkeit ihrer Seele, die ihr durch seine Süße[57] vollkommen genommen wird; er lässt die Asche, mit der sie in Form eines Gewandes bekleidet war, zunichte werden und verwandelt sie in Nichts[58] *(„cinis ad*

54 Nach biblischer Auffassung kleidet sich ein Mensch in „Sack und Asche", wenn er umkehren und Buße tun möchte (vgl. Est 4,1.3; Ps 69,12; Jes 58,5; Dan 9,3; Mt 11,21; Lk 10,13). Der *liber specialis gratiae* verknüpft beide Elemente, das rauhe Bußgewand und die Asche, die man sich aufs Haupt streut, zu dem einen Bild vom Gewand aus Asche *(„cinericio indumento")*.

55 Vgl. Gen 18,27; Ijob 30,19; Ez 28,18; Mal 3,21.

56 Man denke nur an den Ritus der Aschenauflegung am Aschermittwoch: Zum Zeichen der Buße und Umkehr lassen sich die Gläubigen nach biblischem Vorbild (vgl. Jos 7,6; Jdt 4,11.15; Est 4,17; Ijob 2,12) gesegnete Asche aufs Haupt streuen. Der Priester spricht dabei die Worte „Gedenke, Mensch, dass du Staub bist und wieder zum Staub zurückkehren wirst" (*„Memento, homo, quia pulvis es, et in pulverem reverteris"*; vgl. Gen 3,19) oder „Bekehrt euch und glaubt an das Evangelium!" (*„Paenitemini, et credite Evangelio"*; vgl. Mk 1,15), um auf die Vergänglichkeit des Menschen und die Notwendigkeit seiner Umkehr hinzuweisen.

57 Auch der hl. Bernhard, der zu Recht selbst als *„doctor mellifluus"* bezeichnet wird und dessen umfangreiches Werk in Helfta zu Genüge bekannt war, spricht immer wieder vom Honig, d. h. der Süße Jesu, die es zu schmecken und kosten gilt (vgl. *Cant* 15,6: *„Iesus mel in ore, in aure melos, in corde iubilus")*.

58 Wie die Asche, bildlich gesprochen, zu Nichts wird *(„cinis ad nihilum est redactus")* und Mechthilds sämtliche Vergehen dem ewigen Vergessen übergeben werden *(„cuncta eius crimina perpetuae oblivioni traduntur")*, wird die Sünde bei der Vergebung durch Christus, dogmatisch betrachtet, annihiliert, d. h. in das Nicht-Sein übergeführt, als ob es sie nie gegeben hätte (sog. Annihilation der Sünde). Thomas von Aquin beispielsweise führt als Grund dafür, dass der Priester nicht mehr auf

nihilum est redactus"); doch damit noch nicht genug, nach der Befreiung von der sie bedeckenden Asche erscheint Mechthild in Christi Gegenwart sogar glänzend wie Gold *(„in eius praesentia rutilans velut aurum")*. Dadurch, dass Christus ihr alle Sünden vergibt und alle ihre Verdienste ergänzt *(„omnium peccatorum remissionem et omnium meritorum suppletionem")*, wie der *liber specialis gratiae* selbst dieses Bild deutet, verliert sie ihre Wertlosigkeit und erhält ihren Wert als geliebtes Kind Gottes und ihre in der Taufe empfangene Reinheit und Unschuld zurück, was durch das Bild vom glänzenden Gold veranschaulicht wird.

Im Kontext der Sündenvergebung legt sich noch ein anderes, ebenfalls aus der Hl. Schrift übernommenes Bild nahe, das vom Abwaschen der Sünde und von der Reinigung.[59] Auch im *liber specialis gratiae* erscheint die Sünde als etwas, das sich wie hartnäckiger Schmutz an den Menschen hängt und ihn verunreinigt. Gott vergibt dem Menschen, wenn er, bildlich gesprochen, den Schmutz der Sünde von ihm abwäscht und ihn auf diese Weise reinigt. Vor diesem Hintergrund sind auch die beiden folgenden Beispiele zu sehen:

An einem Sonntag vor Aschermittwoch lädt Christus Mechthild ein, die kommenden vierzig Tage und Nächte der Fastenzeit mit ihm auf einem hohen Berg zu verbringen, wozu diese gerne bereit ist.[60] Doch bevor sie den Gipfel des Berges erreichen kann, wo sie die heiligste Dreifaltigkeit und Maria erwarten, muss sie mit der Hilfe Christi sieben Stufen überwinden und sich

---

die gebeichtete Sünde zurückkommen bzw. von ihr sprechen darf, die Tatsache an, dass Gott sie *vergessen* hat.

59 Vgl. 1 Kor 6,11; Heb 1,3.

60 Vgl. I,13: *„Dominica: Esto mihi, audivit dilectum animae suae Iesum dulci amoris susurrio sibi dicentem: Visne mecum his quadraginta diebus et noctibus in monte commorari? Et anima: O quam libenter, Domine mi; hoc est quod volo, hoc est quod cupio."*

in sieben Quellen von sieben Arten der Sünde reinigen lassen *(„montem (...) habentem septem gradus per quos ascendebatur, et septem fontes“):*

Auf der ersten Stufe, der Stufe der Demut *(„gradus humilitatis“),* werden ihre Sünden des Stolzes abgewaschen *(„fons aquae, abluens animam a cunctis vitiis quae superbia commisit“),* auf der zweiten, der Stufe der Sanftmut *(„gradus mansuetudinis“),* in der Quelle der Geduld die des Zorns *(„fons vero patientiae mundans a maculis quas ira peregit“),* auf der dritten, der Stufe der Liebe (*„gradus amoris“*), in der Quelle der Liebe die des Hasses *(„fons vero charitatis, in quo anima lavabatur ab omnibus peccatis quae odium perpetravit“),* auf der vierten, der Stufe des Gehorsams *(„gradus obedientiae“),* in der Quelle der Heiligkeit die des Ungehorsams *(„fons vero sanctitatis, mundans animam ab omnibus quae inobedientia fecit“),* auf der fünften, der Stufe der Enthaltsamkeit *(„gradus continentiae“),* in der Quelle der Freigebigkeit die des Geizes *(„fonsque liberalitatis, purgans animam ab omnibus quae avaritia commisit“),* auf der sechsten, der Stufe Keuschheit *(„gradus castitatis“)* in der Quelle der göttlichen Reinheit die der fleischlichen Begierde *(„fons divinae puritatis, purificans animam a cunctis quae desideriis carnis deliquit“),* und schließlich auf der siebten und letzten, der Stufe der geistlichen Freude *(„gradum qui vocatur spirituale gaudium“),* in der Quelle der himmlischen Freude die des geistlichen Überdrusses *(„fons vero coeleste gaudium, lavans animam ab omnibus peccatis acediae“).*

Durch dieses Bild der sieben Stufen und sieben Quellen wird deutlich: Will der Mensch den Gipfel des Berges, d. h. die höchste Vollkommenheit, erreichen, muss er sich mit der Hilfe Gottes[61] bemühen, seine Fehler und Laster (Stolz, Zorn, Hass,

61 Mechthild ersteigt die sieben Stufen nie allein, sondern immer zusammen mit Christus: *„Et* [Dominus] *assumens eam pervenit ad primum gradum* (...). *Post haec secundum ascendebant...“*

Ungehorsam, Geiz, Begierde des Fleisches, geistlicher Überdruss) durch das Halten der Gebote (Gottes- und Nächstenliebe) und eine beständige Übung in den Tugenden (Demut, Sanftmut, Geduld, Gehorsam, Enthaltsamkeit, Freigebigkeit, Keuschheit, Reinheit) zu überwinden, um auf diese Weise seinen Beitrag zum unverdienten Geschenk der Sündenvergebung zu leisten.

Festzustellen ist hier eine auffällige Ähnlichkeit zu der Reihe der „sieben bzw. acht Laster", wie sie seit Evagrius Pontikus († 399) und Johannes Cassian[62] († 435) und später durch die *Moralia in Iob* Gregors d. Gr. († 604) bekannt und rezipiert sind. Allerdings ist die Reihe bei Mechthild modifiziert: Abgesehen von der anderen Reihenfolge erscheint vor allem die Aufnahme des „Ungehorsams" *(„inobedientia")* in die Reihe der Laster ungewöhnlich, lässt sich aber durch die Hochschätzung des Gehorsams *(oboedientia)* in der von den Zisterziensermönchen und -nonnen befolgten *regula Benedicti*[63] erklären; außerdem gehört der Gehorsam neben der *stabilitas* und der *conversatio morum* explizit zu den bei der Profess abgelegten Gelübden[64]. Die klassischen Laster „Unzucht" und „Gaumenlust" sind im *liber specialis gratiae* zusammengefasst unter *„desideria carnis"*; die *„invidia"* der klassischen Reihe wird als *„odium"* bezeichnet, was die Sache durchaus trifft.

II,21 vergleicht die Gnade der Sündenvergebung mit einem ganz klaren Bach, der vom Throne Gottes ausgeht[65] und dem Menschen besonders bei der hl. Messe geschenkt wird:

---

62 Cassian entfaltet im zweiten Teil seiner Schrift über die Einrichtungen der Klöster *(„De institutis coenobiorum et de octo principalium vitiorum remediis libri XII")* eine ausführliche Lasterlehre (Bücher V-XII). In seinen 24 Unterredungen mit den Vätern in der Wüste, den sog. *collationes*, lässt er darüber hinaus Abt Serapion über die acht Hauptlaster sprechen (conl. V).

63 Vgl. *Reg. Ben.* Prolog, 2f; 2,6.17; 4,61; 5; 7,34; 58,7.17; 62,4; 68,1.5; 71; 72,6; u. ö.

64 Vgl. *Reg. Ben.* 58,17: *„Suscipiendus autem in oratorio coram omnibus promittat de stabilitate sua et conversatione morum suorum et oboedientiam coram deo et sanctis eius."*

65 Vgl. Offb 22,1.

„Sie sah den König der Herrlichkeit, den Herrn Jesus, auf einem hohen und durch seine kristallene Reinheit durchsichtigen Thron sitzen. Aus der Vorderseite dieses Thrones flossen zwei kleine Bäche von außerordentlicher Reinheit *(„duo rivuli eximiae puritatis“)* und schön anzuschauen hervor. Sie verstand, dass diese beiden die Gnade der Vergebung der Sünden und des geistlichen Trostes sind *(„quos intellexit esse gratiam remissionis peccatorum ac spiritualis consolationis“)*, die jedem bei der Messe durch die Kraft der göttlichen Vorsehung besonders und leichter geschenkt werden *(„quae in Missa cuilibet, ex virtute divinae Providentiae, specialius et facilius largiuntur“)*.“

Das durch den Lanzenstich des Soldaten geöffnete Herz Jesu, aus dem nach Joh 19,34 Blut und Wasser herausfließen, ist in diesem Zusammenhang ebenfalls von Bedeutung. Der *liber specialis gratiae* steht dabei in der Auslegungstradition der Kirchenväter[66], die im Blut und Wasser aus der Seite Jesu die beiden grundlegenden Sakramente der Kirche, nämlich Eucharistie und Taufe, sahen.[67] Folgende Vision soll dies verdeutlichen:

---

66 Neben der Hl. Schrift wurden in Helfta im Rahmen der *lectio divina* vor allem die Kirchenväter gelesen, so dass Mechthild und ihre Mitschwestern ganz mit deren Gedankengut vertraut waren. Obwohl der *liber specialis gratiae* nur an zwei Stellen ausdrücklich auf die Väter verweist – im Prolog wird Augustinus, *De doctrina christiana* zitiert, in V,30 Gregor d. Gr., *Homiliae in Ezechielem*, und die Lebensbeschreibungen der Väter *(Vitae Patrum)* –, finden sich darin viele Anklänge an sie, vor allem an deren Weise, die Hl. Schrift auszulegen, wie das angeführte Beispiel zeigt.

67 Vgl. dazu die Rezeption des Gedankens in der Herz-Jesu-Präfation: *„Qui, mira caritate, exaltatus in cruce, pro nobis tradidit semetipsum, atque de transfixo latere sanguinem fudit et aquam, ex quo manarent Ecclesiae sacramenta, ut omnes, ad Cor apertum Salvatoris attracti, iugiter haurirent e fontibus salutis in gaudio.“* Missale Romanum. Editio typica tertia, 2002, 494; Deutsch: *„Am Kreuz erhöht, hat er sich für uns dahingegeben aus unendlicher Liebe und alle an sich gezogen. Aus seiner geöffneten Seite strömen Blut und Wasser, aus seinem durchbohrten Herzen entspringen die Sakramente der Kirche. Das Herz des Erlösers steht offen für alle,*

„An einem Sonntag, während das ‚Asperges me'[68] gesungen wurde, sagte sie zum Herrn: ‚Mein Herr, worin willst du nun mein Herz waschen und reinigen *(„in quo nunc cor meum vis lavare et mundare?")*?' Und sofort neigte sich der Herr ihr mit unschätzbarer Liebe zu, begegnete ihr wie eine Mutter ihrem Sohn und umarmte sie ganz, wobei er sagte: ‚In der Liebe meines göttlichen Herzens werde ich dich waschen *(„In amore divini Cordis mei te lavabo.")*.' Und er öffnete die Tür seines Herzens, der Schatzkammer der honigfließenden Göttlichkeit, in das sie wie in einen Weinberg eintrat. Und sie sah dort einen Fluss lebendigen Wassers *(„flumen aquae vivae")* vom Osten bis zum Westen. (...) Dieses Wasser wurde Fluss der Liebe *(„flumen charitatis")* genannt. Deshalb ging sie hinein, und wurde dort von allen Makeln gewaschen *(„ibique ab omnibus maculis lavabatur")*."[69]

Das sonntägliche Taufgedächtnis, bei dem man zur Erinnerung an die eigene Taufe und die darin geschenkte Vergebung aller Sünden mit geweihtem Wasser besprengt wird, bildet den Ausgangspunkt für diese Vision. Im Mittelpunkt steht das geöffnete Herz Jesu als Symbol der unermesslichen Liebe Gottes zum Menschen, das auch, ja gerade dem Sünder offen steht: Mechthild wendet sich ja genau aus diesem Grund an den Herrn, weil sie ihr Herz waschen und reinigen will, d. h. um von ihren Sünden befreit zu werden.

---

damit sie freudig schöpfen aus den Quellen des Heiles." Die Feier der Heiligen Messe. Messbuch. Kleinausgabe, 21988, 258f.

68 Das *„Asperges (me)"* meint das Taufgedächtnis zu Beginn der sonntäglichen Messfeier und ist benannt nach dem ersten Wort des Psalmverses, der dabei gesungen wird: *„Asperges me, Domine, hyssopo, et mundabor: lavabis me, et super nivem dealbabor."* (*Missale Romanum. Editio typica tertia*, 2002, 1251; Besprenge mich, Herr, mit Ysop, und ich werde rein; wasche mich, und ich werde weißer als Schnee; vgl. Ps 51(50),9)

69 II,2

Christus verweist sie daraufhin auf die Liebe seines göttlichen Herzens[70], die darin konkret wird, dass er für uns Mensch wurde und am Kreuz zur Vergebung der Sünden starb. Vor diesem heilsgeschichtlichen Hintergrund wird auch die Antwort des Herrn „In der Liebe meines göttlichen Herzens werde ich dich waschen", d. h. dir alle Sünden vergeben, verständlich.

Wie einst der Soldat die Seite Jesu geöffnet hat und daraus Blut und Wasser strömten, so öffnet der Herr Mechthild hier die Tür seines Herzens, damit sie in sein Innerstes eintreten kann. Der Fluss lebendigen Wassers, den sie dort erblickt, lässt unwillkürlich an das Wort aus dem Johannesevangelium denken: „Aus seinem Inneren werden Ströme von lebendigem Wasser fließen." (Joh 7,38) In diesem Fluss, dem Fluss der Liebe, kann sie schließlich von allen Sünden gewaschen werden.[71]

> „Denn wenn dieses Wort ‚Gott, sei mir Sünder gnädig!' (Lk 18,13) bei dem Zöllner so viel vermochte, dass er verdiente, von allen seinen Sünden gerechtfertigt zu werden, warum sollte nicht auch ein anderer Verzeihung für seine Nachlässigkeit erlangen? Denn meine Barmherzigkeit ist noch von so großer Milde wie sie es damals war."[72]

---

70 Zur Liebe des Herzens Jesu vgl. auch I,23: *„ut per amorem Cordis mei emundetur, quidquid in te per infidelitatem vitiasti."*

71 In ähnlicher Weise ist auch an anderen Stellen vom Herz Jesu die Rede: In I,22 geht vom Herzen Gottes eine lebendige Quelle mit ganz klarem Wasser aus *(„De Corde quoque Dei fons vivus limpidissimae aquae defluebat."),* in der Mechthild von allen Sünden gewaschen wird *(„in hoc fonte ab omnibus ablui peccatis"),* und indem sie das Herz küsst *(„illa vero quinquies Cor eius osculabatur"),* fühlt sie sich ebenfalls von allen Makeln gereinigt *(„In primo osculo sensit se ab omnibus maculis emundatam.").* (Vgl. auch V,25: *„vidit de Corde Dei rivum magnum et purissimum cum impetu defluere, et animas earum quae haec ex charitate pro ea legerant ab omni macula emun*dare.")

72 III,32: *„Si enim hoc verbum, Deus propitius esto mihi peccatori, in publicano tantum praevaluit, ut de omnibus peccatis suis iustificari meruerit, cur non alius de negligentia sua veniam impetrabit? Nam misericordia mea modo tantae clementiae est quantae tunc fuit."*

Diese Aussage des Herrn, die jeden zur Reue und Umkehr bereiten Sünder auf Vergebung hoffen lässt, schlägt den Bogen vom Herzen Gottes (*cor Dei*) zu seiner Barm*herz*igkeit *(misericordia).* Um diese abstrakte Eigenschaft Gottes, die zweifelsohne für das Geheimnis der Sündenvergebung wesentlich ist, möglichst anschaulich zu machen, verwendet der *liber specialis gratiae* in I,8 das folgende Bild:

> „Sie sah auch vor den Türen eine sehr schöne Jungfrau, nämlich die Barmherzigkeit *(„virginem pulcherimam, scilicet, misericordiam“),* die sie hineinführte. Dort fand sie den gerechten Richter, den die Barmherzigkeit für sie besänftigte *(„Iudicem iustum, quem misericordia sibi placavit“);* sie erlangte Verzeihung aller Sünden und die Barmherzigkeit bekleidete sie mit dem Kleid der Unschuld.“

In dieser Vision stehen sich zwei Eigenschaften Gottes gegenüber: seine Barmherzigkeit, die als Jungfrau erscheint, und seine Gerechtigkeit, die ihn zum gerechten Richter macht. Der springende Punkt ist nun der, dass es der Barmherzigkeit gelingt, den Richter zu besänftigen und dem Sünder Vergebung zu erwirken, denn Barmherzigkeit triumphiert nach Jak 2,13 über das Gericht. Und genau das ist es, was Christus Mechthild auf bildhafte Weise verdeutlichen will, dass er lieber barmherzig ist und dem Sünder verzeiht, als dass er ihn verurteilt und bestraft, weil sich gerade darin seine Macht und Größe offenbaren.[73] Damit ist

73 Vgl. die Collecta vom 26. Sonntag im Jahreskreis: *„Deus, qui omnipotentiam tuam parcendo maxime et miserando manifestas, multiplica super nos gratiam tuam, ut, ad tua promissa currentes, caelestium bonorum facias esse consortes.“* Missale Romanum. Editio typica tertia, 2002, 476; Deutsch: *„Großer Gott, du offenbarst Deine Macht vor allem im Erbarmen und im Verschonen. Darum nimm uns in Gnaden auf, wenn uns auch Schuld belastet. Gib, dass wir unseren Lauf vollenden und zur Herrlichkeit*

dem sündhaften Menschen jeder Grund zur Verzweiflung oder Angst genommen, wenn er seine Sünden bereut und sich ganz der Barmherzigkeit Gottes überlässt. Voll Vertrauen kann er deshalb mit Mechthild sprechen:

> „Wahrhaft unerforschlich ist die Größe deiner Weisheit und Barmherzigkeit, süßester Gott, der du auf so wunderbare und vielfältige Weise versuchst, das Herz des Sünders zu dir zu ziehen, dass ihm kein Anlass zur Verzweiflung mehr gegeben wird, weil ihm eine so große Milde deines väterlichen Rufes folgt."[74]

---

des Himmels gelangen." Die Feier der Heiligen Messe. Messbuch. Kleinausgabe, 21988, 238.

74 IV,58: *„O vere altitudo inscrutabilis sapientiae et misericordiae tuae, dulcissime Deus, qui tam miris et multis modis, attrahere tibi conaris cor peccatoris, ut nullus ei iam detur locus desperationis, quem tanta subsequitur clementia paternae revocationis!"*

Aspekte der göttlichen Einwohnung in den Schriften Mechthilds von Hackeborn und Gertruds der Grossen

von Prof. Sr. Dr. Agnes-Regina Willi,
Hochschule Heiligenkreuz

Einführung

„Wenn es sich um Mystik handelt, dann ist automatisch die Erfahrung der *unio* zwischen Gott und Mensch eine wesentliche Thematik, wie immer sie sich im Einzelnen [...] darstellt. Diese Erfahrung der Einheit des Menschen mit Gott ist aber bei den einzelnen Mystikern sehr verschieden orchestriert und strukturiert."[1] Im Rahmen dieses Sammelbandes zur zisterziensischen Spiritualität wollen wir uns in die Schriften von Mechthild von Hackeborn und Gertrud von Helfta vertiefen, und zwar in den *Liber specialis gratiae* von Mechthild[2] und in das *zweite Buch* des *Gesandten der göttlichen Liebe* von Gertrud der Grossen[3]. Dabei konzen-

1 A. M. Haas, Mechthild von Hackeborn. Eine Form zisterziensischer Frauenfrömmigkeit, in: K. Elm (Hrsg.), *Die Zisterzienser – Ordensleben zwischen Ideal und Wirklichkeit*, Ergänzungsband, Schriften des Rheinischen Museums Nr. 18, Köln 1982, 221-239 hier 225.

2 Vgl. Leben und Offenbarungen der heiligen Mechtildis und der Schwester Mechtildis (von Magdeburg). Jungfrauen aus dem Orden des heiligen Benediktus, hg. nach den neuesten lateinischen Ausgaben von J. Müller, Band I, Regensburg 1880.

3 Vgl. die lateinisch.-französische Ausgabe in der Reihe Sources Chrétiennes: Gertrude d'Helfta, *Oeuvres spirituelles, Tome II. Le Hérault (Livres I et II)*, SC 139, Paris 1968 sowie die deutsche Uebersetzung Gertrud die Grosse von Helfta, *Gesandter*

trieren wir uns vor allem auf ihre mystischen Erfahrungen der bräutlichen Vereinigung, näherhin der göttlichen Einwohnung in ihren Herzen.

So sagte der Herr zu Mechthild von Hackeborn in einer Vision: „... *quia anima tua mea est et anima mea tua est*"[4]. Diese Zusage Jesu erinnert uns an die so genannte Bundesformel des Alten Testaments, wie man sie im Buch Jeremia in ihrer typischer Form gleich drei Mal sehr prägnant ausgedrückt findet: *Und ihr werdet mein Volk, und ich werde euer Gott sein* (Jer 7,13; 11,4; 30,22; ansonsten bei der Verheißung des Bundesschlusses Ex 6,7 und Lev 26,11 sowie in Hos 1,9 in negativer Form, d.h. in der Aufkündigung des Bundes).

Der Bundesgedanke ist ein zentrales Motiv der ganzen Heiligen Schrift, des Alten und des Neuen Testaments ist. „*Immer wieder hast du den Menschen deinen Bund angeboten und sie durch die Propheten gelehrt, das Heil zu erwarten*" – so betet der Priester im IV. Eucharistischen Hochgebet. *Obwohl die Menschen im Ungehorsam sich von Gott abwandten und der Macht des Todes verfielen, hat Gott sie nicht verlassen und voll Erbarmen allen geholfen, ihn zu suchen und zu finden.* Es ist Gottes Erbarmen, seine Liebe und seine Sehnsucht nach dem Menschen, die ihn bewegt, diesem die Treue zu bewahren – „*Mit ewiger Liebe habe ich dich geliebt, darum habe ich dir Güte/Treue bewahrt*" (Jer 31,3[5]). Wie sehr Gott sich nach einer innigen Beziehung mit dem Menschen sehnt, kommt in unzähligen Texten des Alten Testaments zum Ausdruck.

---

der göttlichen Liebe. Legatus divinae pietatis. Nach der Ausgabe der Benediktiner von Solesmes übersetzt von Johannes Weissbrodt, Stein am Rhein 20083.

4 *Liber specialis gratiae* I, 23 (Müller, 105).

5 Die Zitate aus der Heiligen Schrift werden grössten Teils übernommen aus der *Elberfelde Bibel. Revidierte Fassung,* Wuppertal 1985, in seltenen Fällen aus *Die Bibel. Einheitsübersetzung der Heiligen Schrift*, Stuttgart 1980.

Die beiden Helftaer Frauen leben mit und von der Liturgie, vom verkündeten und gefeierten, vom gesungenen und gebeteten Wort Gottes. Es ist ihr tägliches Brot. In diesem Sinne scheint es lohnenswert, diese kurze Studie zum Thema der mystischen Vereinigung mit der Betrachtung einiger Stellen aus dem Alten und Neuen Testament zu beginnen.

Alttestamentliche Perspektive

Gott hat dem Volk immer wieder seinen Bund angeboten: *Denn wie sich der Gürtel den Hüften des Mannes anschmiegt, so wollte ich, dass sich das ganze Haus Juda mir anschmiegte – Spruch des Herrn...* (Jer 13,11) Das Volk wird eingeladen, aufgerufen, dem Herrn anzuhangen, sich an ihn zu schmiegen, ja an ihm zu „kleben" – wie es das hebräische Verb dābāk zum Ausdruck bringt -, damit es das Leben findet. *„Liebe den Herrn, deinen Gott, hör auf seine Stimme, und halte dich an ihm fest; denn er ist dein Leben. Er ist die Länge deines Lebens, das du in dem Land verbringen darfst, von dem du weißt: Der Herr hat deinen Vätern Abraham, Isaak und Jakob geschworen, es ihnen zu geben."* (Dtn 30,20; vgl. auch Dtn 11,22; 13,5; Jos 22,5; 23,8; 2Kön 18,6; Ps 63,9) Höre auf seine Stimme und halte dich an ihm fest – wieder findet man das Verb *dābāk=sich schmiegen an; eng verbunden sein; anhangen.*

Das Volk ist gerufen, Gott zu lieben, seinem Gebot zu gehorchen und die Nähe Gottes zu suchen, bzw. sich an Ihn zu schmiegen. Hören auf das, was Gottes Wille ist und danach leben. Die Liebe findet gleichsam ihren Ausdruck im Hören, im Ge-horsam, in der Angleichung des eigenen Willens an den Willen Gottes. Und dieses liebende Hinhören und Beachten des Willen Gottes führt zu einer tiefen Communio mit Gott. Liebe mit ganzem Herzen und ganzer Seele – Gehorsam – Bemühen nach Vereinigung bilden gleichsam eine Trias der Hingabe, eine Trias, die immer wieder aufscheint.

Dieser Bund, den Gott mit seinem Volk auf dem Sinai geschlossen und im Laufe der Geschichte immer wieder erneuert hat, nimmt die Bundespartner also in Verpflichtung. Ein Bund verlangt gegenseitiges Sich-Verschenken, ein Engagement in Treue.[6] Und daran ist das Volk immer wieder gescheitert; immer wieder wurde es untreu und hat sich von seinem Gott entfernt. Der Bund hat also auch eine rechtliche Seite hat, dessen waren sich die Propheten sehr wohl bewusst. Das Wirken Gottes am menschlichen Herzen (Dtn 30,6) wird dann in der Verkündigung der Propheten Jeremia und Ezechiel aufgenommen und bildet den Kern ihrer Botschaft (Jer 31,31-34; 32,36-44; Ez 36,24-27): Gott wird dem Volk ein neues Herz schenken und sein Gebot ins Innere des Menschen legen. Die Propheten erinnerten einerseits das Volk stets an die Liebe, das unermessliche Erbarmen und an die Grosstaten des Herrn, aber auch an die Verpflichtung des Volkes, diese Liebe Gottes nicht unbeantwortet zu lassen, sondern eine innige Verbundenheit mit Gott zu suchen, ihn zu lieben und auf seine Stimme zu hören.[7]

---

6 Vgl. dazu die Studie von Jean-Louis Ska, Amore et istituzione: l'amore di Dio, il primo comandamento nella Bibbia cristiana, in: Id., *Una goccia d'inchiostro. Finestre sul panorama biblico*, Bologna 2008, 127-143.

7 Es mag erstaunen, dass wir diesen Aspekt hier erwähnen, aber auch für die Mystikerinnen von Helfta war wohl deutlich, „dass es im geistlichen Leben und in einer starken Gottesbeziehung nicht getan ist mit einem sehnsüchtigen Seufzen 'Sieh her auf mich!', sondern dass es ein unablässiges Ringen ist und ein harter Kampf gegen sich selbst, gegen die Welt, ja gegen den Bösen, die sich – zumindest zeitweise – unserem Streben nach Vereinigung mit Gott mehr oder weniger heftig entgegenstellen. [...] Authentisches geistliches Leben ist immer auch Kampf." aus: Maria Assumpta Schenkl, 'Sieh her auf mich!' – Die Botschaft vom liebenden Gott, in: S. Ringler (Hg.), *Aufbruch zu neuer Gottesrede. Die Mystik der Gertrud von Helfta*, Ostfildern 2008, 45.

Zusammenfassend kann gesagt werden, dass der Bund mit Gott die freiwillige Ganzhingabe und das liebende Engagement jedes Einzelnen fordert; die Hingabe seiner selbst und die Suche nach der Vereinigung mit Gott.

Neutestamentliche Perspektive

Das Thema der mystischen Vereinigung im Neuen Testament, und spezifischer in den Evangelien erschöpfend zu behandeln, würde den Rahmen eines Artikels bei Weitem sprengen. Da die Helftaer Frauen (vor allem Gertrud) hauptsächlich aus dem Johannesevangelium schöpfen, möchten wir uns auf dieses beschränken.

> [37] *Und es hörten ihn die zwei Jünger reden und folgten Jesus nach.* [38] *Jesus aber wandte sich um und sah sie nachfolgen und spricht zu ihnen: Was sucht ihr? Sie aber sagten zu ihm: Rabbi – was übersetzt heißt: Lehrer – wo hältst (bleibst) du dich auf?* [39] *Er spricht zu ihnen: Kommt, und ihr werdet sehen! Sie kamen nun und sahen, wo er sich aufhielt, und blieben jenen Tag bei ihm. Es war um die zehnte Stunde.* Joh 1,37-39

Das Wort „bleiben" – *menein* – ist ohne Zweifel ein Schlüsselbegriff im Johannesevangelium. Von den 102 Vorkommen findet man ihn 54 Mal in den Schriften des Johannes (33x in Joh; 18x in 1 Joh; 2x in 2 Joh und 1x in der Off). Bleiben, verweilen bei Jesus, mit Ihm sein. Da ist sicher einmal die äußere Präsenz des Seins-mit-Jesus als dem Menschen gemeint, dennoch geht es um mehr, um das „Mit-Ihm-Sein" in der Tiefe des Herzens.

So wird auch Joh 13,23 oft fälschlicherweise übersetzt, dass nämlich der Jünger, den Jesus liebte, *an* der Brust / Seite Jesu lag. Im Griechischen heißt es hingegen *„ēn tō kolpō Jesu"* (Vulgata:

in sinu Iesu), was soviel bedeutet wie *in der Brust / Seite Jesu.* Die Beziehung Jesu zu diesem Jünger erlaubte diesem, *in der Brust Jesu* zu ruhen, zu verweilen, wie Jesus *in der Brust des Vaters* ruht (Joh 1,18; Vulgata: *in sinu patris*).

In der so genannten Brotrede in Joh 6 sagt Jesus: „*Wer mein Fleisch isst und mein Blut trinkt, der bleibt in mir, und ich bleibe in ihm.*" (v. 56). Wer teilnimmt am eucharistischen Mahl und Jesu Fleisch und sein Blut empfängt, tritt ein in den Herrn, und Jesus in ihn. In Joh 8,31 spricht er vom Bleiben *in* seinem, *in* Gottes Wort bleiben und leben. In Joh 14,10 deutet er das gegenseitige Bleiben vom Vater *in* ihm und sein Bleiben *im* Vater an. Genauso sollen die Jünger *in* Jesus bleiben, in seiner Liebe, wie er *in* ihnen bleibt. Dieser Gedanke wird im 15. Kapitel ausgefaltet, in der Bildrede vom Weinstock. Dort begegnet man dem Wort „bleiben" – *menein* – gleich neun Mal. Und zwar ein *Bleiben in – menein in.*4

> ***Bleibt*** *in mir und ich in euch! Wie die Rebe nicht von sich selbst Frucht bringen kann, sie bleibe denn am Weinstock, so auch ihr nicht, ihr* ***bleibt*** *denn in mir.* [5] *Ich bin der Weinstock, ihr seid die Reben. Wer in mir* ***bleibt*** *und ich in ihm, der bringt viel Frucht, denn getrennt von mir könnt ihr nichts tun.* [6] *Wenn jemand nicht in mir* ***bleibt,*** *so wird er hinausgeworfen wie die Rebe und verdorrt; und man sammelt sie und wirft sie ins Feuer, und sie verbrennen.* [7] *Wenn ihr in mir* ***bleibt*** *und meine Worte in euch* ***bleiben,*** *so werdet ihr bitten, was ihr wollt, und es wird euch geschehen.* [8] *Hierin wird mein Vater verherrlicht, daß ihr viel Frucht bringt und meine Jünger werdet.* [9] *Wie der Vater mich geliebt hat, habe auch ich euch geliebt.* ***Bleibt*** *in meiner Liebe! 10 Wenn ihr meine Gebote haltet, so werdet ihr in meiner Liebe* ***bleiben,*** *wie ich die Gebote meines Vaters gehalten habe und in seiner Liebe* ***bleibe …*** [16] *Ihr habt*

nicht mich erwählt, sondern ich habe euch erwählt und euch dazu bestimmt, dass ihr hingeht und Frucht bringt und eure Frucht ***bleibe****, damit, was ihr den Vater bitten werdet in meinem Namen, er euch gebe.* [17] *Dies gebiete ich euch, dass ihr einander liebt.*

Wie der Vater mit dem Sohn eine tiefe und innige Einheit bildet (vgl. Joh 1,18), so sind die Jünger zu einer innigen Vereinigung mit Gott berufen. Und ohne diese Communio ist jegliches Tun fruchtlos. Auch hier begegnet man wieder dieser Trias von Liebe – Gebote halten – Bleiben, ähnlich wie in Dtn 30,20. Noch auf einen weiteren Aspekt des Johannesevangeliums möchte ich aufmerksam machen, der zwar verbunden ist mit dem *Bleiben in*, aber sprachlich leicht divergiert, und zwar Joh 14,23:

„Jesus antwortete und sprach zu ihm: Wenn jemand mich liebt, so wird er mein Wort halten, und mein Vater wird ihn lieben, und wir werden zu ihm kommen und Wohnung bei ihm machen."

Dies ist die wörtliche Übersetzung, man könnte auch sagen, *„eine Bleibe bei ihm machen / bei ihm bleiben"*. Das griechische Wort für Bleibe *monē* findet man nur zwei Mal im Neuen Testament, und zwar beide Male im Johannesevanglium, Kapitel 14, in Vers 2 und im genannten Vers 23. Dabei spricht Jesus in Vers 2 davon, dass es beim Vater viele Wohnungen gibt und er geht nun, den Jüngern eine Stätte vorzubereiten. In Vers 23 spricht er dann von der Einwohnung des Vaters und seiner selbst im Innern desjenigen, der Jesus liebt und sein Wort hält. Es besteht der tiefe, innere Zusammenhang von der Liebe zu Gott einerseits und dem Hören, bzw. vom Beachten des göttlichen Wortes andererseits mit der Einwohnung Gottes im Herzen des Menschen. Es entsteht eine innige Communio zwischen Gott und dem Menschen, durch die Liebe und dem Hören / Gehorsam dem göttlichen Wort gegenüber, genauso wie es schon in Dtn 30,20 angeklungen ist. Das Johannesevangelium geht aber einen Schritt weiter, wenn von der Einwohnung Gottes im Herzen des Menschen gesprochen wird. Insofern unterscheidet sich diese neutestamentliche, johanneische Stelle von Dtn 30,20; nämlich durch das katabatische, das herabsteigende Element, das Kommen – das Wohnung-nehmen Gottes, des Vaters und des Sohnes im Herzen des Jüngers. In Dtn 30,20 wird der Blick eher gerichtet auf die Bewegung des Volkes. Dabei ist es natürlich evident, dass allein die freie Initiative Gottes und seine „unbegründete" Liebe[8] den angebotenen Bund überhaupt ermöglichen. Der Bund, den Gott dem Menschen anbietet, ist und bleibt letztlich eine unverdiente Gabe – auch im Alten Testament.

Dies sind nur einige Aspekte, die den Wunsch Jesu zum Ausdruck bringen, die Jünger mögen bei ihm, vereint mit ihm und in ihm sein.

Mit diesen beiden Abschnitten zum Alten und Neuen Testament, wollen wir nun das Thema der *unio mystica* in den Schriften Mechthilds von Hackeborn und Gertrud der Grossen anhand von Beispielen ansprechen. Dabe werden wir sehen, wie reich das Thema ist und wie es sich lohnen würde, die einzelnen Aspekte in einer umfangreicheren Studie zu vertiefen.

8 Vgl. Dtn 7,6-11: *Denn du bist dem HERRN, deinem Gott, ein heiliges Volk. Dich hat der HERR, dein Gott, erwählt, dass du ihm als Eigentumsvolk gehörst aus allen Völkern, die auf dem Erdboden sind. 7 Nicht weil ihr mehr wäret als alle Völker, hat der HERR sich euch zugeneigt und euch erwählt – ihr seid ja das geringste unter allen Völkern -, 8 sondern wegen der Liebe des HERRN zu euch, und weil er den Eid hielt, den er euren Vätern geschworen, hat der HERR euch mit starker Hand herausgeführt und dich erlöst aus dem Sklavenhaus, aus der Hand des Pharao, des Königs von Ägypten.*

Mechthild von Hackeborn: Liber specialis gratiae

Sr. M. Assumpta Schenkl OCist definiert Mystik mit den einfachen Worten: *Umwandelnde Berührung der Seele des Menschen durch Gott, die sich den Sinnen und der Sprache weithin entzieht, aber tiefe, bleibende Wirkungen zurücklässt.* Wir wissen nicht, wie weit Mechthilds mystische Erfahrungen zurückreichen. Erst im 50. Lebensjahr, einer Zeit der Krise und Wendung in Mechthilds Gottesverhältnis, beginnt sie, „die Gnadengaben, die sie lange Jahre verheimlichte, kundzutun, und zwar allen, die zu ihr kamen, sogar Gästen und Fremden."[9]

Mechthild „wusste" sich zutiefst als erwählte Gottesbraut. Der Herr hat ihr einen Trauring mit sieben Edelsteinen, die Stationen seines irdischen Lebens an den Finger gesteckt[10]. Der himmlische Vater selber hat sie ihm zur Braut gegeben[11]. Es würde viele Aspekte ihrer mystischen Erfahrungen geben, die es lohnen vertieft zu werden. Eine interessante Studie zur Gnadenlehre Mechthilds hat Mag. P. Rupert Fetsch OCist in diesem Tagungsband schon vorgelegt. So soll nun in Kontinuität zu der vorausgehenden neutestamentlichen Verankerung der geistlichen Vereinigung der Seele mit Gott den Aspekt des Einwohnens Gottes im Innersten des Menschen und das Sein der Seele in Gott in den Schriften Mechthilds betrachtet werden.

Das Innewohnen – das gegenseitige Einwohnen – ist neutestamentlich gesehen Gottes eigener Wunsch in der Beziehung zu den Menschen. Denn Jesus Christus hat gelitten, ist gestorben und auferstanden für alle Menschen, um sie aus dem Tode zu erlösen und mit dem Vater zu versöhnen. Der Heilige Apostel

---

9 *Liber spec. gratiae* II, 26 ; zitiert nach K. Ruh, *Geschichte der abendländischen Mystik,* Band II: Frauenmystik und Franziskanische Mystik der Frühzeit, München 1993, 296-314.

10 *Liber spec. gratiae* III, 1 (Müller, 206-207).

11 *Liber spec. gratiae* II, 8 (Müller, 160).

Paulus sagt, dass der Gläubige durch die Taufe in den Tod Christi hineingenommen wird; er wird mit ihm begraben und er ersteht mit ihm auf. Die Getauften haben ‚Christus [als Gewand] angelegt' (Gal 3,27).[12] – „Die Taufe... macht den Neugetauften zugleich zu einer ‚neuen Schöpfung' (2 Kor 5,17)...; er hat ‚an der göttlichen Natur Anteil' (2 Petr 1,4), ist Glied Christi, ‚Miterbe' mit ihm (Röm 8,17) und ein Tempel des Heiligen Geistes."[13] Jeder Gläubige ist zu dieser innigen Gottesbeziehung berufen. Der Herr sagte zu Mechthild:

> *„Danach zeigte ihr der Herr ein sehr hohes und weites Haus, innerhalb welchem sie ein anderes kleineres sah, das aus Zedernholz gemacht und inwendig mit silbernen, sehr glänzenden Platten (Spiegel) ausgelegt war. In dieses Hauses Mitte saß der Herr. Dieses Haus, erkannte sie wohl, sei das Herz Gottes; denn sie hatte es in solcher Gestalt oft gesehen. Das inwendige Häuschen aber stellt die Seele dar, die wie das Zedernholz unverweslich, das heißt unsterblich ist und ewig. Des Häuschens Türe stand gegen Osten und hatte einen goldenen Riegel; an dem Riegel hing ein goldenes Kettlein, das sich hinzog nach dem Herzen Gottes, so dass, wenn die Türe aufgetan ward, sie das Herz Gottes in Bewegung zu setzen schien. Durch die Türe verstand sie, werde bezeichnet das Verlangen der Seele, durch den Riegel deren Wille, durch das Kettlein die Gnade Gottes, welche allezeit dem Verlangen und dem Willen der Seele zuvorkommt, sie aufweckt und zu Gott zieht. Und der Herr sprach zu ihr: **„So ist deine Seele allezeit in meinem Herzen verschlossen, und ich im Herzen deiner Seele.** Wiewohl du mich nun in deinem Innersten umschlossen*

---

12 Vgl. *Katechismus der Katholischen Kirche*, § 1227.

13 *Katechismus der Katholischen Kirche* § 1265 ; vgl. 1 Kor 6,19.

hältst, so dass ich inniger in dir bin als dein Innerstes, so ist doch mein göttliches Herz so unendlich erhaben und hoch über deiner Seele, dass es von dir nicht berührt werden kann. Dies wird eben durch die Höhe und Weite dieses Hauses bedeutet.“[14]

Wir erkennen hier den Herrn in seiner großen Demut: Er erniedrigt sich und lässt sich herab, um im Innersten Mechthilds zu weilen, und doch bleibt er der unendlich Erhabene. Mechthild will ihn – aus Liebe – mit allen Kräften im Innersten umschlossen halten, und er lässt es zu, doch bleibt er der Herr. Dies erinnert an die Worte, die Gott durch den Propheten Jeremia zum Volk spricht, als dieses meint, dieser „Gott aus der Nähe“ wäre den Menschen verfügbar: „*Bin ich denn ein Gott aus der Nähe? – Spruch des Herrn – und nicht vielmehr ein Gott aus der Ferne?*“ (Jer 23,23). Der Herr ist dem Menschen inniglicher als dieser sich selbst[15], doch bleibt er immer auch der transzendente und erhabene Gott.

Bräutliche Vereinigung, wie sie von einem Pfingstfest berichtet wird (I, 23), ist im *Liber specialis gratiae* Mechthilds verhältnismäßig selten. Der Herr ist ihrer Seele gegenwärtig nicht nur in der Liturgie, sondern zu jeder Stunde und an jedem Ort:

„*Wenn du betest, höre ich zu; wenn du singst, so schlage ich meine Harfe mit der deinigen; wenn du arbeitest, ruhe ich, und je sorgfältiger du bist, um so süßer meine Rast*

---

14 *Liber spec. gratiae* I, 19 (Müller, 86-87). „*Sic anima tua semper est in Corde meo inclusa et ego in corde animae tuae. Et licet in intimis tuis me contineas, ita ut intimior sim omni intimo tuo...*“ Auch Gertrud spricht von der Kette des göttlichen Herzens: „*Ibi, Iesu mi chare, sinus tuae misericordiae sit inclusio captivitatis meae. Ibi catena divini cordis tui sit vinculum mihi, ut in vivi amoris violentia fiam tua perpetua captiva, individue conglutinata tibi, tota vivens et adhaerens tibi, ut in aeternum nunquam a te vaelam sparari. Amen.*“ (Exercice VII, 62-68 / SC 127, 262)

15 Vgl. Augustinus, *Conf.* I, 1, 2.

in dir; und wenn du issest, so arbeite ich, weil du in mir weilest und ich in dir; wenn du schläfst, so wache ich und behüte dich..."[16]

„Dies fundamentale Gespür zum Gott-Finden in allen Dingen befähigt Mechthild zu einer Spontaneität geistlichen Verhaltens, die sich kreativ am schönsten in ihrer Erfindungs- und Vorstellungskraft äußert, wenn es um die sinnlich-ästhetische Gegenwart Gottes geht."[17] Sie ist erfüllt vom Lob Gottes und der Danksagung. „Alles ist ihr Liturgie."[18] Tiefster Grund der mechthildischen Existenz ist ein ständig neues In-der-Gegenwart-Gottes-Stehen, *in praesentia Dei stare*[19] oder *in praesentia Christi stare*[20] – *in* Christi Herzen, das letztlich „nichts anderes ist als eine Vereinigung mit der erlösenden Passion des Herrn, da hier alles persönliche Leiden, aber auch alles Leid der ganzen Welt aufgehoben und gemildert, letztlich erlöst ist"[21].

Bei der gegenseitigen Einwohnung des Herrn im Innern des Gläubigen und umgekehrt, ist das Herz der zentrale Ort der Vereinigung. „Die intimste Gottesbeziehung Mechthilds vollzog sich weniger durch die Inbrunst der bräutlichen Christusliebe... als durch die Verbindung mit dem göttlichen Herzen. Mechthild gehört zu den zentralen Figuren der mittelalterlichen Herz-Jesu-Verehrung."[22] Am Karfreitag sprach der Herr zu ihr:

---

16 *Liber spec. gratiae* III, 16 (vgl. Müller, 226).

17 A.M. Haas, *Mechthild von Hackeborn. Eine Form zisterziensischer Frauenfrömmigkeit,* 227.

18 H.U. von Balthasar, Einführung, in: Mechthild von Hackeborn, *Das Buch vom strömenden Lob*, Friburg im Breisgau 2001, 9.

19 *Liber spec. gratiae* III, 7; auch I, 19.

20 Liber spec. gratiae IV, 37.

21 A. M. Haas, Mechthild von Hackeborn. Eine Form zisterziensischer Frauenfrömmigkeit, 233.

22 K. Ruh, Geschichte der abendländischen Mystik, Band II, 310.

„‚Als meine Seite mit einer Lanze geöffnet wurde, habe ich denen, die durch Adam den Trank des Todes getrunken hatten, aus meinem Herzen den Trank des Lebens geschenkt, damit sie alle in mir, der ich das Leben bin, Kinder des ewigen Lebens und des Heils würden.' Nachdem sie aber den Leib Christi empfangen hatte, sprach der Herr zu ihr: ‚Willst du nun sehen, wie ich in dir bin, und du in mir?' Sie aber schwieg, weil sie sich für unwürdig hielt. Sogleich sah sie den Herrn gleich einem leuchtenden Kristall, und ihre Seele wie ein reines und glänzendes Wasser durch den Leib Christi fließen."[23]

Ein anderes Mal nach der heiligen Kommunion sprach der Herr zu ihr: „Ich in dir und du in mir, in meiner Allmacht, so wie ein Fisch im Wasser." Sie fragte: „Mein Herr, Fische werden oft mit dem Netz aus dem Wasser gezogen. Was dann, wenn mir das zustößt?" Der Herr gab zur Antwort: „Du wirst nicht aus mir herausgerissen werden können, weil du in meinem göttlichen Herzen ein Nest haben wirst."[24]

Mechthilds Sorge ist es, dass sie bildlich gesprochen – aus welchem Grund auch immer – aus dem Wasser entfernt werde, der eigentlichen Lebenswelt des Fisches, bzw. aus dem Herzen Jesu, der wahren Lebenswelt der Seele. Doch Jesus tröstet sie, er selber wird darüber wachen. Hingegen lässt Gott dem Menschen die Freiheit, auch dann wenn es ihn schmerzt: *„Kein Ding erfreut mich so hoch als das Herz des Menschen, das ich doch so selten zu Dienst gewinne. An allen Dingen bin ich überreich, ausgenommen am Herzen des Menschen, das mir so oft entgleitet."*[25]

23 *Lib. spec. gratiae* I, 18 (Müller, 79).
24 *Lib. spec. gratiae* II, 24 (Müller, 181).
25 *Lib. spec. gratiae* IV, 54 (Müller, 305).

Die umfassende Verehrung des göttlichen Herzens hat bei Mechthild nichts Sentimentales. Das Herz ist die eigentliche Quelle der Liebe und der Erlösung, wo alles Leiden und alle Bitternis des Todes verwandelt werden zu neuem Leben und zu neuer Hoffnung. Dies kommt im Dialog zischen Mechthild und dem Herrn zum Ausdruck: „*Warum fürchten die Menschen zu sterben? Auch ich erschrecke davor. – Die Furcht kommt vom Leib, die Bitterkeitd es Todes zu erleiden. Aber warum fürchtest du dich? Wenn du mein Herz zur immerwährenden Vereinigung empfängst, zur ewigen Wohnung? Und die Süße göttlicher Liebe wird in dir fließen, so dass alle Leiden und Bitternisse des Todes dir aus Liebe süß werden.*“[26]

Gertrud die Grosse: das Thema der göttlichen Einwohnung im II. Buch des göttlichen Gesandten

Gertrud kennt verschiedene Modalitäten der Christusvereinigung. Dabei ist- wie bei Mechthild – vor allem die Liturgie der Ort der Vereinigung, der Kommunion. Aber auch die göttliche Gegenwart im Alltag, in alltäglichen Beschäftigungen ist nicht unbekannt: „*Da flössest du mir in den Sinn: Wenn ich den Fluss deiner Gnaden mit beständiger Dankbarkeit in dich, seinen Urquell, zurückgösse; wenn ich durch gute Werke grünend und blühend in Weise der Bäume wüchse; wenn ich in freiem Flug gleich der Taube dem Himmlischen zustrebte und hierdurch mit den Sinnen des Körpers vom Lärm der Außenwelt hinweggezogen die ganze Seele mit dir allein beschäftigte: Dann würde mein Herz dir eine liebliche*

26 *Lib. spec. gratiae* II, 31, zitiert nach M. Schmidt, Die Kraft des Herzens. Aspekte einer Anthropologie der Mystik bei Mechthild von Magdeburg und Mechthild von Hackeborn, in: M. Bangert – H. Keul, *Vor dir steht die leere Schale meiner Sehnsucht*, Leipzig 1998, 112-131 hier 129.

Wohnstätte darbieten."[27] Durch den dankbaren Lobpreis, durch tätige Nächstenliebe und das Hinlenken der körperlichen Sinne sowie der ganzen Seele auf Gott hin, bereitet das menschliche Herz eine liebliche Wohnstätte für den Herrn.

So setzt der Bericht Gertruds fort: „Während ich nun an jenem Tag meinen Geist in solche Gedanken versenkt hielt und am Abend vor dem Schlaf zum Gebet auf den Knien lag, da kamen mir plötzlich die Worte in den Sinn: ‚Wenn jemand mich liebt, der wird mein Wort halten und mein Vater wird ihn lieben und wir werden zu ihm kommen und Wohnung bei ihm nehmen" – und ein erdhaft Herz fühlte, dass du offenbar angekommen warst."[28]

Das Thema der göttlichen Gegenwart ist – wie wir eingangs gesehen haben – zutiefst biblisch und muss von daher, von Joh 14,23 her, interpretiert werden[29]. Gertrud bestätigt, dass sie diese Gnade in fortdauernder Weise erhalten habe: „*Denn wie sehr ich mit meinem Geist in den vergänglichen Dingen umherirrte und Freude suchend mich zerstreute, so habe ich dennoch, wenn ich zu*

27 *Legatus* II, 3, zitiert nach der Uebersetzung nach J. Weissbrodt: Gertrud die Grosse, *Gesandter der göttlichen Liebe,* Stein am Rhein 2008³, 62f. *Et hinc tu, inaestimabilium effector voluptatum, Deus meus... inspirans quod si influentia gratiarum tuarum in te jugi et debita gratitudine refunderem in modum aquae, et ad hoc in studio virtutum crescens in modum arborum, bonorum operum viriditate florerem ; insuper terrena despiciendo coelestia libero volatu in modum columbae appeterem, et cum his sensibus corporalibus a tumultu exteriorem alienata, tota tibi mente vacarem, omni amoenitate praejucunda tibi cor meum praeberet inhabitationem.* (SC 139,236)

28 *Legatus* II, 3, (Weissbrodt, 63) *Cumque his die illo memoriam gererem occupatam, ad vesperum cum dormitura flexis genibus orationi me inclinassem, subito venit in memoriam locus ille evangelicus: Si quis diligit me, sermonem meum servabit, et Pater meus diliget eum, et ad eum veniemus, et mansionem apud eum faciemus. Interque luteum cor meum sensit te sibi praesentialiter adventatum.* (SC 139, 236)

29 Vgl. H. Minguet, Théologie spirituelle de sainte Gertrude: le Livre II du ‚Héraut' (II), in: *Collectana Cisterciensia* 51 (1989) 252-280.

meinem Herzen zurückkehrte, dich immer sogleich gefunden, von jener Stunde an bis jetzt, da seit dem Empfang dieser Gnade schon das neunte Jahr hinfliesst."[30]

Die Gegenwart Gottes erscheint bei Gertrud nicht als allgemeine göttliches Attribut, das verbunden wäre mit seiner Präsenz in der Welt als Schöpfer, als Grund all dessen, was ist. Sie ist vielmehr erlebt als persönliche Gnadengabe des auferstandenen Herrn. Die scheinbare Abwesenheit dieser Gegenwart hat nur einen pädagogischen Aspekt, um den Gläubigen zu einer größeren Wachsamkeit einzuladen. Wir können bei Gertrud – genauso wie bei Mechthild – eine Kontinuität zur alttestamentlichen Konzeption der Gegenwart Gottes sehen, vielmehr noch aber zur jener des Johannesevangeliums: In Ex 3,14 offenbart Gott seinen Namen unter dem Zeichen seiner Immanenz, aber auch Transzendenz, als der gegenwärtige aber auch als der immer über allem erhabenen Gott. Diese Gegenwart aber betrifft den einzelnen Gläubigen in seiner innersten und persönlichen Beziehung mit Gott. Gott kommt in das Herz Gertruds und nimmt darin Wohnung – *„und mein erdhaft Herz fühlte, dass du offenbar angekommen warst.*"[31] Insofern ist Gertrud der johanneischen Konzeption treu. Ihre Erfahrung ist eine lebendige Illustration der Lehre, welche der vom Herrn geliebte Jünger weitergegeben hat, gerade weil sie es verstanden hat, Gegenwart und Einwohnung zu vereinigen.[32]

---

30 *Legatus* II, 3 (Weissbrodt, 63f) *Ego enim licet mente vagarer, in quantum vis lubricis delectarer, [cum post horas et heu! post dies, et ut proh dolor! timeo, post hebdomadas,] rediens ad cor meum semper in idipsum inveni [...] a praedicta hora usque in praesens, ubi jam revolvitur nonus annus.* (SC 139,238).

31 *Legatus* II, 3 (Weissbrodt, 63) *Cor meum sensit te sibi praesentialiter adventatum.* (SC 139, 236).

32 Interessant ist, dass Gertrud den Text Joh 13,23-25 (vom Lieblingsjünger an der Seite Jesu) nicht erwähnt, sondern nur ihre Mitschwester im vierten Buch (*Legatus* IV, 4) Dabei gibt „dieser Text der Andacht zum Herzen Jesu das Fundament der Heiligen Schrift und macht sie zu einer „johanneischen" Spiritualität, die der Apostel selbst uns gelehrt hat. Mag uns das vielleicht übertrieben vorkommen, so lässt sich doch die hohe Bedeutung der durchbohrten Seite im Johannesevangelium nicht leug-

Das Zusammenbringen beider Themen orientiert jenes der Gegenwart auf eine spezifische Weise: Die liebende Gegenwart Gottes bedeutet einerseits seine Familiarität mit der Seele und gleichzeitig sein Heilshandeln. Sie ist vor allem die Manifestation der Liebe eines Gottes, der das Heil des Menschen will, der das wahre Leben schenken möchte und dies in Fülle (Joh 10,10). Die ersehnte Gegenwart einer familiären Freundschaft, zärtlich, aufmerksam, wird für Gertrud zum Bild, zur Realität einer wieder gefundenen Beziehung, einer versöhnten Welt.[33]

Das Thema der Einwohnung ist dem vierten Evangelium wertvoll. Es bezeichnet zugleich das Sein Gertruds in Gott[34] als auch die Einwohnung Gottes in der Seele Gertruds. Es handelt sich also um eine gegenseitige Einwohnung, was Gertrud durch ein Bild der bräutlichen Vereinigung ausdrückt.[35] Doch Gertrud unterstreicht die radikale Differenz zwischen ihrem Wohnen in Gott und dem Wohnen Gottes in ihr. Gott ist die erhabene Wohnstätte, das Paradies ewiger Glückseligkeit. Die Seele Gertruds ist eine Stätte, die Gottes unwürdig ist: „*Oh könnte ich doch, o könnte ich tausendmal das ganze Meer, in Blut verwandelt, durch meinen Geist leiten, damit wenigstens so ausgewaschen würde die Grube meiner Niedrigkeit, die du, o Endziel von unerforschlicher Hoheit, zur Wohnung auserwählt hast!*“.[36]

nen: sie ist das soteriologische Zeichen schlechthin, gestützt durch die feierliche Proklamation: ‚*Der es gesehen hat, bezeugt es, und er weiß, dass sein Zeugnis wahr ist – damit auch ihr glaubt.*‘“ – aus: M. M. Aust, „Gertrud von Helfta: Das ‚Herz Jesu‘ als unser Weg zu Gott“, in: *Cistercienser Chronik* 113 (2006/3), 429-446 hier 432.

33 Vgl. H. Minguet, *Théologie spirituelle de sainte Gertrude*, 258.

34 Legatus II, 8 (Weissbrodt, 73) *O aeternale solstitium, mansio secura, locus totum continens quod delectat, paradisus perennium deliciarum…* (SC 139, 266).

35 *Legatus* II, 6 (dt: Weissbrodt, 69-70 / lat.: SC 139, 258).

36 Legatus II, 3 (Weissbrodt, 63). *O utinam et millesies utinam totum mare versum in sanguinem ducere possem per caput meum, ut vel sic inundaretur sentina extremae vilitatis quam tu finis inexcogitabilis dignitatis inhabitare elegisti!* (SC 139, 236.238).

Umso mehr wird die unendliche Herablassung Gottes ausgedrückt. Gertrud bestätigt die unvorstellbare Erniedrigung des Schöpfers zu seinem Geschöpf, des Heiligen zu der sündigen Natur, die ihn empfängt. Gertrud unterstreicht den absoluten *Gnaden*-Charakter der göttlichen Liebe, „vergessend seine Ehre, aber bereit zu ehren"[37].

Das Thema der Einwohnung findet seine Vollendung im Thema der bräutlichen Vereinigung, in der Sprache der Liebe. Dabei verwendet Gertrud das Bild der Trunkenheit. Die bräutliche Vereinigung ist natürlich das essentielle Thema Gertruds, denn sie will verkünden, dass Gott Liebe ist, unendliche Liebe, die sich seiner Kreatur verschenkt. Und diese Begegnung der Seele mit Gott kann sie nur mit Bildern der Vermählung ausdrücken.

Hören wir noch einen überraschenden, sehr reichen Text des zweiten Buches des *Legatus*, der die Frucht dieser mystischen Vereinigung zum Ausdruck bringt:

> *„Es war in jener hochheiligen Nacht, in der vom süß schmelzenden Tau der Gottheit die Himmel durch das ganze Weltall hin honigträufelnd geworden, als ich, indem meine Seele […] vom Tau der Liebe befeuchtet war, durch Betrachtung und andächtige Übungen es wagte hinzuzutreten und Dienst zu erweisen bei jener himmlisch erhabenen Geburt, durch welche die Jungfrau den wahren Gott und wahren Menschen als Kind gebar, wie das Gestirn den Strahl hervorbringt. Und siehe da! Meine Seele erkannte, dass ein zartes, gleichsam zur Stunde geborenes Kindlein wie einen Augenblick lang ihr gezeigt und dargereicht und* ***wie in einem Teil des Herzens aufgenommen*** *wurde. In diesem Kindlein barg sich das Geschenk der höchsten Vollkommenheit und die wahrhaft beste aller Gaben.*

37 H. Minguet, *Théologie spirituelle de sainte Gertrude* 258.

Kaum fühlte meine Seele es in sich, da schien sie plötzlich ganz ***umgewandelt*** *zu sein in dieselbe Farbe mit ihm, wenn man Farbe nennen kann, was durch kein sichtbares Bild sich bezeichnen lässt. Hierdurch empfing sie ein unaussprechliches Verständnis jener süß strömenden Worte: ‚Gott wird alles in allem sein'*[38]*, da sie nämlich fühlte, wie sie den Geliebten, der ihr eingesenkt worden, umschließe und der huldvollsten Gegenwart des holdseligsten Bräutigams sich erfreute. Darum trank sie mit unersättlicher Begierde aus dem von Gott ihr dargereichten Honigbecher folgende Worte: ‚Wie ich das Gleichbild des Wesens Gottes des Vaters in der Gottheit bin, so wirst du ein Bild meines Wesen seitens der Menschheit sein, indem du in deine Seele die Ergüsse meiner Gottheit aufnimmst wie die Luft die Strahlen des Sonnenlichts, damit du, von diesem einigenden Strahl innerlich durchdrungen zur vertrauteren Vereinigung mit mir befähigt werdest.'"*[39]

---

38 1 Kor 15,28.

39 Legatus II, 6 (Weissbrodt, 69-70). *In nocte sacratissima, quando dulcorante rore divinitatis per totum mundum melliflui facti sunt coeli, vellus animae meae in area communitatis madefactum attentavit meditando se ingerere et per devotionis exercitationem ministerium exhibere supercoelesti illi partui, qua sicut radium protulit Virgo filium verum Deum et hominem. Cognovit quasi in momentaneo quodam ostento porrigi sibi et recipi a se tamquam in parte cordis tenerum quemdam puerulum velut sub ea hora natum, in quo certe latuit donum summae perfectionis ac vere optimum datum. Quem cum intra se teneret anima mea, repente tota mutata videbatur cum ipso in eumdem colorem, si tamen color dici possit quod nulli visibili speciei valet comparari. Hinc percepit anima mea intellectum quemdam ineffabilem verborum illorum suavifluorum: Erit Deus omnia in omnibus, cum dilectum praecordiis suis immissum se continere sentiret et cum jucundissimae blandidatis sponsi gratam praesentiam sibi non deesse gauderet. Unde mellita pocula talium verborum divinitus propinata insatiabili aviditate imbibbat: ‚Sicut ego sum figura substantiae Dei Patris in divinitate, sic tu eris figura substantiae meae ex parte humanitatis, suscipiens in tuam deificatam animam emissiones meae divinitatis, sicut aer suscipit solartes radios; quo unitivo medullitus penetrata habilitaris ad familiariorem mei unionem.'* (SC 139, 256.258)

Der hauptsächliche Effekt, der die anderen umfasst, ist die innere Umgestaltung des Menschen, die Teilnahme am Leben der Heiligen Dreifaltigkeit. Gertrud erhält durch die Vereinigung mit Christus das Siegel der Heiligen Dreifaltigkeit. Gertrud schreibt in einem Text, in dem sie auch die unendliche Herablassung Gottes rühmt, seine immense Liebe zum Geschöpf: *„Oder vielmehr die dir eingeborne und gleichwesentliche Güte, innerlich durchdrungen von der Süßigkeit der Liebe, womit du nicht bloß liebst, sondern auch ganz Liebe bist, und deren naturgemäße Wirkung du auf das Heil des ganzen Menschengeschlechtes hingekehrt hast, sie hat dich überredet, das am tiefsten stehenden Menschenkind* ***zur Gemeinschaft der königlichen, ja göttlichen Hoheit zu berufen.“***[40].

Diese Teilhabe ist eine Transformation in Gott, eine Deifikation; sie ist Kommunikation mit Gott[41]. Gertrud lebt ganz in ihrer menschlichen Bedingtheit und zugleich – wie durch Vorwegnahme – diese vollständige Kommunikation mit Gott. Der Gläubige nimmt teil am Wesen des Sohnes Gottes, ja er wird zutiefst verwandelt in dieser innigsten Vereinigung mit Gott, der die Liebe ist (1 Joh 4,8). Und er wird so zum strahlenden Zeugnis der Liebe Gottes in und für die Welt.

Bemerkenswert ist, dass Gertrud diese Erkenntnis der Teilhabe an der Wesenheit Gottes an einem Fest der Geburt Christi geschenkt wird, und nicht wie zu erwarten wäre an einem Ostersonntag. Das Heil realisiert sich durch die Menschwerdung des Sohnes Gottes, beginnt mit der Geburt Jesu Christi. Das ist auch

---

40 Legatus II, 8 (Weissbrodt, 72) *...sive quod convenientius dici valet, ingenita et connaturalis tibi benignitatis suavitas intrinsecus pertacta dulcore charitatis, qua non modo amans verum etiam totus amor es, cujus naturaliorem effluxum direxisti in salutem generis humani, ut tibi persuasum est remotissimum homunicionem tam fortuitis quam gratuitis egentem, vita et moribus despicabilem, evocare a finibus extremae vilitatis ad associationem regiae imo divinae dignitatis, ut inde potiorem confidentiam assumat omnis infra positus?* (SC 139, 264.266)

41 Vgl. die oben zitierte Erkenntnis Gertruds, dass Gott „alles in allem sein wird“ (1 Kor 15,28).

die Theologie des heiligen Bernhard. Dabei ignoriert Gertrud keineswegs das Heil, die Erlösung, die vom Kreuz kommt. Ja sie vereint in bemerkenswerter Weise das Heil durch die Inkarnation und das Heil im Kreuz, und zwar mit dem Symbol des Herzens Jesu.

H. Minguet schreibt: „Gertrud hat es verstanden, ein Gleichgewicht zu wahren, um das so mancher Traktat zur Gnadenlehre sie beneiden würde; Gleichgewicht zwischen Aussagen, die Aporien für die Theologie darstellen: absolute Kostenlosigkeit der Gnade und Sehnsucht des Menschen, Heil durch die Menschwerdung und Erlösung durch das Kreuz. Wir messen hier einmal mehr die außergewöhnliche theologische Sicherheit der Nonne von Helfta, die Weite ihres Denkens."[42]

Schlussbemerkung

Wir sind ausgegangen vom Thema des Bundes, den Gott dem Volk Israel im Alten Testament anbietet, da er sich dem Menschen mitteilen, verschenken, in Kommunion mit ihm leben möchte. Dieses Bundesangebot geschieht von Gott her allein aus bedingungsloser Liebe (Dtn 7), doch möchte er die freie Zustimmung des Volkes, welche in dessen *Liebe* und *Ganzhingabe* (in hebr. *dābāk*) und im Ge-*horsam* konkreten Verpflichtungen gegenüber zum Ausdruck kommt. Gott möchte, dass sein Volk das Leben hat und dass es ihm gut geht (Dtn 11,8; Kap. 30).

Im Neuen Testament, spezifischer noch im Johannesevangelium, verheißt Jesus sein und seines Vaters Einwohnen im Herzen dessen, der ihn *liebt* und auf seine Worte *hört*. Diese Beziehung, die Gott mit dem Jünger bereit ist einzugehen, ist also noch viel inniger und persönlicher, als der Bund, den Gott mit seinem Volk im Alten Testament geschlossen hat. Sie geschieht durch

42 H. Minguet, *Théologie spirituelle de sainte Gertrude* 269.

das Kommunizieren am Leib und am Blut Jesu in der Eucharistie (vgl. Jesu Brotrede – Joh 6), durch das Hören und Beobachten des Wortes Gottes und einer Liebe zum Herrn, die von Herzen kommt (Joh 14,23; 15; u. a.).

Wir haben uns das Thema der göttlichen Einwohnung nach den Schriften von Mechthild von Hackeborn und Gertrud der Grossen zum Thema gewählt. Auch wenn wir nur ganz vereinzelte Passagen aus den Schriften der beiden Helftaer Frauen erwähnt haben, dürfen wir doch abschließend die enge Verwandtschaft ihrer mystischen Erfahrung mit der johanneischen Spiritualität feststellen. Doch ist zu sagen, dass weder Gertrud noch Mechthild ihre mystischen Visionen und Erfahrungen systematisch und theologisch reflektieren. Ihnen geht es darum, von ihren Erfahrungen Zeugnis zu geben, damit *„jene, die dies lesen, an der Süssigkeit deiner Liebe sich erfreuen und, hierdurch angezogen, in ihrem Innern noch Grösseres erfahren.*“[43]

Gottes Sehnsucht ist es, sich mit dem Herzen des Menschen, das durch das Sakrament der Taufe schon Wohnung, ja Tempel des Heiligen Geistes (1 Kor 6,19) geworden ist, zu vereinigen, in diesem Wohnung zu nehmen. Und es sollte auch des Getauften Anliegen und intensivstes Streben sein, um die Gnade dieses Ineinandersein mit Gott immer mehr zu bitten, sonst riskiert er, am Eigentlichen vorbei zu leben. Dabei haben wir sowohl bei Mechthild als auch bei Gertrud gesehen, dass die unendlich gnadenvolle und barmherzige Einwohnung Gottes beim Empfang der Sakramente, durch und im Lobpreis Gottes, vorzüglich auch bei der Betrachtung des Leidens und der Passion Christi, als auch in der treuen Verrichtung der täglichen Arbeit und der tätigen Nächstenliebe geschenkt wird, sofern das Herz es in Liebe und in Sehnsucht erwünscht, trotz aller Schwäche und Armut.

---

43 *Legatus* II, 23 (Weissbrodt, 97)

Dann wird die Seele zutiefst verwandelt durch die Liebe Gottes, ja sie nimmt teil am göttlichen Wesen. Sie wird selber zum strahlenden Zeugnis der Liebe Gottes, zum Bild seines Wesens unter den Menschen. Durch die Einwohnung des Herrn wird sie zum prophetischen Zeichen, das die Liebe Gottes „verkündet" und gegenwärtig macht.

Wort und Sakrament: Ort der Gotteserfahrung bei den Helftaer Frauen Mechthild von Hackeborn und Gertrud der Großen

von Prof. Dr. Marianne Schlosser,
Universität Wien

Für Abt Barnabas Bögle OSB

Vorbemerkungen

Die folgenden Ausführungen beziehen sich lediglich auf zwei Frauen, und zwar auf ihre Hauptwerke: Gertruds „Gesandten der göttlichen Zuneigung" (*Legatus divinae pietatis*) und Mechthilds von Hackeborn „Buch der besonderen Gnade" (*Liber specialis gratiae*). Ich habe diese beiden gewählt, weil ihre Namen „gewissermaßen untrennbar" sind.[1]

1 Pierre Doyère, *Introduction* zu: Gertrude d'Helfta, *Oeuvres spirituelles,* Tome II *Le Heraut,* livres I et II, Paris 1968 (SC 139, 14). Gertrud hinterließ offenbar mehr Schriften als heute erhalten sind, d. h. neben dem *Legatus* und den *Exercitia spiritualia* (= SC 127) auch Exzerpte oder Paraphrasen aus den Kirchenvätern für ihre Mitschwestern: Doyère, *Introduction* (SC 139, 21f.). – Einführende Literatur: Esther Pia Wipfler (Hrsg.), *Bete und arbeite! Zisterzienser in der Grafschaft Mansfeld,* Halle 1998. Darin: Christine Mundhenk, *Gertrud von Helfta – Ein Leben mit der Gegenwart Gottes,* 161-168; sowie Margarethe Hubrath, *Der Liber specialis gratiae Mechthilds von Hakeborn,* 169-182.

Gertrud und Mechthild

Es ist zunächst vielleicht überraschend: Gertrud war offenkundig im Späten Mittelalter weniger bekannt als ihre Mitschwester Mechthild. Das *Gnadenbuch* Mechthilds wurde häufiger ediert als der *Gesandte* Gertruds. Bereits 1361 wurde eine Handschrift des *Liber specialis gratiae* von Dominikanern nach Italien gebracht und dort unter dem Titel „Laude di dona Matelda" verbreitet. Die erste deutsche Übersetzung von Mechthilds Buch stammt aus dem Jahr 1510. Die Rezeption Gertruds nimmt ihren Aufschwung mit der Publikation des *Legatus* durch die Kartause Köln (1536)[2], eine deutsche Übertragung erschien erstmals im Jahr 1657, ebenfalls in Köln.

Seit dem 18. Jahrhundert jedoch geriet Mechthild von Hackeborn in Vergessenheit, ihr Buch wurde unter den Werken Gertruds veröffentlicht, und heute hat sich das Verhältnis umgekehrt: Beim Namen einer Mystikerin namens „Mechthild" denken wir vermutlich zuerst an Mechthild von Magdeburg – die deutsch schrieb: *Das fließende Licht der Gottheit*, und nach einem langen Leben als Begine im Alter von etwa 60 Jahren in Helfta eintrat – kaum aber an Mechthild von Hackeborn. Die lateinische Ausgabe ihres Werkes (1877) hat auch in Bibliotheken Seltensheitswert, und die kurz danach erschienene Übertragung ins Deutsche (1880) ist ebenfalls nicht leicht zu bekommen.[3] Gertruds *Legatus* hingegen

2 *Exercitia spiritualia,* Introduction (SC 127, 19f.): Lanspergius; zur Verbreitung von Gertruds Schriften trug auch Petrus Faber SJ bei, vor allem aber Louis de Blois, Abt von Liessies, über den sie nach Spanien gelangten.

3 Lat.: *Sanctae Mechtildis Liber specialis gratiae,* Paris 1877 (Revelationes Gertrudianae ac Mechtildianae II). Übersetzung: *Leben und Offenbarungen der heiligen Mechtildis und der Schwester Mechtildis* (von Magdeburg), hrsg. nach den neuesten lateinischen Ausgaben von A. Müller, 1. Bd., Regensburg 1880. Auswahlübersetzung: Hans U. von Balthasar: *Mechthild von Hakeborn: Das Buch vom strömenden Lob,* Einsiedeln, 1. Aufl. 1955. – Im folgenden werden Zitate auf Deutsch, wenn nicht anders angegeben, in eigener Übersetzung wiedergegeben.

ist in einer kritischen lateinisch-französischen Edition der 60er Jahre erschienen; zwei deutsche Übertragungen liegen vor.[4]

Kloster Helfta als geistlicher Raum

Obwohl hier nur zwei Personen ins Rampenlicht gerückt werden, ist es berechtigt, sie als Exponenten der Spiritualität im Kloster Helfta zu sehen.[5]

Es handelt sich bei den beiden Werken nicht einfach um die Niederschrift individueller geistlicher Erfahrungen – etwa um Tagebücher, die erst nach dem Tod einer Person, und möglicherweise sogar ohne deren Willen, veröffentlicht werden. Vielmehr waren die beiden Bücher zur Lektüre anderer Personen bestimmt.

Die Zielsetzung der Veröffentlichung bzw. der Autorisierung von Mitschriften ist in beiden Büchern klar angegeben: Damit diejenigen, welche sie lesen, dadurch Trost schöpfen. So lautet die Verheißung Christi an Gertrud,[6] wie auch an

4 *Der hl. Gertrud der Großen Gesandter der göttlichen Liebe,* nach der Ausgabe der Benediktiner von Solesmes übersetzt von Johannes Weißbrodt, Freiburg 1979 (1. Auflage 1876, immer wieder aufgelegt); mit kleineren Auslassungen. Gertrud die Große, *Gesandter der göttlichen Liebe,* übersetzt von Johanna Lanczkowski, Heidelberg 1989.

5 Die Frage der „Ordenszugehörigkeit" des Klosters Helfta – OSB oder OCist? – wird immer wieder aufgeworfen. M. E. wurde zu Recht konstatiert (SC 139, 10), daß die Frage so gar nicht gestellt werden kann. Man kann festhalten, daß in Helfta die Regel Benedikts galt („die Mitte der Kirche" sei der Orden Benedikts: *Liber spec. gratiae* I, 28; Benedikt ist „der heilige Vater": I, 13), die Nonnen aber „graue Schwestern" sein, d. h. die zisterziensische Lebensweise annehmen wollten. Bernhard von Clairvaux wird „der heiligste Vater Bernhard" genannt (*Liber spec. gratiae* I, 28; vgl. *Legatus* IV 49). Zugleich bestand offenkundig eine gewisse Autonomie (was wohl auf die seit 1228 restriktive Haltung des Ordens gegenüber der Inkorporation weiblicher Gemeinschaften zurückzuführen ist), man behielt besondere Gebräuche. Neben Bernhard waren als Lehrmeister bei den Schwestern auch Augustinus und Hugo von St. Victor besonders geschätzt; selbst Albertus Magnus und Thomas von Aquin waren bekannt. Letzteres dürfte auf die intensive Seelsorgstätigkeit von Dominikaner-Patres in Helfta zurückzuführen sein.

6 *Legatus* Prol. n. 2 (SC 139, 108): „Si quis cum devota intentione spiritualis profectus in hoc libro legere desideraverit, ipsum mihi attraham in tantum quod quasi inter

Mechthild[7]. Die Entstehungsgeschichte zeigt, daß zwischen den Schwestern des Helftaer Konvents, zumindest einer Gruppe von Schwestern, zu dieser Zeit ein intensiver geistlicher Austausch gepflegt wurde: Das *Gnaden-Buch* Mechthilds entstand auf dem Weg der Nachschrift durch zwei Schwestern, welche Mechthilds Offenbarungen über acht Jahre hinweg aufzeichneten. Sie begannen im Jahr 1290, als Mechthild erkrankte. In diesem geschwächten Zustand kamen anscheinend die inneren Erfahrungen, die sie bereits lange Jahre empfangen hatte, ohne darüber zu sprechen, ans Licht.[8] Eine der beiden Nonnen, welche zunächst ohne Wissen

---

manus meas leget in eo, et ego memetipsum illi in hoc opere sociabo, ut sicut fieri solet quando duo legentes in una pagina, unus alterius sentiat flatum, sic ego intraham flatum desideriorum ipsius, quo viscera pietatis meae commoveantur super eum..." Nach Auskunft des Prologs habe Christus das Buch Gertruds als „memoriale abundantiae divinae suavitatis" betitelt. Gertrud versichert, *Legatus* II, 10 (SC 139, 272.274), daß sie der Herr ausdrücklich geheißen habe, die begonnenen Aufzeichnungen fortzusetzen, während sie lieber aufgehört hätte: „Widersprich nicht; ich will ein Zeugnis meiner göttlichen Liebe *(divinae pietatis)* mittels deiner Schriften haben, jetzt in diesen letzten Zeiten; denn ich will dadurch vielen Gutes erweisen." Vgl. auch den Schluß des II. Buches, II, 24 (SC 139, 350), wo Gertrud nochmals Rechenschaft über die Beweggründe der Niederschrift gibt: das Verlangen, Gott für seine Gnade zu loben und ihm zu danken, und die Nächstenliebe: „ut aliqui ista legentes in dulcedine pietatis tuae delectentur, et inde tracti in intimis suis ampliora experiantur, sicut per alphabetum ad logicam (!) perveniunt quandoque studentes, sic per istas velut depictas imaginationes ducantur ad gustandum intra se manna illud absconditum, quod nulla corporearum imaginationum admixtione valet partiri..."

7 *Liber spec. gratiae* II, 43 (193): „Cui Dominus: Omnes qui me fideli corde exquirunt, in eo laetificabuntur, et qui me diligunt, amplius in amore meo exardescent, et qui moerentes sunt, in eo consolationem invenient." Vgl. V, 22 (354f.); auch V, 31 (370): die Bestätigung des Buches durch Christus selbst.

8 *Liber spec. gratiae* II, 43 (192f.): „Wie bereits erwähnt, wurde dieses Buch fast gänzlich ohne Wissen der Dienerin Gottes niedergeschrieben. Als sie es von jemandem erfuhr, war sie so traurig, daß man sie überhaupt nicht trösten konnte. Wie stets in solchen Fällen nahm sie ihre Zuflucht zum Herrn und eröffnete ihm voll Vertrauen ihren Kummer. Da erschien ihr plötzlich der Herr. Er hielt dieses Buch über seinem Herzen in der rechten Hand, küßte sie und sprach: ‚Alles, was in diesem Buch geschrieben steht, ist aus meinem göttlichen Herzen geflossen und wird auch dorthin zurückfließen.' Er nahm das Buch und legte es der Seele um den Hals, über die Schulter. Da verstand sie, daß sie sich wegen des Buches

Mechthilds diese Aufzeichnungen machten, dürfte mit großer Wahrscheinlichkeit Gertrud gewesen sein. Sie nennt sich nicht mit Namen, da sie nur „Schreiberin" sei. In Gertruds *Legatus* wird dagegen Mechthild mehrmals erwähnt. Das Buch Mechthilds wurde – so heißt es ausdrücklich[9] – nicht auf Betreiben der „Sekretärinnen" veröffentlicht, sondern „auf den Rat und Befehl der Frau Äbtissin", Sophia von Mansfeld. Zuvor war es von Mechthild gelesen, verbessert und bestätigt worden.

Der *Legatus* Gertruds enthält im Buch II ihre eigenen autobiographischen Aufzeichnungen (begonnen am Gründonnerstag 1289); Buch I dagegen, eine Charakterisierung ihrer Person, sowie die Bücher III bis V, die weitere geistliche Erfahrungen Gertruds beschreiben, stammen von anderer Hand. Auch hier finden wir also Nachschriften und detailgenaue Erinnerungen von Mitschwestern.

In beiden Werken ist im übrigen auch von den geistlichen Erfahrungen anderer Schwestern, lebender und verstorbener, die Rede; in Mechthilds *Gnadenbuch* findet sich etwa auch die Lebensbeschreibung der Äbtissin Gertrud von Hackeborn, ihrer

---

keinen Kummer machen sollte, denn es gehöre nicht eigentlich ihr; vielmehr sei es niedergeschrieben worden, weil Gott es so vorhergesehen habe, und nicht, weil sie es vorher gewußt habe. auf die Frage nun, ob sie jetzt aufhören solle, den Menschen von den Gaben Gottes zu sprechen, antwortete der Herr: 'Gib mich ihnen in der Freigebigkeit meines überfließenden Herzens, gib mich in der Güte, die mir eigen ist, nicht in der deinen.'..." Vgl. V, 22-24 (hier 357): Die Schreiberin führt den Beginn der Niederschrift auf ein „Traumgesicht" zurück, in dem sie Mechthild sah – bezeichnend! –nachdem diese kommuniziert hatte: „Und als sie von der Kommunion zurückging, hatte sie einen goldenen Becher, der höher war als eine Elle, und sie begann mit heller Stimme zu singen: Herr, fünf Pfund hast du mir gegeben, fünf weitere habe ich dazu gewonnen! (Mt 15,20) Und dann sprach sie zu allen: Wer will vom Honig des himmlischen Jerusalem trinken? Und sie bot allen Schwestern im Chor Honig aus dem Becher..." Die Schwester verstand mittels des Traumes, daß Mechthild ihren Mitschwestern eine Unterweisung über die Gnade zu geben habe.

9 *Liber spec. gratiae* V, 31 (370).

leiblichen Schwester. Dieser Persönlichkeit dürfte es nicht zuletzt zu danken sein, daß Helfta zu einer solchen Blüte geistlichen Lebens gelangte.

Specificum

Vielleicht fühlen sich manche Leser ein wenig befremdet von der Unbefangenheit, mit der in den beiden Büchern von innigen geistlichen Erfahrungen, vornehmlich von der Freundschaft mit Christus, Zeugnis gegeben wird. Manche Historiker und Theologen hat diese scheinbar „alltägliche" Vertrautheit mit Christus, die aus den Texten spricht, zu skeptischen, ja abfälligen Urteilen über die geistliche Reife dieser Frauen verleitet: Die beschriebenen Erfahrungen seien „bizarr" oder kindisch.[10] Soll man denn wirklich annehmen, daß Christus sich um das Auffinden einer ins lange Gras gefallenen Nähnadel kümmert?[11] Freilich, wer die Vita Benedikts aus der Feder Gregors des Gr. kennt, wird sich an die ins Wasser gefallene Sichel erinnern, die der heilige Benedikt wieder an die Oberfläche brachte[12] – und vielleicht auch an eine ähnliche Geschichte im Buch der Könige über den Propheten Elischa. Warum soll denn eine Nähnadel weniger wichtig sein als ein Beil oder ein zerbrochenes Sieb?

Und dennoch: Es bleibt ein respektvolles Erstaunen über die Unmittelbarkeit der visionären Erfahrungen und den Umgang mit Christus, wie er sich im Alltag zeigt – vor allem freilich im Alltag des Gebetslebens: des persönlichen Gebetes, besonders aber in der Liturgie des Stundengebetes und der Eucharistie-Feier. Es ist

---

10 Oudin, Amort, Mercurian: Jacques Hourlier / Albert Schmitt, *Introduction* zu Gertrude d'Helfta *Oeuvres spirituelles,* Tome I, *Les Exercices,* Paris 1967 (SC 127, 20). Andererseits fanden die Schriften hohe Wertschätzung bei Geistlichen und Theologen wie Petrus Faber, Martin von Cochem, Dom Guéranger oder Henri Bremond.

11 *Legatus* I, 13 (SC 139, 192.194).

12 *Dial.* II, 6.

nicht zu übersehen, daß die weitaus meisten der beschriebenen Erfahrungen sich im engeren oder weiteren Kontext des Gottesdienstes, insbesondere der Eucharistiefeier, ereignen, bzw. im Kreis des Kirchenjahres und seiner Feste eingeordnet erscheinen. Die *Liturgie, des Wortes und der Sakramente*, ist bei Gertrud und Mechthild der bevorzugte Raum ihrer visionären Erfahrungen, der „Ort", *wo Christus sich zeigt*. Mit anderen Worten: Die Liturgie ist der Ort, wo die Wirklichkeit der Gegenwart Christi und die Wirkmacht seines Wortes geschenkt und *erfahren* wird.

Es scheint, daß man in Helfta nicht so sehr erstaunt war, daß es solche Vertrautheit gibt, und sie auch nicht argwöhnisch betrachtete. Aber „selbstverständlich" war sie nicht – genauso wenig wie die Tatsache der Offenbarung Gottes und die sakramentale Gegenwart Christi jemals „selbstverständlich" sind. Man darf sagen: Die Erfahrung der Nähe Gottes, der Gegenwart Christi, ist genauso „selbstverständlich", oder so wenig selbstverständlich, wie die Tatsache, daß das Wort Gottes in der Kirche täglich verkündet wird und die Gegenwart des Herrn sakramental wirklich ist. Um das zu erfahren, müssen diese „alltäglichen" religiösen Vollzüge als das erfaßt werden, was sie sind, nämlich als überwältigend. Und gerade *dies* ist nicht selbstverständlich – nicht für uns heute, aber auch nicht für die Frauen von Helfta im 13. Jahrhundert.

Man sollte also nicht übersehen, daß Gertrud erst mit 25 Jahren jene erste Begegnung mit Christus erlebte, die gewissermaßen ihre „zweite Bekehrung" einleitete und eine Zäsur in ihrem bisherigen Leben setzte. Und Mechthilds Buch trägt den Titel „von der besonderen Gnade". Offenbar hatten keineswegs alle Schwestern derartige Erfahrungen – sie waren kein kollektives Phänomen. Doch die Tatsache, daß Gertrud wie Mechthild zuweilen im Gebet den Wunsch äußern, daß doch *alle* solche

Erfahrungen der Nähe und Zuneigung Gottes hätten, gibt der Überzeugung Ausdruck, daß solche Erfahrungen prinzipiell allen offenstünden.

Und zuletzt sei noch auf etwas aufmerksam gemacht. Man war sich offenbar bewußt, daß die visionäre Erfahrung nicht das eigentliche Ziel des geistlichen Lebens ist. Das Ziel besteht in der Freundschaft mit Christus, und die visionären Erfahrungen buchstabieren nur diesen Sinn. Am Ende des II. Buches schreibt Gertrud: „Mögen manche, die in diesem Buch lesen, sich an der Süße deiner Zuneigung erfreuen. Mögen sie von da aus in ihr Inneres gezogen werden und noch Größeres erfahren. Wie ein Student von der Erlernung des Alphabets bis zur Logik fortschreitet, so mögen die Leser von den hier gemalten Bildern zum Verkosten des verborgenen Manna (Offb 2,17) geführt werden..."[13]

Das Wort Gottes in der geistlichen Erfahrung

Vor allem den in der Liturgie gehörten und gesprochenen, gesungenen und verkündeten Worten der Heiligen Schrift kommt eine herausragende Bedeutung zu: Zahlreiche innere Erfahrungen entzünden sich an solch einem Schriftwort.

Biographische Zeugnisse

Beiden Frauen wird bestätigt die „Kenntnis" oder „Wissenschaft" von der Heiligen Schrift.

Kurz heißt es über *Mechthild*: sie sei „Magistra in scholis" gewesen, sie habe sich auf die „liberales artes" verstanden und die „Kenntnis der Heiligen Schrift" (*divinae scripturae scientiam*) besessen.[14] Mechthilds Liebe zum Wort Gottes kommt vielleicht

13 *Legatus* II, 24 n. 1 (SC 139, 350); vgl. *Liber spec. gratiae* II, 43 (193).
14 Praefatio, Pars I (ed. Solesmes, Seite II).

am schönsten in einer Passage *des Buches von der besonderen Gnade* zum Ausdruck, in der ihr von Christus die Frage beantwortet wird, was das Beste und Nützlichste sei, was ein Mensch tun könne. Die Antwort lautet: die edelste Tätigkeit des menschlichen *Mundes* sei das Gotteslob und der vertraute Austausch mit Gott (*confabulatio, oratio*). Die edelste Tätigkeit der *Augen* bestehe in zwei Dingen: Tränen der Liebe zu vergießen und in der *fortwährenden Lesung der Heiligen Schrift*. Die *Ohren* vollbringen ihr vollkommenstes Werk, wenn sie gern das *Wort Gottes hören* und zwar, indem der Mensch sein „Ohr neigt", das heißt: geneigt ist, „das Wort zu tun". Die edelste Beschäftigung der *Hände* schließlich besteht darin, sie zum Gebet zu erheben, und – man höre und staune! – zu *schreiben*. Die vorzüglichste Tätigkeit des Herzens besteht in der glühenden Liebe und dem betrachtenden Denken an Gott.[15]

Daß Heiligkeit und Liebe zur Heiligen Schrift miteinander verbunden sind, darauf legt besonderes Gewicht die Verfasserin der Lebensbeschreibung *Gertruds*. In dieser „Vita", die einen unverkennbar „individuellen" Eindruck von Gertrud vermittelt, spielen im übrigen Wunder als Erweis der Heiligkeit eine weit geringere Rolle als die Bezeugung von Tugenden (I, 5-12).[16] Gertrud, so heißt es da, sei schon in jungen Jahren – also vor ihrer „zweiten Bekehrung" – eine gut ausgebildete „grammatica" gewesen; das heißt, sie konnte nicht nur lesen und schreiben, sondern einen Text auch verstehen.[17] Sie las offenbar gerne und gut. Und das

15 *Liber spec. gratiae* III, 48 (250): „...Laudabilissimum quod Deo oculis facere potest, sunt amoris lacrymae, et sacrae Scripturae jugis lectio. Aurium vero est, libenter audire verbum Dei et ad oboediendum inclinatos esse et paratos. Fructuosissimum etiam quod manibus potest peragi, est elevatio manuum in pura oratione, et scribere. Optimum quoque cordis est Deum toto corde ferventer amare et desiderare, et meditatione de ipso dulciter cogitare."

16 Die Wichtigkeit dieses Kriteriums wird ausdrücklich mit einem Gregor-Zitat belegt: I, 13.

17 Vgl. zur Bedeutung der „Grammatik-"Studien in der monastischen Theologie: J. Leclercq, *Wissenschaft und Gottverlangen,* Düsseldorf 1963.

blieb auch nach jenem einschneidenden Erlebnis des 27. Januar 1281 so, als sich ihre Bücher-Liebe in Liebe zur Heiligen Schrift wandelte:[18]

„Ab diesem Zeitpunkt wurde aus der Philologin eine Theologin (*Unde ex hinc de grammatica facta est theologa*); alle Bücher der Heiligen Schrift, die ihr zur Verfügung waren bzw. die sie bekommen konnte, ging sie unermüdlich im Geiste wiederholend durch (*omnes libros divinae paginae quoscumque habere vel acquirere potuit, infastidibiliter ruminans*) und füllte so den Korb ihres Herzens mit den heilbringenden und süßen Worten der Heiligen Schrift bis zum Rand (*cophinum cordis sui crebro utilioribus et mellitis Scripturae sacrae eloquiis impletis usque ad summum replebat*). So war ihr stets ein Wort Gottes zur Auferbauung gegenwärtig, womit sie allen, die sie aufsuchten, dienen konnte, gerade so, wie diese es brauchten (*ita ut semper praesto sibi esset sermo divinus et aedificatorius, unde quoslibet ad se venientes posset satis convenienter expedire*), und auf jedweden Irrtum mit derart passenden Worten aus der Heiligen Schrift zu erwidern vermochte, so daß sie einfach von niemandem widerlegt werden konnte (*atque cuilibet errori tam congruis sacrae Scripturae testimoniis obviare, quod a nullo penitus posset confutari*). Daher wurde sie keinen Tag müde, sich mit Eifer der Betrachtung beziehungsweise der Erforschung der Heiligen Schrift zu widmen, mit staunenswerter Innigkeit und süßer Freude (*Itaque nec satiabatur illis diebus dulcedine mirabili et delectatione praesuavi sedulo insistere divinae contemplationi, sive Scripturae sacrae perscrutationi*); denn das war für sie offensichtlich Honig für den Gaumen, Wohlklang im Ohr und geistlicher Jubel… (*quae videbantur sibi esse favus in ore, melos organicum in aure, iubilusque spiritualis…*)[19]".

18 *Legatus* I, 1 n. 2 (SC 139, 120.122).

19 Vgl. Bernhard von Clairvaux, *Super Canticum* 15, 6 (BAC 491, 226): „Iesus mel in ore, in aure melos, in corde iubilus."

Gertrud war also „theologa“ – das ist die Kernaussage des Charakterbildes. Das aber bedeutet, sie kannte die Heilige Schrift – „alle Bücher der Bibel, die sie bekommen konnte“ – und prägte sich das Gotteswort ein: durch „ruminatio“, fortwährendes wiederholendes Nachsinnen. Die Vertrautheit mit dem Wort der Schrift brachte Frucht: „Für die Menschen, die zu ihr kamen, hatte sie stets ein Wort Gottes, ein auferbauendes Wort, das für die einzelnen paßte und ihnen nützte; und sie konnte mit derart einschlägigen Zeugnissen aus der Heiligen Schrift jeder irrigen Ansicht entgegentreten, daß niemand sie in Verwirrung zu bringen vermochte.“ Verständnis der Glaubenswahrheit, die rechten Argumente für seine Begründung und Verteidigung, wie auch der geistliche Rat für einzelne Menschen, sind Früchte der Schriftlesung, die sichtbar den Mitmenschen zugute kommen.

Innerliche Frucht aber ist die „Süße der Kontemplation“: Im eben zitierten Text wird die „Beschauung des Göttlichen“ (*divina contemplatio*) bemerkenswerterweise mit dem „tieferen Eindringen in die Heiligen Schrift“ (*Scripturae sacrae perscrutatio*) gleichgesetzt. Durch den Umgang mit ihr erwachen die geistlichen Sinne: das Gotteswort wird „Honig im Mund, Musik im Ohr, geistlicher Jubel“ im Herzen. Auch die Keuschheit, eine besondere Tugend Gertruds, wird als (mittelbare) Frucht der Schriftlesung dargestellt: Die Keuschheit ist nämlich unmittelbar Frucht der Freude an Gott, welche ihrerseits aus der Freude an der Heiligen Schrift wächst.[20] Mit anderen Worten: Die Lesung der Heiligen Schrift erhält das Herz in der Treue zu Christus. Zugleich ist es gerade die „Einwohnung des Wortes“ im Herzen der Betrachtenden, aus

20 *Legatus* I, 9 n. 1 (SC 139, 160): „Nec mirum, cum ultra omnes homines mihi cognitos assueta fuerit in sacra Scriptura delectari, et per consequens etiam delectari in Deo, quod est praecipuum conservatorium castitatis.“

der die „Gabe des Wortes" für andere Menschen entspringt; der innere Umgang mit dem „Wort" selbst ist die Voraussetzung für fruchtbare Worte.[21]

Dieses Wort „trifft und durchbohrt" (*compungens*), „erleuchtet" (*illuminans*), „hilft" (*ministrans*) und „setzt in Brand" (*inflammans*). Nicht verwunderlich, daß Gertruds Nächstenliebe gerade in der Vermittlung des Gotteswortes tätig wird: Wo die Heilige Schrift fehlte, sorgte sie dafür, daß ein Exemplar zur Verfügung stand, heißt es in der *Vita*. Sie schrieb Passagen der Schrift ab,[22] und für schwer verständliche Abschnitte suchte sie nach verständlicheren Formulierungen: „*unde et quaecumque in Scripturis sanctis inveniebat utilia, si videbantur sensui minus intelligentium difficilia, latino mutato, stylo describebat planiori...*"[23]

Kurzum: das Charakterbild Gertruds, wie es im Buch I des *Legatus* gezeichnet wird, erweist ihre persönliche Heiligkeit in erster Linie als Frucht der Vertrautheit mit dem Wort Gottes. Auf die Bedeutung der oftmaligen Kommunion werden wir gleich noch zurückkommen.

Beispiele für die kontemplative Erfahrung in Verbindung mit dem Wort Gottes

Aus der Fülle der beschriebenen Erfahrungen können nur einige wenige Beispiele herausgegriffen werden. Das Schriftwort, meist in der Liturgie gehört, oder auch außerhalb der Liturgie in der Erinnerung auftauchend, kann *Ausgangspunkt* einer Vision oder eines tieferen Verständnisses sein; es kann selbst der wesentliche *Inhalt* einer Christus-Begegnung sein: wenn ein Wort der Schrift

21 *Legatus* I, 1 n. 3 (SC 139, 124): „Verbum siquidem vivum et efficax et penetrabilius omni gladio ancipiti, pertingens usque ad divisionem animae et spiritus, habitans in ea operabatur haec omnia."

22 *Legatus* I, 4 n. 2 (SC 139, 144).

23 *Legatus* I, 7 n. 1 (SC 139, 152).

persönlich zugesprochen wird; und es kann auch die *Deutung* zu einer Erfahrung geben.

Sehr häufig sind etwa Berichte von folgendem Aufbau: Ich hörte – zum Beispiel: das Reponsorium... – Ich dachte nach, was dies bedeuten solle. Und der Herr antwortete mir / der Herr zeigte sich in der Gestalt...[24] Ein erstes Beispiel dafür: *Mechthild, Liber specialis gratiae I, 3:*[25]

„An dem Sonntag, als man sang: ‚Der Herr läßt erschallen seine Stimme voll Majestät', wollte sie gern wissen, was das bedeute: ‚die Stimme der Majestät des Herrn'. Da sprach der Herr: Das ist die Stimme meiner Majestät, wenn die Seele mehr aus Liebe als aus Furcht Reueschmerz über ihre Sünden hat. Dann darf sie von mir hören: Dir sind vergeben deine Sünden; *gehe in Frieden* (Lk 7,48.50) (...) Zweitens ist es meine Stimme voll Majestät, wenn die

---

24 Weitere Beispiele: *Liber spec. gratiae* III, 47 (249f.): „Ich hörte das Responsorium: Vidi civitatem sanctam Jerusalem ornatam et compositam de orationibus Sanctorum. – Ich dachte nach, wie das gehe... – und der Herr antwortete..." I, 4 (13f.): „Exsultavit ut gigas ad currendam viam": Was wolltest du damit sagen, Herr? Der Herr erscheint, rot-grün-weiß gegürtet etc.

25 (ed. Solesmes, 10); ähnliche Struktur hat III, 24 (227): Mechthild fragt nach der Bedeutung des Meßtextes: „Tut dies zu meinem Gedächtnis", und erhält die Antwort: Das heißt, einer dreifachen Liebe gedenken: 1) der ewigen Liebe *(amor aeternus)* des *Schöpfers,* obwohl er alle Sünden vorhersah; 2) der unermeßlichen Liebe *(inaestimabilis amor)* des Sohnes in der Menschwerdung, als er Hunger, Durst und alle Pein des Lebens auf sich nahm; 3) der unerforschlichen Liebe *(amor inscrutabilis),* in der der Blick Christi immer auf uns gerichtet ist. Gottes gedenken heißt, sich bewußt werden, daß ER unser ständig eingedenk ist. – Ein weiteres, besonders eindrückliches Beispiel ist die Anwendung von Joh 21,15f.: „Simon, Sohn des Johannes, liebst du mich? ... Weide meine Lämmer", *Liber spec. gratiae* IV, 60 (316). Welche Bedeutung hat die dreimalige Frage für Mechthild? Und auf welche Weise soll sie des Herrn „Lämmer weiden"? Die Antwort lautet, durch die Werke der geistlichen Barmherzigkeit: Lehre, Tröstung und Gebet: „En tria hominum genera tibi commendo: scilicet pueriles innocentes et simplices, qui per agni innocentiam designati sunt; ut eos instruas, et ad mei agnitionem et amorem pertrahas. Secundo tribulatos et abiectos, qui similiter per agni mansuetudinem designantur, ut eos consoleris, et auxilium in quantum potes impendas. Tertio totam Ecclesiam, quae in ovis utilitate figurata est, quam desideriis continuis et orationibus indefessis, oculis misericordiae meae praesentabis."

Seele sich durch inniges Gebet und Beschauung mit mir vereint und von mir hört: *Komm, meine Freundin!* Laß mich dein Gesicht sehen! (Hld 2,4). Drittens ist es meine Stimme voll Majestät, wenn die Seele vom Leib scheidet, und von mir hört: *Komm, meine Auserwählte*, ich setze dich auf meinen Thron! Und viertens ist es meine Stimme voll Majestät, wenn ich am Tag des Gerichtes alle von Ewigkeit her Auserwählten in das Reich der Ehre und Zierde laden und in Herrlichkeit zusammenrufen werde, mit den Worten: *Kommt, ihr Gesegneten meines Vaters!* (Mt 25,34)."

„Die Stimme des Herrn voll Majestät", die „machtvolle Stimme" wird also erläutert als Worte Gottes, die bewirken, was sie sagen. Die zugesagte Gnade wird Wirklichkeit: in der Sündenvergebung, in der Berufung in die Nähe und Vereinigung mit dem Herrn, hier auf Erden, beim Sterben und bei der endgültigen Vollendung der Welt (dreimaliges „Komm!"). Bezeichnend ist, daß die Erläuterung des überdachten Wortes selbst mittels Schriftworten geschieht.

Ein weiteres, sehr eindringliches Beispiel für die Bedeutung des Schrift-Wortes ist die „Bekehrungsvision" *Gertruds (Legatus II, 1: die erste Vision)*; wobei genauer gesagt diese Conversio einen etwas längeren Zeitraum umfaßt, während dessen die Erfahrungen von Christus an Deutlichkeit zunehmen. Gertrud beginnt die Niederschrift dieser Erfahrungen am Gründonnerstag 1289 – acht Jahre nach der ersten Christusbegegnung.

„Es war im 26. Jahre meines Lebens, am Montag vor dem Fest der Reinigung deiner allerreinsten Mutter, am 27. Januar, nach der Komplet beim Anbruch der Dämmerung, als du, o Wahrheit (...) meine Finsternis zu verscheuchen beschlossen hattest (...). Während ich also zu besagter Stunde inmitten unseres Schlafsaales stand und das Haupt, das ich zur ordensüblichen Ehrfurchtsbezeigung vor einer älteren mir begegnenden Schwester verneigt hatte, wieder erhob, da sah ich einen jungen Mann mir zur Seite stehen, von liebenswerter Gestalt, ungefähr 16 Jahre alt (...). Mit freundlichem Antlitz und sanften Worten sprach er zu mir: ‚Schnell wird kommen dein Heil (Jes 56,1). Warum verzehrst du dich in Trauer? Ist dir nicht ein Ratgeber zur Seite, da der Schmerz dich verändert hat? (Mi 4,9)' Während er dies sagte, glaubte ich, obwohl ich wußte, daß ich leiblich am genannten Ort im Dormitorium stand, dennoch im Chor zu sein, in der Ecke, wo ich das mündliche Gebet zu verrichten pflegte, und hörte dort folgende Worte: Ich werde dich retten und befreien, fürchte dich nicht!' (Ps 7,2). Sodann sah ich eine sanfte rechte Hand meine Rechte halten, als wolle sie dieses Versprechen bekräftigen. Und er fügte hinzu: ‚Mit meinen Feinden hast du Erde geleckt (Ps 72, 9) und Honig unter Dornen gekostet, kehre endlich zurück zu mir, ich will dich aufnehmen und mit dem Strom meiner göttlichen Wonne berauschen (Ps 36,9)'..."[26]

Der Text ist durchtränkt mit Schriftzitaten; auffällig ist vor allem, daß alle Worte Jesu Worte aus der Heiligen Schrift sind, in einem Fall werden sie in der Form eines liturgischen Textes zitiert, zu dem die Worte bereits verbunden vorlagen.[27]

Wenige Wochen später – „zwischen Ostern und Himmelfahrt" – erfährt Gertrud in einer anderen, nicht visionär-bildhaften Weise die Wirksamkeit des Gottes-Wortes (*Legatus II, 3, 1.2*):

Gertrud erzählt, wie sie am frühen Morgen im Freien „die Lieblichkeit des Ortes" am Klosterweiher betrachtet habe. „Hell und klar floß das Wasser dahin, ringsum grünende Bäume, Vögel, besonders Tauben flogen frei hin und her; vor allem freute ich mich über die ruhige Stille an diesem abgeschiedenen Ort. Ich begann zu überlegen, was ich mir noch hinzu wünschen sollte, damit die Wonne dieses Plätzchens vollkommen sei. Und das fand

---

26 *Legatus* II, 1 (SC 139, 228.230); hier wiedergegeben nach der Übersetzung von J. Weissbrodt (1979) 73-75.

27 Das erste Wort: „Schnell wird kommen dein Heil...": Responsorium des 2. Adventssonntags, im heutigen Stundenbuch zur Lesehore am 10. Jan.

ich: Es sollte jemand Vertrauter da sein, jemand, der mich liebt, ein wahrer Freund, der mich in der Einsamkeit tröstet. Da hast du, der du unaussprechliche Wonnen bewirken kannst, mein Gott, der du – wie ich fest hoffe – dem Beginn meiner Gedanken bereits voraus warst und sie leitetest, auch das Ende meiner Betrachtung an dich gezogen, indem du mir den Gedanken eingabst: Wenn ich immer den Strom deiner Gnaden zu dir zurückleiten würde, in tiefer Dankbarkeit, gleich wie das klare Wasser, wenn ich im Eifer für die Tugenden wachsen würde wie die grünenden und blühenden Bäume, wenn ich das Irdische geringachten und mich wie die Tauben in freiem Flug zum Himmlischen erheben wollte, und wenn ich dem Lärm der äußeren Sinne fremd würde und meinen Geist frei für dich hielte, dann würde mein Herz dir eine Wohnstatt bereiten, lieblicher als jeder liebliche Ort.

Den Tag über war ich mit diesen Gedanken erfüllt. Und als ich am Abend mich zum Schlafen begeben wollte, mich niederkniete und zum Gebet verneigte, da kam mir plötzlich jene Stelle des Evangeliums in den Sinn: ‚Wenn jemand mich *liebt*, wird er mein *Wort bewahren*, mein Vater wird ihn lieben, und wir werden zu ihm *kommen* und *Wohnung* bei ihm nehmen.' (Joh 14,23). Da fühlte mein Herz aus Lehm, daß du für es mit deiner Gegenwart angekommen warst."[28]

Die Betrachtung, welche um den „lieblichsten Ort" für ein Bleiben (*sessio*) kreisen, wo man mit Gott zusammenwohnen kann, füllt sich zunächst mit „Gleichnissen" aus der Schöpfung. Aber all diese ansprechenden Gedanken und Bilder laufen gewissermaßen auf ein Ziel zu: auf das Wort Jesu, das ganz kurz und ohne bildhafte Vorstellung das Geheimnis der „Einwohnung"

28 *Legatus* II, 3, nn. 1.2 (SC 139, 236): „Interque luteum cor meum (Adam!) sensit te sibi praesentialiter adventatum".

Gottes (*inhabitatio*) ausdrückt. Als dieses Wort im Innern Gertruds „plötzlich" steht, bewirkt es, was es sagt: die Erfahrung der Gegenwart des Herrn.

Es kommt auch vor, daß Christus selbst einem bekannten Schrift-Wort eine neue Bedeutung im Hinblick auf die konkrete Person gibt. So wird im *Legatus II, 14* die an Gott gerichtete Bitte „Sei mir eine sichere Zuflucht" (Introitus Ps 31), von Christus „umgekehrt": Gertrud soll verstehen, daß *sie* gebeten werde „Sei mir eine sichere Zuflucht"; denn das Herz des gläubigen Menschen soll für Christus ein sicherer Ort sein, während er von vielen Menschen abgelehnt oder nur mit unzuverlässiger Treue aufgenommen wird.[29]

Außergewöhnlich erscheint auch folgende Anwendung von Röm 9,3. Auf den großen Wunsch Gertruds, Christus seine Liebe irgendwie zu vergelten, stellt ihr dieser bei der Kommunion das Pauluswort vor Augen: „Ich wollte ich wäre wegverbannt (von Christus), um meiner Brüder willen", und erläutert ihr, es sei etwas Großes, auf die Süße der Kontemplation zuweilen um Christi willen zu verzichten, und sich in den Werken der Nächstenliebe abzumühen. [30]

Das Ziel der Schriftlesung und -Betrachtung zu bestimmten Zeiten ist die Einwurzelung des Gedenkens an Gott, der immer gegenwärtig ist. Wie gewinnt man ein „stetes Gott-Gedenken", die

---

29 *Legatus* II, 14 (SC 139, 286): „...dedisti mihi in hoc intellegere quasi tu, a diversis conviciatus et persecutus, per verba praedicti Introitus („Esto mihi") expetere a me domicilium cordis mei ad requiescendum". Vgl. auch den „Tausch" der Worte *Liber spec. gratiae* II, 8 (143), wo Christus zur Seele spricht: „Ich bin der Schöpfer aller Dinge und brauche keinen Lohn; doch du bist mein Lohn."

30 *Legatus* II, 15 n. 2 (SC 139, 288): „Et cum usque ad instans, te inducente, scivissem animae mansionem in corde constare, ostendisti mihi tunc etiam in cerebro mansionem ipsius, quod postea, fateor, testante Scriptura (!) cognovi, licet antea nescierim; et disseruisti hoc esse magnum, si anima, relicta dulcedine fruitionis cordis causa tui, corporalibus sensibus regendis invigilaret ac operibus charitatis insudaret et ad proximorum salutem."

Einprägung der „memoria Iesu“ im Herzen? Darauf gibt ein kleiner Text aus dem *Liber specialis gratiae* (III, 41) Antwort. Es handelt sich um eine frappierend kurze Anleitung zur *meditatio*:

„Da zeigte ihr der Herr sein Herz in der Gestalt eines Hauses, durch dessen Tor die Seele wie eine Taube flog. Im Innern des Hauses fand sie einen Haufen Weizen. Und der Herr sprach: Wenn die Taube einen Haufen Weizen findet, trägt sie nicht den ganzen Berg mit sich fort, sondern sie wählt, was ihr mehr zusagt. Mach du es genau so. Wenn du das Wort Gottes hörst oder liest, wirst du nicht alles im Geist (*per intellectum*) fassen können, doch sammle dir ein wenig, worauf du dein Gedächtnis richtest, und denke bei dir selbst: *Was will Er, der dich liebt, dir in dieser Lesung sagen oder dir auftragen?*“

Mit anderen Worten: Nimm nicht zu viel, behalte und bewege es im Gedächtnis, vor allem aber: sei dir der Gegenwart Christi bewußt. Geistliche Schriftlesung ist etwas anderes als bloß die Beschäftigung mit einem Text: Sie geschieht immer unter den Augen Christi – auch dann, wenn man keinerlei bildhafte Vision von ihm hat. Sie ist immer „Dialog“, auch wenn man den Herrn nicht „sprechen“ hört. Denn was man liest, ist gesprochen von „dem, der dich liebt.“

„Aller Gnade Wohlgeschmack“[31] – Erfahrung der Gegenwart Christi im Sakrament

Anders als heute, wo nicht selten „Mystik“ oder „kontemplative Erfahrung“ ohne jeden Zusammenhang mit dem sakramentalen Leben gezeichnet werden, war in Helfta die Feier der Sakramente

31 *Liber spec. gratiae* III, 28 (232): „...omnis gratiae sapor et delectamentum, quod anima recipere potest in hoc saeculo per Eucharistiae sacramentum, quod est omnis gratiae et suavitatis contentivum.“

(etwa der Krankensalbung[32] oder der Beichte[33]) und Sakramentalien (Sterbe-Liturgie, Profeßliturgie[34]) ein Ort besonders intensiver Christus-Begegnung. Vor allem jedoch gilt dies für die Eucharistiefeier und den Kommunionempfang, der ganz offenbar im geistlichen Leben Helftas die zentrale Stellung einnimmt. Sehr viele Berichte beginnen: „Nachdem ich kommuniziert hatte...". Dem Empfang folgt eine tiefere Einsicht in dieses Geheimnis, die in der Weise einer Vision oder eines vernommenen Wortes gegeben werden kann, oder als „Verstehen" ohne Bilder. So scheint es bezeichnend, daß Gertrud bei der Beschreibung ihrer ersten Erfahrungen nach der „zweiten Bekehrung" ausdrücklich bemerkt, sie habe „besonders beim Empfang der Kommunion" die Gegenwart Christi – auch in Visionen von zunehmender Deutlichkeit – erfahren.[35] Auch die wohl einschneidendste Erfahrung der Umgestaltung, die Verwundung des Herzens, ist bei ihr mit dem Kommunionempfang verbunden[36] – übrigens ähnlich bei Teresa von Avila und Caterina von Siena.

Im Folgenden wird vor allem vom „persönlichen" Aspekt des Sakramentenempfangs die Rede sein; es sei aber ausdrücklich an die ekklesiale Dimension erinnert, die in den beiden Büchern eine

32 Vgl. etwa *Legatus* V, 4 (Weissbrodt 548f.): über die Krankensalbung an Mechthild.

33 Die Beichte als ein nicht unbedingt angenehmes „heißes Bad": *Legatus* III, 14 (SC 143, 56-60).

34 Vgl. *Liber spec. gratiae* IV, 17 (274 f.). Die *Exercitia spiritualia* Gertruds sind ja Anleitungen, den eigenen Tauf- oder Weihetag geistlich zu begehen.

35 *Legatus* II, 11 (SC 139, 276): „specialius cum ad tui benedicti corporis et sanguinis admitterer participationem".

36 *Legatus* II, 5, nn. 1.2 (SC 139, 248.250): Anläßlich der heiligen Kommunion bittet Gertrud um die „Durchbohrung mit dem Pfeil der Liebe". Sie schaut dabei einen „Strahl vom Kreuz her". Aber erst drei Tage später, an einem Mittwoch im Advent wird ihr die Wunde eingedrückt, und zwar ohne daß ein Bild oder eine bildhafte Vision die Erfahrung begleitet. Erfahren wird einzig die „Gegenwart" des Herrn. Die Bedeutung der Vision: Alle Neigungen, die gesamte Kraft des Strebens und der Liebe *(affectiones)* sollen sich in der Liebe zu Christus konzentrieren, auf dieses Zentrum – fühlbar in der Wunde des Herzens – zulaufen.

wichtige Rolle spielt. Die Feier der Eucharistie und der Empfang der Kommunion verbinden sich mit der *Fürbitte*, manchmal für bestimmte Personen, aber auch mit Erfahrungen, welche die *Kirche* zum Inhalt haben, einschließlich der himmlischen Kirche. Durch die Teilnahme an der Eucharistie bekommt der Gläubige auch inniger Teil an den Gütern aller anderen.[37]

Ermutigung zum Empfang, Vorbereitung

Betont wird von Mechthild wie von Gertrud die Wichtigkeit des Kommunionempfangs, auch der Häufigkeit – eines der vielen Beispiele, daß die eucharistische Frömmigkeit des Mittelalters keineswegs bloße Schau-Frömmigkeit war. Daß die Praxis häufigeren Kommunionempfangs jedoch nicht gänzlich selbstverständlich war, wird an Randbemerkungen erkennbar. So schreibt Gertruds Biographin, weder bestimmte Stellen aus der Heiligen Schrift, noch Menschen, die von den Gefahren unwürdigen Kommunionempfangs sprachen, hätten Gertrud je davon abhalten können, die heilige Kommunion zu empfangen – ihr Vertrauen in die „pietas Domini" war stets stärker als der Selbstzweifel über ihre eigene Bemühung.[38] Ausdrückliche Einladungen zum häufigen Empfang des Sakraments finden sich im *Gnadenbuch* Mechthilds ausgesprochen.[39]

37 Das Thema „Kirche" verdiente eine eigene Untersuchung. Vgl. vorerst *Liber spec. gratiae* I, 26 (94); Fürbitte: III, 20 (223); vgl. auch *Legatus* II, 15 (oben Anm. 30).

38 *Legatus* I, 10 n. 3 (SC 139, 166): „...dicta confidentia tantam habuit gratiam communicandi, quod nunquam nec in scriptura nec ab hominibus tantum audire potuit de periculo indigne communicantium, quin semper firma spe super pietate Domini libenter communicaret." Vgl. III, 77 (SC 143, 324. 326 – entspricht bei Weissbrodt III, 71; 287 f.)

39 *Liber spec. gratiae* III, 26 (229f.): Die häufige Kommunion erfreut Christus; oft an der Messe teilzunehmen ist gut: III, 19 (221f.); IV, 1 (257f.); Ratschläge für bestimmte Personen: IV, 47. 48 (302f.); *Legatus* II, 19 (SC 139, 306).

Das bedeutet freilich nicht, daß die rechte Disposition und Vorbereitung kein Thema wären,[40] oder die eigene Unwürdigkeit niemals fühlbar würde. Einerseits wird gewarnt vor einer bestimmten Art von Demut, welche „die Decke der eigenen Unwürdigkeit über die Augen zieht", so daß die Zuneigung Christi nicht mehr gesehen werden kann,[41] andererseits ist die Ehrfurcht, die manche Personen besonders auszeichnet, ebenfalls eine Gabe. Die unterschiedlichen Gnadengaben ergänzen sich nach dem Prinzip der Stellvertretung:

„Einst sah Gertrud eine der Schwestern allzu zaghaft zur heiligen Kommunion hinzutreten, und sie wandte sich gleichsam mit Unwillen von ihr ab. Dies verwies ihr der Herr liebevoll, indem er sagte: Bedenkst du nicht, daß mir nicht weniger Ehrfurcht als Liebe gebührt? Weil nun aber die menschliche Gebrechlichkeit beides nicht in einem Affekt zu leisten vermag, so ist es ganz recht, da ihr ja untereinander Glieder seid, daß eine jede das, was sie weniger hat, durch eine andere ergänze. Wer zum Beispiel durch Liebe ergriffen, weniger Ehrfurcht besitzt, freue sich, daß eine andere mehr von Ehrfurcht bewegt wird; und umgekehrt wünsche diese, daß jene den Trost der göttlichen Salbung erlange."[42]

---

40 Vgl. etwa *Liber spec. gratiae* I, 19 (62): Kommunion und Gewissenserforschung; I, 26 (94); III, 21.22 (224ff.): Vorbereitung.

41 *Legatus* III, 10 n. 2 (SC 143, 46).

42 *Legatus* III, 18 n. 19 (SC 143, 96); vgl. *Liber spec. gratiae* IV, 47 (302): „Als sie für eine bestimmte Person betete, die aus Lauheit und Leichtsinn oftmals die hl. Kommunion unterließ, sah sie diese Person und neben ihr den Herrn, der zu ihr sprach: Meine Liebste, warum geht du mir aus dem Weg? *(Carissima mea, cur fugis me?)* Sie aber (Mechthild) wunderte sich, daß der Herr diese Person so liebevoll anredete. Da sagte der Herr ihr: Alle Tage ihres Lebens wird sie mit diesem Namen angeredet werden. Mechthild fürchtete nun, daß ihr dieser Namen nach dem irdischen Leben womöglich nicht mehr gegeben werde. Doch der Herr antwortete: In Ewigkeit wird ihr dieser Name bleiben. Die Seele jener Person stand nun vor dem Herrn in Gestalt einer wunderschönen Jungfrau. Und der Herr wandte sich ihr zu und sprach: Tritt herzu mit gläubigem Vertrauen zur Allmacht des Vaters, damit er dich stärke, zur Weisheit des Sohnes, damit er dich erleuchte, zur Güte des Heiligen Geistes, damit er dir Süße schenke."

Zwei Texte von Gertrud und Mechthild sollen die Verbindung von Demut und Gottvertrauen, von Ehrfurcht und Liebe, exemplarisch verdeutlichen.

Liber specialis gratiae II, 14:[43] das Gleichnis vom Hausputz:

Mechthild möchte gerne kommunizieren; aber sie hat mangels Beichtvater keine Gelegenheit, vorher das Bußsakrament zu empfangen. Deswegen ist sie überaus betrübt:

„Eines Tages, als sie beichten wollte, aber kein Beichtvater da war, wurde sie sehr traurig; denn sie wagte nicht, ohne gebeichtet zu haben, den Leib des Herrn zu empfangen. Sie begann im Gebet voll Reue sich vor Gott, dem Hohenpriester, ihrer Sünden und Nachlässigkeiten anzuklagen; und er gab ihr die Gewißheit, daß all ihre Sünden vergeben seien. Sie sagte ihm Dank und sprach: Was ist nun mit meinen Sünden o Herr? Und er antwortete: Wenn ein mächtiger König in ein Gasthaus kommen soll, dann wird das Haus rasch geputzt, damit nicht irgendetwas dem Gast unangenehm ins Auge fällt. Wenn aber keine Zeit bleibt, den Unrat hinauszuschaffen, dann kehrt man ihn vorläufig in einen Winkel, um ihn später hinauszubefördern. Wenn du also reinen Willen und Sehnsucht hast, deine Sünden zu bekennen und nicht

43 II, 14 (147f.): „Die quadam volens confiteri, sed confessorem non habens, multum contristabatur eo quo corpus Domini inconfessa sumere non auderet. Tunc in oratione coepit in amaritudine conqueri Deo summo sacerdoti negligentias et culpas suas; qui dabat ei certitudinem de remissione omnium peccatorum; de quo gratias agens dixit ad Dominum: O dulcissime Deus, quomodo nunc est circa peccata mea? Qui respondit: Sicut cum rex praepotens venturus est in aliquod hospitium, domus velociter mundatur ne aliquid ibi appareat quod oculus eius offendat; sed cum tam prope sit quod immunditiae non possint foras eiici, in angulum colliguntur, ut postmodum inde proiiciantur. Sic cum integram voluntatem et desiderium confitendi habes peccata, nec postmodum iterandi, omnia sic coram me delentur quod amplius eorum non recordabor; licet postmodum per confessionem retractentur. Voluntas autem et desiderium quod habes et studium evitandi peccata in quantum potes, est quasi vinculum inseparabile quod te mihi stringit et copulat foedere insolubilis unionis. [...]

mehr wieder zu begehen, dann sind sie alle vor mir getilgt, so daß ich mich an sie nicht mehr erinnern werde, mögen sie auch später bei der Beichte noch einmal genannt werden. Dein Wille und die Sehnsucht, die du hast, und der Eifer, Sünde zu meiden so gut du vermagst: das ist gleichsam ein unlösliches Band, das dich an mich bindet und zu unauflöslichem Bund vereint."

Als Mechthild immer noch zögert, erklärt ihr der Herr: Die Sehnsucht nach dem Sakrament komme von IHM selbst: „Bedenke, daß alle Sehnsucht, die jemals jemand nach mir hatte, von mir selbst eingehaucht ist. (...) Da verstand sie, daß auch ihre Sehnsucht, den Leib Christi zu empfangen, vom Heiligen Geist gegeben, himmlischen Ursprungs sei."[44]

Legatus III, 18: Die Bekleidung mit den Tugenden Christi[45]

Gertrud hatte sich – wie es üblich war, wenn eine Schwester kommunizieren wollte – zum Kommunionempfang angemeldet (man „legte ein Zeichen", damit der Priester Bescheid wußte). Doch als der Augenblick herankam, empfand sie ihre unzureichende Vorbereitung plötzlich überaus stark. Was sollte sie tun?

„...Sie erwog ihre Unwürdigkeit und setzte alle ihre Hoffnung auf die Güte Gottes, und sprach zu sich selbst: Was nützt es zu zögern? Selbst in tausend Jahren könnte ich mich trotz allen Eifers aus eigener Kraft nicht würdig vorbereiten. Ich will vielmehr meinem Herrn mit Demut und Vertrauen entgegengehen, und wenn er mich von weitem sieht, so ist er in seiner Liebe mächtig genug, mir das entgegen zu senden, wodurch ich vorbereitet und ihm würdig vorgestellt werden kann (...) Als sie nun ein wenig vorgeschritten war, erschien ihr der Herr, indem er sie voll

44 „Cogita quod omne desiderium quod unquam aliquis ad me habuit, a me inspiratum est illi [...]. In hoc cognovit, quia et hoc desiderium quod habebat, ut sumeret corpus Christi, a Spiritu sancto sibi est caelitus inspiratum."

45 *Legatus* III, 18 n. 10-11 (SC 143, 88-90). Die Übersetzung Weissbrodt's hat eine andere Zählung: III, 17 (168 f.).

Erbarmen, ja Liebe anschaute, und er sandte ihr zur würdigen Vorbereitung seine Unschuld entgegen, womit er sie in weißes weiches Leinen hüllte. Er sandte ihr auch seine Demut, in der er sich so tief neigt zur Vereinigung mit Unwürdigen – sie sollte seine Demut als violettes Untergewand anziehen. Sodann seine Hoffnung, mit der er auf die Vereinigung mit der Seele brennend hofft – ein Obergewand von hellem Grün. Seine Liebe zur Seele, als goldenen Mantel, mit der er sie zieren will; seine Freude, die er an der Seele findet, als eine mit Edelsteinen gezierte Krone, und endlich sein Vertrauen, mit dem er sich auf dieses hinfällige Gebilde Mensch stützen will, da er doch beschlossen hat, seine Freude daran zu haben, bei den Menschenkindern zu sein (Spr 8,31). Dieses Vertrauen des Herrn sollte sie als Schuhe anlegen. Und so sollte sie sich ihm würdig vorstellen."

Gewiß kommt es hier nicht so sehr auf die farbenprächtige Ausgestaltung an. Die Vision zeigt vielmehr deutlich, wie alle Tugenden: Liebe, Hoffnung und Geduld, des gläubigen Menschen von Christus, bzw. durch seine Einstellung gegenüber dem Menschen hervorgerufen werden. *Sein* Blick macht den Menschen schön. Als überraschend erscheint uns in dieser „Gnadenlehre" vermutlich der Gedanke, Christus selbst hege Vertrauen und Hoffnung auf den Menschen. Für Gertrud und Mechthild ist die Vorstellung, der Herr warte vertrauensvoll auf die Umkehr und den Fortschritt des Menschen, überhaupt nicht ungewöhnlich.[46]

Freilich zeigt sich die aufrichtige Sehnsucht des Menschen gerade in der aufrichtigen Absicht, den Gast möglichst liebevoll aufzunehmen:

---

46 Auch dies wäre Thema einer eigenen Untersuchung; hier sei nur auf einige in diesem Zusammenhang einschlägige Stellen verwiesen: *Legatus* II, 12 (SC 139, 280.282); *Liber spec. gratiae* IV, 28 (286): Die Tugenden Christi sich zu eigen nehmen. Vgl. auch *Liber spec. gratiae* II, 15 (149) u. ö.: „Si mihi perfecte fidelis es, tunc multo carius tibi sit ut amor meus neglecta tua pro te suppleat, quam tu, ut ipse ex hoc laudem habeat et honorem."

Legatus III, 18:[47]

„Während sie einmal nach der heiligen Kommunion darüber nachdachte, mit welcher Sorgfalt man die Zunge bewahren müsse, weil doch gerade sie diese Geheimnisse aufnehme, wurde sie durch ein Gleichnis belehrt: Wenn jemand seine Zunge nicht bewahrt vor eitlen, unwahren, schändlichen, verleumderischen, widersetzlichen und ähnlichen Reden, und ohne Reue zum Empfang der heiligen Kommunion hinzutritt, so empfängt er Christus in ähnlicher Weise, wie wenn jemand einen Gast bei dessen Eintreten mit Steinen, die auf der Türschwelle aufgehäuft liegen, überschüttet oder mit einer harten Stange auf das Haupt schlägt. Wer dies liest, soll in tiefem Mitleid erwägen, was das für ein grausames Verhalten ist, denjenigen, der mit solcher Sanftmut und Güte zum menschlichen Heile kommt, so grausam zu verfolgen. Das gilt auch von allen anderen Sünden."

Vereinigung mit Christus: „Du in MIR und ICH in dir"

Der Empfang der Kommunion bewirkt die innigste persönliche Vereinigung mit Christus. Was hier empfangen wird, ist das Innerste der Person, die göttlich-menschliche Liebe Christi. Diese kann vom Menschen nur mit dessen Herzen, seinem Innersten, aufgenommen werden. Daher sind die Erfahrungen im Zusammenhang mit der Eucharistie-Feier häufig mit dem *Herzen* Christi – oder wie Mechthild des öfteren sagt: mit dem „Herzen Gottes" – verbunden.

So wird bereits am Anfang des *Gnadenbuches* Mechthilds[48] von einer Vision berichtet, die das Herz Jesu in der Gestalt eines Kelches sehen läßt. Mechthild hört in diesem Zusammenhang den Herrn bei der Kommunion sagen: „Du in mir und ich in dir, in

47 *Legatus* III, 18 n. 9 (SC 143, 88); hier wiedergegeben nach Weissbrodt, III, 17 (168).

48 *Liber spec. gratiae* I, 1 (10); ähnlich I, 13 (43).

Ewigkeit werde ich dich nicht verlassen". Ein anderes Mal sieht sie „als der Priester die Hostie erhob, wie der Herr sein Herz erhob".[49] Das Herz Christi gleicht in dieser Vision einer „Lampe", gefüllt, überquellend von goldenem Öl, das sich trotz Überfließen nicht vermindert; die Öl-Tropfen fallen in die Herzen der Kommunizierenden, die ihrerseits kleine Lampen bilden.[50]

Die Vereinigung mit Christus in der Eucharistie wird noch unter weiteren „Bildern" beschrieben, die teilweise an das Hohelied und andere Schriftstellen erinnern: Gertrud sieht ihre Seele „wie Wachs, sorgsam weich gemacht am Feuer, angeschmiegt an die Brust des Herrn, auf daß ihr ein Siegel eingedrückt werde (...) und es kam ihr vor, sie werde teilweise hineingezogen in jene Schatzkammer, in der leiblich die ganze Fülle der Gottheit wohnt, und werde gesiegelt mit dem Prägemal der leuchtenden, ruhenden Dreifaltigkeit."[51] Andere Bilder sind eher ungewöhnlich, etwa wenn Mechthild auf die Frage nach dem Wie des gegenseitigen „Inne-Seins" folgende Antwort erhält: „Willst du wissen, wie du in mir bist und ich in dir? Da zeigte ihr der Herr sich selbst wie einen lichten Kristall und ihre Seele wie reines, leuchtendes Wasser, rinnend durch den ganzen Leib Christi, und der Herr

49 *Liber spec. gratiae* II, 21 (159); vgl. IV, 3 (260): „Dominus autem stans in altari, mantello suo texit sacerdotem; et hostia a sacerdote consecrata, assumta in Corde Domini, mutata est in ipsum."

50 *Liber spec. gratiae* I, 4 (14); vgl. I, 18 (57): „Cum autem Sorores ad sanctam Communionem accederent, Dominus unicuique personae dabat Cor suum divinum, repletum optimis aromatibus mira suavitate redolentibus..."

51 *Legatus* II, 7 n. 1 (SC 139, 260): „... recognovi animam meam in similitudine cerae, diligenter ad ignem emollitae adesse quasi sigillo imprimendam Dominico pectori et subito videbatur illi circumposita et partim intracta ipsi thesaurario in quo habitat corporaliter omnis plenitudo divinitatis insignita charactere fulgidae semperque tranquillae Trinitatis".

sprach: Erinnere dich an Paulus, der sprach: Ich bin der geringste der Apostel, aber durch die Gnade Gottes bin ich, was ich bin. So auch du. Was du bist, bist du durch meine Gnade in mir."[52]

Die Einheit der Herzen hat eine ganz konkrete Gestalt. Sie besteht in Einigkeit im Verlangen (*desideria*), im Handeln (*operationes*) und im Wollen (*voluntas*):[53] „Als sie einmal das Sakrament des Allerheiligsten Leibes Christi empfangen hatte und liebevolle Gespräche mit ihm führte, schien ihr, der Herr nehme das Herz der Seele und drücke es so innig an sein Herz, daß die beiden eins zu sein schienen (*ut in unam massam redigerentur*). Und er sagte: So wollte ich, daß die Herzen der Menschen mit mir durch ihr Verlangen vereint seien: daß der Mensch nichts nur für sich wünsche, sondern all sein Verlangen nach meinem Herzen richte, als würden zwei Winde gemeinsam einen Luftstrom blasen. Auch, daß der Mensch sich in seinem Handeln so mit mir vereine, daß er, wenn er zum Beispiel schlafen oder essen soll, in seinem Herzen spricht: Herr, vereint mit dir durch jene Liebe, mit der du mir diese Annehmlichkeit erschaffen hast und selbst in deinem Erdenleben davon Gebrauch gemacht hast, nehme ich sie jetzt an: dir zum ewigen Lob, und entsprechend den Bedürfnissen meines Leibes. Ähnlich soll er sprechen bei jedem Werk, das ihm aufgetragen wird: (...); ich tue das zu deinem Lob und zum Nutzen aller; denn du hast gesagt: Ohne mich könnt ihr nichts tun (Joh 15,5). So bitte ich darum, mit deinem vollendeten Wirken vereint und vollendet zu werden (...). Drittens im Gleichklang seines Willens mit dem meinen, so daß alles, was ich will, auch er will, sei es im Glück, sei es im Unglück. (...)".

52 *Liber spec. gratiae* I, 18 (53). Umgekehrt sieht Gertrud sich selbst als „Kristall schneeweiß leuchtend, und die aufgenommene Gottheit Christi wie Gold im Kristall beschlossen hervorleuchten": *Legatus* III, 37 (SC 143, 180).

53 *Liber spec. gratiae* III, 27 (230f.).

Das Sakrament der Eucharistie ist das Sakrament der gegenseitigen Hingabe.[54] Die Liebe, die Christus zur Einsetzung dieses Sakramentes trieb, war so stark, daß sie ihn „hilflos" werden ließ: Er begab sich sozusagen aller Macht, um sich dem Menschen zu geben, um von ihm aufgenommen zu werden. In einer Vision schaut Gertrud die Radikalität dieser Hingabe buchstäblich als „Ohnmacht Christi":

„Während der Messe, zur Zeit des stillen Gebetes, bevor die Gemeinschaft kommunizierte, erschien ihr der Herr Jesus wie in den letzten Zügen liegend, so sehr aller Kräfte beraubt, daß sich ihr das Herz bei diesem Anblick umdrehte und ihr fast die Sinne schwanden (*usque ad defectum spiritus*). Der Herr lag da gleichsam in der äußersten Not (…) Und sie sah, wie der Priester ihn erhob, obwohl der Herr an Gestalt viel größer war als er, und wie er ihn trug, der doch selber den Priester und das All durch sein Wort trägt (Hebr 1,3). Als sie dies mit ergriffenem Mitleid schaute, erkannte sie, daß die Schwäche (*invalitudo*) an ihm, dem Sohn des allmächtigen Gottes, die übermächtige Kraft der Liebe ausdrückte (*amoris praevalentissimam virtutem*), das Übermaß der Sehnsucht, mit den von ihm so geliebten Seelen durch die Kommunion vereint zu werden. Dadurch war er gleichsam außer sich, den Sinnen entrückt (*in excessu mentis*); und deshalb wird er auch wie ein Lebloser, der seiner Kräfte nicht mächtig ist, von den Händen des Priesters genommen und getragen."[55]

In der bildhaften Vision wird etwas von der Wahrheit des Sakramentes sichtbar: Die mächtigste Liebe macht sich so „ohnmächtig". Und es scheint nun nachvollziehbar: Wer würde wohl

54 *Liber spec. gratiae* III, 28 (232): „Omnis communicans hoc sacramentum cibat me, et ego eum."

55 *Legatus*, IV, 25 n. 8 (SC 255, 244).

nicht auch selbst ohnmächtig oder fiele in Ekstase (*excessus mentis*!), wenn er dessen wirklich inne wird, so geliebt zu sein? Wer würde seine ängstliche Selbstbehauptung nicht aufgeben?

Nicht-Erfahrung und Glaube

Daß die innere Leuchtkraft des Glaubens nicht zu jeder Zeit spürbar, auch nicht allen Personen in gleichem Maß gegeben scheint, war auch in Helfta bekannt. Daher ist hier eine klare Unterscheidung wichtig: Es kommt nicht in erster Linie auf die „Erfahrung" an. So beantwortet Christus Gertruds Frage, warum manche Personen innerlich so wenig spürten und auch äußerlich anscheinend kaum Fortschritte machten, mit einem Gleichnis: „Wenn ein Kranker einen Heiltrank bekommt, dann fühlt er nicht immer sogleich die Wirkung der Arznei; aber der Arzt weiß wohl um die Wirkung".[56] So soll man die Häufigkeit der Kommunion nicht aufgeben, auch wenn das Gefühl keine Fortschritte zu machen scheint, solange nur die rechte Absicht gegeben ist. Die Gnade wirkt auf andere, tiefere und geheimnisvollere Weise. Liebe im eigenen Herzen soll nicht nach der subjektiven Empfindung gemessen werden, sondern nach dem Willen – darüber wird Mechthild durch einen Zuspruch Jesu unterrichtet:

„Wenn du kommunizieren willst, dann komm mit der Absicht, du hättest alle Sehnsucht und Liebe, die je ein menschliches Herz entflammt hat, und tritt so zu mir heran (...), und ich werde jene Liebe in dir annehmen, nicht in dem Maß, wie sie in dir ist, sondern in dem Maß, wie du wünschest, daß sie in dir sei."[57]

56 *Legatus* III, 9 (SC 143, 38-40).
57 *Liber spec. gratiae* III, 23 (226).

Im Fall von „Herzenskälte“ im Gefühlsbereich rät Mechthild – wie Gertrud – zu einem Perspektiven-Wechsel: Sich nicht zu verkrampfen in der Bemühung, das angemessene „Gefühl zu haben“, sondern auf die „objektiv bezeugte Liebe Christi“ zu schauen: [58]

„Sie hatte für eine Person gebetet, die ihr geklagt hatte, daß sie so wenig fühlbare Andacht hätte, gerade wenn sie kommuniziere. Dieser Person gab Mechthild folgende von Gott kommende Belehrung: ‚Wenn du gerade dann, wenn du zur Kommunion gehen willst, dein Herz lau und lahm zum Gebet findest und keine solche Sehnsucht und Liebe empfindest wie es diesem Sakrament gebührte, dann schreie aus ganzem Herzen zum Herrn: Ziehe mich dir nach! Wir wollen laufen im Duft deiner Salben (Hld 1,3). Bei dem Wort ‚Ziehe' denke daran, welche maßlose mächtige Liebe den allmächtigen ewigen Gott dazu gezogen hat, den schändlichen Kreuzestod auf sich zu nehmen. Ersehne, was er selbst ersehnt hat, als er sprach: ‚Wenn ich von der Erde erhöht bin, werde ich alles an mich ziehen (Joh 12,32). Er möge dein Herz mit allen Kräften der Seele in sich hineinziehen, er möge bewirken, daß du mit Liebe und Sehnsucht läufst im Duft dreier Salben, die aus der Apotheke seines süßen Herzens[59] so reichlich flossen...“

Dieser Text ist zugleich ein Beispiel für die Meditation von Schriftworten, die in der Verknüpfung mehrerer Stellen besteht: Die Beterin ruft: „Ziehe mich dir nach“, und findet die bestätigende Antwort in Jesu Wort: „Ich werde alle an mich ziehen...“. Die flehentliche Bitte ist bereits erhört in der Verheißung Jesu.

58 *Liber spec. gratiae* III, 25 (228f.).

59 Das Herz Christi als „bottiga“ (apotheca): auch bei Caterina von Siena, Brief 163; Brief 75. vgl. dazu M. Schlosser,... *ché la chiesa non é altro che esso Cristo,* in: Kirchenbild und Spiritualität. FS für Ulrich Horst, Paderborn 2007, 261-289, hier 272f.

Schlussbemerkung

„Wenn wir fliehen, folgst du uns nach. Wenden wir dir den Rücken zu, so kehrst du vor unser Angesicht zurück. Ja, du flehst – und wirst noch verachtet! Und dennoch kann keine Beschämung, keine Geringschätzung dich gänzlich davon abbringen, unermüdlich zu wirken, um uns zu der Freude hinzuziehen, die kein Auge geschaut und kein Ohr gehört hat und in keines Menschen Herz gedrungen ist.“[60]

Dieser Studientag war überschrieben: „Von der Freude, sich Gott zu nähern...“. Vielleicht wäre hinsichtlich der Frauen von Helfta treffender: „Von der Freude über die Nähe Gottes“! Nicht so sehr der Mensch nähert sich Gott, sondern Gott ist ihm nahe – es braucht nur eine Regung des Herzens, um ihn aufzunehmen, so ein Wort Christi an Mechthild, als diese nach seiner Gegenwart seufzte:

„Was hast du denn bloß? Jedesmal, wenn du nach mir seufzt, ziehst du mich in dich; denn ich habe mich leichter habhaft gemacht als alle geschaffenen Dinge. Nichts ist ja so klein und nichtswürdig, nicht einmal ein Fädchen oder ein Strohhalm, daß es der Mensch bloß durch einen Akt seines Willens bekommen könnte. Mich aber kann der Mensch allein durch sein Wollen, ja durch einen einzigen Seufzer besitzen.“[61]

„Gnade“ ist in der Theologie Gertruds und Mechthilds nicht ein abstrakter Begriff, sondern das Teil-Bekommen an Christus, der spricht: „Alles, was mein ist, ist dein“, die Begegnung und die

60 *Legatus* II, 3 n. 3 (SC 139, 240). Gertrud behauptet, hier Bernhard zu zitieren, doch die Herausgeber konnten den Text nicht identifizieren.

61 *Liber spec. gratiae* III, 35 (240): „Alia vice, cum etiam Dominum desiderans ad ipsum ingemisceret, dixit ad eam Dominus: Quid modo habes? Ecce quotiescumque post me ingemisces, me tibi intrahis; omnibus enim rebus me communiorem feci. Nulla denique res tam parva aut tam vilis est, nec etiam filum, aut una festuca, quae voluntate tantum acquiri possit; me autem homo sola voluntate, aut uno gemitu habere potest.“

Vereinigung mit ihm. Die Erfahrung wurzelt im *Glauben* an die Wirklichkeit „der Gnade und Wahrheit", die sichtbar erschienen ist: Christus als Gott und Mensch. Er hat sich sozusagen in die Gewalt der Menschen gegeben: *„me totum cum omnibus bonis quae de caelo mecum attuli, dedi in hominis potestatem et eius summam utilitatem"*.[62] Die Gnade ist „früher" und tiefer als die Erfahrung von ihr. Die *Feinfühligkeit*, die *ohne unser Zutun geschenkte Gegenwart des Herrn* auch zu verspüren, aber kann wachsen. Der Weg dazu wäre der glaubende, liebende und treue Umgang mit dem Wort der Offenbarung und dem Sakrament der Gegenwart.[63]

62 *Liber spec. gratiae* I, 5 (17f.): „Cum primo nascerer in mundum, mox pannis et fascia ligatus fui, ita ut me movere non possem; in signum quod me totum cum omnibus bonis, quae de caelo mecum attuli, dedi in hominis potestatem et eius summam utilitatem. Qui enim ligatus est nullam habet potestatem, nec se defendere in aliquo valet, eique auferri potest omne quod habet. Similiter de muno egrediens, cruci sic affixus fui, ut me omnino movere non possem; in signum quod omnia bona quae in humanitate peregi, homini dereliqui. Omnem namque conversationem meam necnon omnia bona mea tam divina quam humana, et passionem meam totaliter homini contuli. Unde iam fidenter auferre mea potest, et hoc mihi desiderabile est, ut bonorum meorum utiliter perfruatur."

63 Vgl. *Liber spec. gratiae* IV, 1 (258), wo Christus drei Dinge beklagt: daß der Klerus das Wort Gottes nicht schätzt (vernachlässigt oder zu eigenen Zwecken gebraucht); daß die Ordensleute das innere, geistliche, Leben vernachlässigen und sich dem Äußerlichen gänzlich überlassen; und daß das einfache Volk sich um das Wort Gottes und die Sakramente gar nicht kümmere.

Die Autoren

Klaus Berger

Cisterciensische Theologie im Römerbriefkommentar Wilhelms von Saint-Thierry

Univ.-Prof. Dr. Klaus Berger wurde am 25. November 1940 in Hildesheim geboren. Studium ab 1960 in München, Berlin und Hamburg, insbesondere Theologie und Philosophie sowie mehrere christlich-orientalische Sprachen, darunter Aramäisch und Arabisch sowie Syrisch und Äthiopisch. Ab 1970 doziert er an der Rijksuniversiteit in Leiden Neues Testament und altchristliche Literatur. 1971 promovierte er an der Universität Hamburg. Im Jahr 1974 wurde er Professor für Neutestamentliche Theologie an der protestantischen Universität Heidelberg. Autor von ca. 45 Bücher und Beiträgen in der Tagespost, der FAZ und anderen Medien. Er gehört zu den meist gelesenen Theologen im deutschen Sprachraum.

Wolfgang Buchmüller

Die von Aelred von Rievaulx entwickelte Betrachtungsmethode und ihre Wirkung auf Bonaventura und Ignatius

Prof. P. Dr. Wolfgang Buchmüller OCist. wurde am 26. März 1964 in Konstanz (Baden-Württemberg) geboren. Von 1984 – 1989 Studium der Kunstgeschichte an der Ludwig-Maximilians-Universität München. Ab 1989 Theologiestudium in München und Heiligenkreuz. 1991 trat er in das Zisterzienserkloster Heiligenkreuz ein. 1996 Priesterweihe durch Kardinal Schönborn in Heiligenkreuz. 2001 promovierte er in Wien mit einer Arbeit über

„Aelred von Rievaulx und die Grundlinien seiner Spiritualität“ und ist seit diesem Jahr Professor für Spirituelle Theologie an der Hochschule Heiligenkreuz, seit 2007 Institutsvorstand des Institutes für Spirituelle Theologie und Liturgiewissenschaft an der Phil.-Theol. Hochschule Benedikt XVI. Heiligenkreuz.

Rupert Fetsch

„quia in eo omnia nobis salutaria et necessaria habemus“- Die Rechtfertigung des Menschen ganz aus Gnade bei Mechthild von Hackeborn

P. Mag. Rupert Fetsch OCist, geboren 1977 in Fürstenfeldbruck/Bayern, Studium der Kath. Theologie in München, Rom und Heiligenkreuz, 2000 Zisterzienser des Stiftes Heiligenkreuz, 2005 *Magister theologiae* mit einer Diplomarbeit über Mechthild von Hackeborn, 2005 Priesterweihe in Heiligenkreuz. Seit 2004 Wallfahrtsrektor im Kloster Stiepel. Doktorand im Fach Patrologie an der Phil.-Theol. Hochschule der Jesuiten in Frankfurt St. Georgen.

Maximilian Heim

„Iucunda devotio“ – Heitere Hingabe. Predigt zur Spiritualität des Heiligen Bernhard

Prof. P. Dr. Maximilian Heim OCist, geboren 1961 in Kronach (Bayern), Studium der Theologie in Augsburg, Heiligenkreuz, Bochum und Graz, 1983 Zisterzienser des Stiftes Heiligenkreuz, 1988 Priesterweihe in Heiligenkreuz und Gründermönch von Stiepel. 1996-2004 Novizenmeister in Heiligenkreuz, 1999-2004 Prior in Heiligenkreuz, 2003 Promotion mit dem Dissertationsthema über die Ekklesiologie Joseph Ratzingers an der Universität Graz. Seit

2004 Prior im Kloster Stiepel. Professor für Fundamentaltheologie und Dogmatik (Ekklesiologie) an der Phil.-Theol. Hochschule Heiligenkreuz Benedikt XVI.

Mauro-Giuseppe Lepori

Die Lectio divina als Beziehung zum Wort des Lebens

Abt Lic. phil. Lic. theol. Mauro Lepori OCist wurde 1959 in Lugano geboren. Seit 1984 ist er Mönch der Abtei Zisterzienser-Abtei Hauterive, im Kanton Freiburg in der Schweiz. 1994 Wahl zum Abt von Hauterive. An der Universität Freiburg erwarb er die Lizenziate für Philosophie (1982) und für Theologie (1990). Beim Verlag Marietti erschienen seine Bücher: L'amato presente (2002), Simone chiamato Pietro (2004) [dt. Simon genannt Petrus], Il mistero è pasquale (2006), La vita si è manifestata (2008); Beim Verlag Cantagalli: Fu invitato anche Gesù (2006), Sorpresi dalla gratuità (2007).

Andreas Range

Die Bibel im Alltag der frühen Zisterzienser

Abt Lic. theol. Andreas Range OCist wurde 1947 in Köln am Rhein geboren. 1966 Eintritt in die Abtei Marienstatt im Westerwald ein. Studium der Philosophie und der Theologie an der Hochschule der Jesuiten in Frankfurt Sankt Georgen sowie in Rom an der Hochschule der Benediktiner in San Anselmo, wo er 1973 sein Studium mit dem Lizentiat in Theologie abschloss. 1973-1979 Studium der Germanistik und mittellateinische Philologie in Köln. Seit 1981 ist er Lehrer für Deutsch, Religion und Italienisch am Privaten Gymnasium Marienstatt. Von 1995 bis 2006 war er Schulleiter dieses Gymnasiums. 2006 Wahl zum Abt von Marienstatt. Für die deutsch-lateinische Bernhardausgabe arbeitete er an der Übersetzung des Traktats ‚De gradibus humilitatis et superbiae' mit. In der Reihe ‚Marienstatter Aufsätze' veröffentlichte er eine Meditation über die Abteikirche von Marienstatt sowie ein geistliches Tagebuch unter dem Titel: de die in diem/ Von einem Tag zum andern.

Marianne Schlosser

Wort und Sakrament als Quelle der geistlichen Erfahrung bei den Frauen von Helfta

Univ.-Prof. Dr. Marianne Schlosser wurde in Donauwörth in bayerisch Schwaben geboren. Studium in München der lateinischen Philologie und der Katholischen Theologie. 1989 Promotion zum Dr. theol. mit dem Thema: „Cognitio et amor. Zum kognitiven und voluntativen Grund der Gotteserfahrung nach Bonaventura" – ausgezeichnet mit dem Dissertationspreis der Universitätsgesellschaft. 1998 Habilitation im Fach Dogmengeschichte und Dogmatik mit dem Thema: „Lucerna in caliginoso loco. Aspekte des Prophetiebegriffes in der scholastischen Theologie". 1985-2004 wissenschaftliche Mitarbeiterin am Martin-Grabmann-Forschungsinstitut in München, zuletzt als Akademische Rätin und Privatdozentin. Seit Oktober 2004 Universitätsprofessorin und Institutsvorständin für Theologie der Spiritualität an der Katholisch-Theologischen Fakultät, Universität Wien. Ihren Forschungsschwerpunkt bildet die Erschließung der Quellen christlicher Spiritualität.

Ludger Schwienhorst-Schönberger

Die Hoheliedauslegung Bernhards von Clairvaux, im Gespräch mit neueren Entwicklungen in der Bibelwissenschaft

Univ.-Prof. Dr. Ludger Schwienhorst-Schönberger wurde am 19. Mai 1957 in Lüdinghausen, Deutschland geboren. Ab 1976 Studien der Philosophie, Theologie und Erwachsenenpädagogik in München, Münster und Jerusalem. Von 1982-1989 war er am Seminar für Biblische Zeitgeschichte und Biblische Hilfswissenschaften bei Prof. Erich Zenger in Münster. 1989 Doktor der Theologie mit einer Arbeit zum Thema „Das Bundesbuch. Studien zu seiner Entstehung und Theologie". Danach mehrfache Gastprofessuren am Theologischen Studienjahr in Jerusalem. 1992 Habilitation in Münster: „Nicht im Menschen gründet das Glück (Koh 2,24). Kohelet im Spannungsfeld jüdischer Weisheit und hellenistischer Philosophie". Am 1. Juni 2007 Berufung auf den Lehrstuhl für Alttestamentliche Bibelwissenschaft der katholisch-theologischen Fakultät der Universität Wien. Bekannt wurde Schwienhorst-Schönberger vor allem durch seinen großen Kohelet-Kommentar sowie durch zahlreiche Schriften zur Weisheitsliteratur und zur Hermeneutik des Alten Testaments.

Bernhard Vošicky

Paulus und Bernhard. Ein Beitrag zum Paulusjahr

Prof. P. Dr. Bernhard Vošicky OCist, Heiligenkreuz; geboren am 9. August 1950 in Wien; Studien der Theologie in Wien 1968-1972; Abschluss an der Hochschule Heiligenkreuz. Lizenziat für Liturgiewissenschaft am Päpstlichen Liturgischen Institut, San

Anselmo, Rom. Priesterweihe in Rom 1975 durch Papst Paul VI.; Ab April 1978 Delegierter der Österreichischen Zisterzienser-Kongregation für die Liturgische Kommission des Ordens; Mitarbeit an der Erstellung des neuen Zisterzienser-Stundenbuches; 1983-1984 Doktoratsstudien am Päpstlichen Liturgischen Institut, San Anselmo, Rom. Der Titel seiner Dissertation lautete „Die Begriffe ‚sacramentum' und ‚mysterium' in den Werken Bernhards von Clairvaux"; seit 1985 Professor für Liturgiewissenschaft und Sakramententheologie an der Phil. Theol. Hochschule Heiligenkreuz. Seit 2000 Stiftspfarrer.

Karl Wallner

Die Bedeutung der Einheitsschau von Bibel, Dogma und Gebet in der monastischen Theologie für die Gegenwart

Rektor Prof. P. Dr. Karl Wallner OCist. 1963 geboren in Wien. Seit 1982 Zisterzienser in Heiligenkreuz. Studien der Theologie in Heiligenkreuz und Wien, 1988 Priesterweihe; 1992 Promotion „sub auspiciis praesidentis" an der Universität Wien mit einem Dissertationsthema über die Trinitätskonzeption Hans Urs von Balthasars in Abgrenzung von Hegel. Seit 1993 Professor für Dogmatik an der 1802 gegründeten Philosophisch-Theologischen Hochschule Heiligenkreuz. Seit Juli 1999 Dekan der Phil.-Theol. Hochschule; nach Ablauf der ersten Amtszeit 2003 für weitere vier Jahre gewählt; 2007 vom Heiligen Stuhl zum Gründungsrektor der Phil.-Theol. Hochschule Benedikt XVI. Heiligenkreuz – päpstlichen Rechtes – bestellt. Umfangreiche Vortragstätigkeit und zahlreiche Veröffentlichungen.

Agnes-Regina Willi

Aspekte der göttlichen Einwohnung in den Schriften Mechthilds von Hackeborn und Gerruds der Grossen

Dr. Agnes-Regina Willi wurde in Mels im Kanton Sankt Gallen (CH) geboren. Studium der Philosophie und der Theologie in Fribourg (CH) sowie in Innsbruck (A). 2004 Promotion an der theol. Fakultät in Lugano (CH) zum Dr. theol. mit dem Thema: „Les penséées de bonheur de Dieu pour son peuple (Jr 29)“ – eine bibeltheologische Studie zum Thema der Hoffnung in der Verkündiung des Propheten Jeremia zur Zeit des babylonischen Exils. 2005-2007 Lehrtätigkeit im Bereich der alttestamentlichen Exegese und der Bibeltheologie an der Theol. Fakultät in Lugano. Ab 2007 Lehrtätigkeit an der Phil.-Theol. Hochschule Benedikt XVI in Heiligenkreuz. Ihren Forschungsschwerpunkt bildet die prophetische Literatur des Alten Testaments.